行政法概要

羅　傳　賢 編著

五南圖書出版公司 印行

編者序

行政法乃是規定行政組織、職權、作用、業務及爭訟事項之法規，為具體公法，亦為憲法之試金石。惟因其內容浩繁，體系龐雜，且因不斷增修而造成變動不居，研習上非常困難，亦為一般考生和學生心中之最痛。

近年來，行政法發展尤為迅速，我國於制定公布行政程序法、中央行政機關組織基準法、行政罰法等法典，及國立中正文化中心改制行政法人成功，行政法人化議題亦漸受重視之際，行政法學勢已進入嶄新的一頁，並成為現代法律領域中最重要的學科，也因此我國公務人員高普特考、升等考試各類科中大都將之列為必考科目之一。

本書係應五南圖書出版公司楊董事長之邀，希望能為考生準備方便之需要而編撰。其內容主要是把握簡明扼要、提綱挈領、去蕪存菁之原則，務期盡收重要精華，俾對讀者產生鈎弦提要，讓其一目瞭然，而能有系統地吸收，以免繁瑣記憶之苦，而收事半功倍之效。

再者，本書除對行政法原理原則、解釋、判例及法規等，依其體系脈絡，敘明其概念和要點外，亦蒐集若干重要名詞解釋及相關類似語辨異，以為「用語小辭典」，並附在其後，以便讀者能參考、對照或比較學習，而能輕鬆地準備考試或順利入門。

羅傳賢　謹識
2005 年 3 月 20 日

Contents

Contents

Contents

第一章
行政法之基本概念

第一節　行政之概念

壹 行政之意義

行政是國家統治權作用的一種，係由實質公行政主體以實現公益為目的，就其職權範圍內有關組織與業務事項，依法所作各種效果、性質與形式，並受監督的公務處理行為。

貳 行政之特徵

一、行政是廣泛、多樣、複雜且不斷形成社會生活的國家作用——形成性與整體性

行政旨在處理公共事務，形成社會生活，從而實現國家目的，故其任務繁雜，且具有多樣功能。行政必須把握國家的一體性，且不斷向未來形成，有延續性的社會形成過程。

二、行政是追求公共利益的國家作用

行政作用的發動與實施，除應遵守法律規範外，尚須衡酌行政目的，以公益為取向，作通盤的考量。公益內涵具有多義性與變動性，因此，在民主法治國家中，通常先由立法者以法律作抽象的衡量與設定，再由行政機關透過命令的訂定或具體決定的作成，予以實現。

三、行政是積極主動的國家作用

行政往往必須積極介入社會、經濟、文化、教育、交通等關係人民生

活的領域。故行政行為以職權進行為原則。

四、行政應受法的支配——合法性與合目的性之兼顧

為實現社會的公共利益，完成行政任務，自應許行政依個別具體情況，採行各種不同的行政作用，惟仍應在法所容許的範圍內，受到法的拘束。

五、行政的運作應注重配合及溝通

行政具有一體性，其運作方式力求相互配合，以完成行政任務，即其組織構造上具有上下隸屬層層節制，又有水平各部會之分工，故須相互溝通、協調，就職務之履行提供必要之協助。

六、行政係作成具體決定的國家作用

行政作用的實施，通常是對於個別事件，而其運作的結果則多以具體的決定呈現，故以行政處分或行政契約為之。

參 行政之種類

在現代國家中，由於行政權呈現不斷擴充的趨勢，行政的內容日益複雜，所以行政的種類逐漸增多，學者對行政的分類標準目前尚不一致，茲擇要列述如下：

一、以行政行為的態樣加以區分

㈠公權力行政（高權行政）　公權力行政也稱為高權行政，是指國家居於統治主體的地位，行使公權力所從事的行政行為。公權力行政非常廣泛，凡是人民與國家或人民與地方自治團體間之權利義務關係事項，均屬公權力行政之對象，所使用之行政作用方式包括行政命令、行政處分、行政契約、行政指導或地方自治規章等。其類別包括下列各種：

1. 干預行政。
2. 稅捐行政。
3. 計畫行政。

4. 給付行政。

5. 需求行政。

㈡私經濟行政（國庫行政）　私經濟行政也稱為國庫行政，是指國家處於與私人相當之法律地位，並在私法支配下所為之各種行為。其類別包括下列各種：

1. 為達成行政上之任務，所採取之私法型態的行為。

2. 以私法組織型態或特設機構方式所從事之營利行為。

3. 私法型態之行政輔助行為。

4. 參與純粹之交易行為。

二、依行政手段對人民法律效力加以區分

㈠干預行政　干預行政也稱為干涉行政，是指行政機關為達成下命、禁止或確認的效果，所採取的抽象或具體措施，以及在必要時使用的強制手段，例如稽徵稅捐、徵收土地等均屬之。因為干預行政對受干預的對象，直接限制其自由或權利，當然應受較嚴格的法律羈束，所以有學者稱：「法律係干預行政的煞車及油門，如果沒有法律，干預行政即不能行駛。」

㈡給付行政　給付行政是指有關社會保險、社會救助、生活必需品之供給、舉辦職業訓練、給與經濟補助及提供文化服務等措施而言。給付行政包括下列三種：

1. 供給行政：供給行政係指提供國民日常生活所不可或缺之工業或技術性服務之行政。諸如道路、鐵路、航空、電信、郵政、自來水、電力、瓦斯、學校、職業訓練中心、醫院、文化機構、育幼院等是。

2. 社會行政：社會行政係指提供國民社會生活最低限制的直接保障行政。諸如社會保險、社會給養、社會救助或其他社會福祉、公共衛生等是。

3. 助長行政：助長行政係指經由特殊目的所制定之社會、經濟或文化政策，給與個人生計改善措施之行政。諸如公共資源之貸借、對於青少年的保護育成、知識技術之傳授、對於私人財力之資助，或對於藝術或科學

之協力推進等是。

㈢**計畫行政**　所謂計畫，是指針對未來的事項預為之規劃。故計畫行政是指為達成行政上的預定目標（包括抽象的精神建設或具體的創新之事實狀態），於兼顧各種利益之調和以及斟酌一切相關情況下，準備或鼓勵將各項手段及資源作合理運用之一種行政作用。其目的在於預擬因應制宜之方法。

三、依法律拘束程度加以區分

㈠**羈束行政**　在「法律特別規定之行政」中，受有關法律之特別規範及指導。其中法律之拘束力較強，在具備法律規定之構成要件時，行政及應依其規定作成行為者稱之。在羈束行政中，法律「構成要件」如採用「不確定之法律概念」，行政因而具有「判斷餘地」時，法律之羈束因之放鬆。如稽徵機關於法定之租稅構成要件實現時，應即課徵租稅。

㈡**裁量行政**　裁量並非指就法律效果所規定的多數中，任意挑選一個，而是應就多數行為為衡量，然後進而為決定採選其一。即在「法律特別規定之行政」中，受有關法律之特別規範及指導。其中法律之拘束力較弱，在具備法律「構成要件」之前提時，行政具有斟酌權衡之餘地者，為裁量行政。在裁量行政中，法律之拘束因「法律效果」具有「裁量餘地」而放鬆。如私立學校之設立，依私立學校法第 3 條，由主管教育行政機關依照教育政策，並審查各地實際情形核定或調整之。

四、依組織制度或行政運作之主體加以區分

㈠**直接國家行政**　直接國家行政係指國家經由本身之行政機關所為之行政活動。

㈡**間接國家行政**　間接國家行政係指國家對其行政事務不自為執行，而將其移轉於國家所創設，具有法律上獨立性之公法社團、營造物或公法財團。

第二節　行政法之概念

壹 行政法之意義

行政法乃國內公法性質，以國家行政權為對象，規範行政組織、職權、作用、業務與爭訟等法制，及人民在行政權下之權利義務等事項加以規範的各種有關法規之總稱。析言之：

一、行政法為國內法

規定一國之內，國家公共團體與人民，或人民關係之法規，為國內法；規定一國與他國關係之法規，為國際法。行政法為規定國家行政機關與公共團體之組織權限，及其與人民關係之法規，故行政法為國內法，國際法之原理原則，於行政法不適用之。

二、行政法為公法

規定國家與公共團體，或國家公共團體與人民關係之法規，為公法；規定私人相互間關係之法規，為私法。行政法為規定國家行政機關與公共團體或人民之關係，暨公共團體與人民關係之法規，故行政法為公法。

惟國內公法並不以行政法為限，如有關立法、司法、考試、監察等事項之法律，其性質亦均為公法，行政法乃為國內公法範圍中之一部分，但在國家全部法律中，占有難以計算之絕大多數。

三、行政法乃是以國家行政權為規範對象的法規

「行政權」一語，係對立法、司法、監察諸權而言，行政法係關於行政權之法，以行政權為其規定對象，故與以上立法權為其規定對象之「立法法」（如立法院職權行使法、議事規則），以司法權為其規定對象之「司法法」（如法院組織法、民事訴訟法）以及以監察權為其規定對象之「監

察法」（如監察院組織法、監察法）等均不相同。

四、行政法乃是規定行政組織、職權、作用、業務及爭訟事項的法規

行政法，可大分為行政組織法及行政作用法兩部分。前者規定行政機關之組織權限，即：何種行政權應由何種行政機關行使？該機關之組織如何？有何權限？在國家整個政治體制上所居之地位如何？該機關之編制及各單位之主管事項如何？如行政院組織法是。後者則規定行政機關與人民之關係，即行政機關於何種情形之下，乃能授與人民權利？或使人民負擔義務之規定，如兵役法、所得稅法是。昔專制時代，行政作用多由於行政機關之專斷，在對人民之關係上，並無必須遵守之一定準則，殆無行政作用法之存在；法治國思想發達以後，則不以行政作用委諸行政機關之專斷，行政機關所得限制人民之權利，所得賦課人民之負擔，或得以授與人民之權利，均由法規規定其應守之準則。此種準則，不僅為行政內部之職務命令，且對人民之關係上，發生拘束力，行政機關違反此種準則而為行政行為時，不僅其上級機關可將其撤銷變更，人民亦得以其違法為理由提起爭訟，即訴願或行政訴訟，而請求撤銷變更之，行政作用因而發生。

五、行政法乃是有關行政權事項法規的總稱

所謂行政法，乃係一切有關行政法規之概括名稱，而非個別行政法規之具體名稱，此與民法或刑法均為一種法律之具體名稱不同。

行政法通常包括行政事項之法律、行政命令。前者為行政法律，依中央法規標準法之規定，得定名為法、律、條例或通則；後者為行政命令，包括法規命令及行政規則，法規命令其形式與一般法律同樣具有條文，依中央法規標準法之規定，得定名為規程、規則、細則、辦法、綱要、標準或準則；行政規則即依職權為規範機關內部秩序及運作之要點、注意事項、作業規定等。至於，如公布法令、任免官吏，及上級長官對所屬下級機關，或長官對於其屬員有所訓飭或指示時所用之令。此種命令並無法律條文之

形式，通常稱為「單純命令」，自與行政法律及行政命令有別。惟此種單純命令既屬行政作用中之一種，亦恆屬於行政法之研究範圍。

貳 行政法之法源

法源，即是法規範構成的來源，包括對法規內容發生影響的因素、構成法規內容的成分與法規制定的依據。行政法之法源如下：

一、成文法法源

㈠憲　法　憲法乃是國家的根本法，亦即規定國家之基本組織及國家活動之基本原則的法律。

㈡法　律　法律為憲法下的基本典章制度，亦為民意法制化的具體表現，由國會代表民意所制定，作為行政機關設立、組織、職權授與及專業行政等事項的依據，故為行政法方面之主要法源之一。

㈢條　約　憲法所稱之條約，係指中華民國與其他國家或國際組織所締結之國際書面協定，包括用條約或公約之名稱，或用協定等名稱而其內容直接涉及國家重要事項或人民之權利義務且有法律上效力者而言。其中名稱為條約或公約或用協定等名稱而附有批准條款者，當然應送立法院審議。基此，條約案應經立法院通過，並經總統公布，故其位階與效力和法律無異。

㈣命　令　命令係指行政機關為行使公權力，單方面訂定具有抽象及一般性拘束力的規範。命令亦有成為行政法之法源。

㈤自治法規　自治法規係指自治團體所訂定具有抽象及一般性拘束力之規章。自治法規在基本上僅能構成其他自治法規的法源，惟在例外情形，亦可能成為中央法規的法源。

二、不成文法法源

㈠習慣法　所謂習慣，屬國內法範圍者，通說包括憲政慣例、民間習慣及行政先例在內，而構成行政法規法源。

㈡司法解釋 即司法院大法官會議對憲法所為之解釋，其效力即等於憲法本身；對法令之統一解釋，具有「自有拘束全國各機關及人民之效力，各機關處理有關事項，應依解釋意旨為之，違背解釋之判例，當然失其效力。」（釋字第 185 號）

㈢判　例 判例係指最高行政法院在諸多判決中，經過揀選審核之程序，將其中具有作為先例價值者，製成判例要旨而公布。

㈣行政法之一般原理原則 諸如依法行政原則、平等原則、明確性原則、誠信原則、信賴保護原則、比例原則、公益原則等。

參 行政法之種類

由於現代國家行政權的範圍日益擴充，為適應各種行政業務的需要，自須分別制定大量行政法規並付諸實施，故行政法規不僅數量眾多，而且內容包羅萬象極為龐雜。茲依據各種區別標準將行政法規的類別擇要分述如下：

一、以行政權主體為標準

㈠國家行政法 凡由國家立法及中央行政機關制定者，無論為國家法律或中央行政規章，均屬國家行政法或稱中央法規。

㈡自治行政法 凡由地方政府（自治團體）立法及地方行政機關制定者，是為自治行政法或稱地方自治法規。

二、以行政權作用的性質為標準

㈠積極行政法 積極行政法的作用在於積極改變現況，謀求進步發展，例如經濟、社會福利、教育，及交通法規等為之。

㈡消極行政法 消極行政法的作用在於維持現況，安定社會，保障人民的自由權利，例如警察、法務及軍政法規等屬之。

三、以行政權作用的對象為標準

㈠外部行政法　係指行政機關對外施行的規範各種業務的法規，主要係以一般國民為對象，故亦稱為「對國民之行政法」，在性質上屬行政作用法，例如戶籍法、社會秩序維護法等屬之。人民須受其拘束。

㈡內部行政法　以行政機關內部組織相互間及其構成員相互間為其作用之對象。在性質上屬行政組織法的範疇，例如機關組織法規、處務規程及各種公務人員法規均是。其對人民無拘束力。

四、以法規適用時期為標準

㈠平時行政法　為國家處於正常時期或一般情況下所制定及適用的法規，其內容在規範正常情形的施政，著重於保障人民權益及維持法律關係的穩定與秩序。

㈡戰時行政法　為國家處於緊急危難時期特殊情況下所制定及適用的法規，其內容係針對各種危機情勢，著重於維護國家的生存獨立、政治安定、經濟繁榮與社會秩序，而授權政府運用國家緊急權力，以處理重大緊急事變，故可作超越平時法制的特殊規定。

肆　行政法學研究之一般架構

行政法學內容分為行政法總論及各論。

一、行政法總論

以行政法之一般原理原則，以及行政組織、人員、作用、爭訟等通則性部分為探討之內涵。

二、行政法各論

係指行政個別作用領域之法，又稱為特別行政法，例如交通、土地、建築、警察、營業、財稅、經濟、社會、教育、環境……等行政法。

伍 行政法與憲法之關係

一、憲法對行政法之指導原則

㈠**民主原則**　指主權在民，亦即國家存在之目的，係為人民之福祉。由民主原則可演繹出人民應參與行政行為做成之原則，例如聽證、建議、參與決定。此外，行政程序應具公開性。

㈡**福利國原則**　指國家應建立公平的社會秩序，亦即必須致力於縮小貧富間的差距，平衡經濟上的強者與弱者，救濟需要濟助者。

㈢**法治國原則**　指示國家之公權力應受法律規範的限制，且其行為是否依法，應受一個獨立之司法機關的審查。

㈣**尊重人民基本權利原則**　指行政機關的行為，不得與憲法所規定之人民基本權利相牴觸，也不得限制人民之基本權利。

二、行政法對憲法之從屬性

㈠行政法是憲法的試金石，是具體的憲法。

㈡憲法規定有賴行政法落實。例如，須有選舉罷免法之制定，人民始能行使憲法第 17 條之參政權。

㈢憲法所保障之平等權，除拘束立法機關不得制定違反此一原則之法律外，亦須行政機關公平執行法律。

㈣其他諸如法律安定、信賴保護及比例原則等各項憲法基本原則，亦皆有賴行政之貫徹實現。

三、憲法與行政法之合流趨勢

國內憲法學研究以基本權利、自由、民主、法治理念為主軸，在此種潮流下，行政法與憲法交融密切，行政法若脫離憲法學之思考，易淪為工具性、經驗性之適用。反之，憲法學若不賴行政法加以具體化，恐亦將流於空泛之理論。

第三節　法源位階理論

法秩序層級結構，依序為「憲法」、「法律或條約」、「命令」、「地方自治規章」。在此位階關係中，憲法之效力最高，法律及條約次之，命令又次之，地方自治規章則位於最下層。具體而言：

壹 憲法優於一切其他法規

一、法律不能牴觸憲法

憲法第 171 條第 1 項：「法律與憲法牴觸者無效。」第 2 項：「法律與憲法有無牴觸發生疑義時，由司法院解釋之。」

二、命令不能牴觸憲法或法律

憲法第 172 條：「命令與憲法或法律牴觸者無效。」行政程序法第 158 條第 1 項：「法規命令，有下列情形之一者，無效：一、牴觸憲法、法律或上級機關之命令者。二、無法律之授權而剝奪或限制人民之自由、權利者。三、其訂定依法應經其他機關核准，而未經核准者。」

三、法之位階

中央法規標準法第 11 條：「法律不得牴觸憲法，命令不得牴觸憲法或法律，下級機關訂定之命令不得牴觸上級機關之命令。」

法律位階表如下：

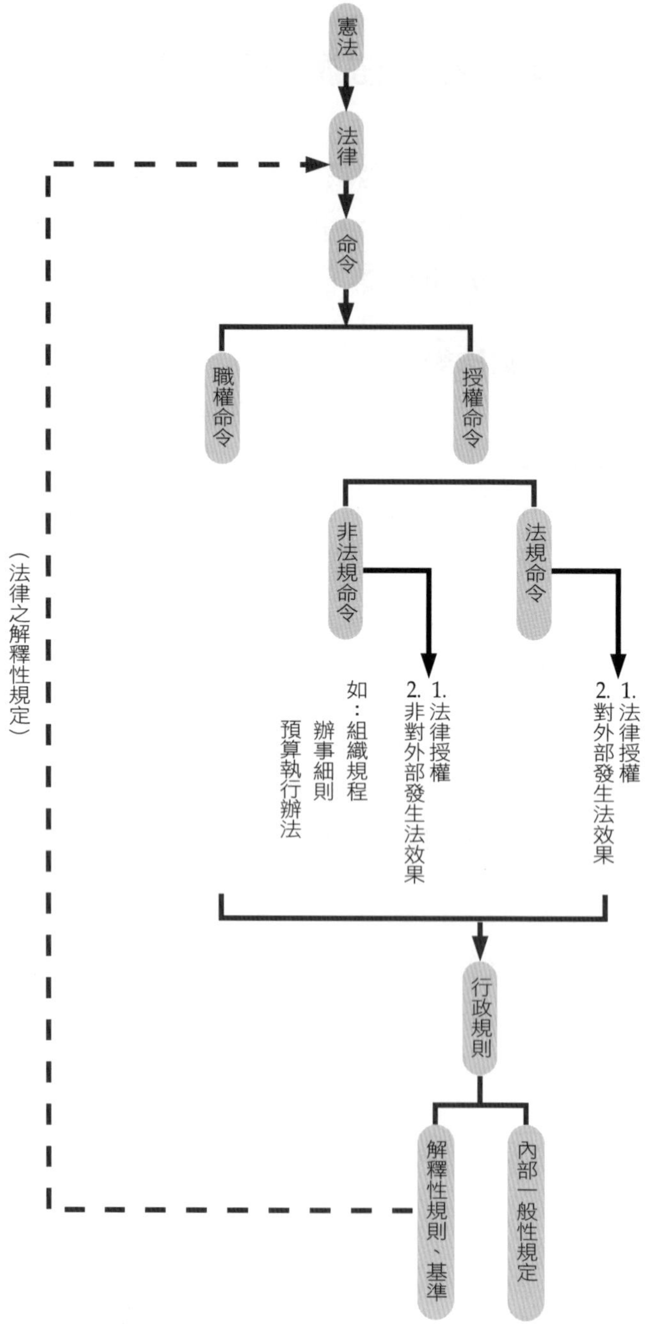

憲法
↓
法律
↓
命令
- 職權命令
- 授權命令
  - 非法規命令
    1. 法律授權
    2. 非對外部發生法效果

    如：組織規程、辦事細則、預算執行辦法
  - 法規命令
    1. 法律授權
    2. 對外部發生法效果

↓
行政規則
- 解釋性規則、基準（法律之解釋性規定）→ 法律
- 內部一般性規定

貳 國家法規優於自治規章

一、省法規與國家法律牴觸之結果

憲法第 116 條：「省法規與國家法律牴觸者無效。」

二、縣單行規章與國家法律等牴觸之結果

憲法第 125 條：「縣單行規章，與國家法律或省法規牴觸者無效。」

三、地方制度法第 30 條

㈠自治條例與憲法、法律或基於法律授權之法規或上級自治團體自治條例牴觸者，無效。（第 1 項）

㈡自治規則與憲法、法律、基於法律授權之法規、上級自治團體自治條例或該自治團體自治條例牴觸者，無效。（第 2 項）

㈢委辦規則與憲法、法律、中央法令牴觸者，無效。（第 3 項）

㈣第 1 項及第 2 項發生牴觸無效者，分別由行政院、中央各該主管機關、縣政府予以函告。第 3 項發生牴觸無效者，由委辦機關予以函告無效。（第 4 項）

㈤自治法規與憲法、法律、基於法律授權之法規、上級自治團體自治條例或該自治團體自治條例有無牴觸發生疑義時，得聲請司法院解釋之。（第 5 項）

第四節　不確定法律概念與法律適用

壹 不確定法律概念之意義

不確定法律概念係指某些法律概念（用語），其必須藉個案中之具體事實適用其上時，才能具體化其內涵，在此之前，該法律概念皆無法確定，

譬如公共安全、公益、公共福祉、社會秩序、情節重大、重大理由、信用、必要、危害等語。將該不確定法律概念，經過涵攝、解釋予以具體化之過程，稱為不確定法律概念之判斷。

貳 不確定法律概念之種類

一、經驗性不確定法律概念

指來自「一般人之生活經驗」與「專家的知識經驗」可以客觀加以確認者，例如雨天、天黑、日入後、日出前、汽車、駕駛人，故又稱為事實性或描述性的法律概念。

二、規範性不確定法律概念

此種須填補價值之概念。其補充來自於一般價值觀的衡量與法規目的之認知。例如必要時、國家安全、公共利益、善良風俗、重要公共設施、有害之等，故又稱為價值性的法律概念。

參 不確定法律概念之判斷餘地

針對不確定法律概念，行政機關有權先加以判斷，判斷結果若符合當時普遍之價值觀時，宜受法院尊重。但遇有爭執，法院可就行政機關之判斷予以審查，最後則以法院見解為依歸。此即所謂之「判斷餘地」，即指行政針對不確定法律概念為判斷時，有其活動空間，在該空間內行政有其自主性，司法審查應受限制。

我國司法實際上承認行政機關適用不確定法律概念時，享有判斷餘地之情形，約有以下類型：（李惠宗，2003：180-182）

一、關於考試成績之評定

考試成績之評定，多係涉及學術與知識能力之評價，乃是「學術之公準」，屬不確定法律概念之部分，排除行政程序法之適用。

二、高度屬人性事項之判斷

係指對於個人功績、品行、操守等事項之判斷，例如公務員年終考績之評等、老師對學生成績的評量等。

三、由社會多元利益代表所為之決定

行政事務之決定，若由社會公正人士或專家組成之委員會所為者，因其成員多係代表各種利益，其決定須經一定之程序，故行政法院原則上應予尊重。例如地價評議委員會所評定之建築物價格、都市計畫委員會審議之主要計畫等。

四、專家所為之判斷

專家證人所為之鑑定意見，因其具有特殊領域的專業知識，法院沒有特別的理由，自無審查之餘地，事實上也無能力審查。

五、由獨立行使職權之委員會所為之決定

具有獨立職權之委員會，多具準司法性質，法院原則上應尊重其決定，例如公平交易委員會之決定。

六、行政機關預測性或評估性之決定

特別是關於自然科學、環境生態、科技或經濟領域之預測性或評估性之判斷，因其多少涉及風險評估，屬行政保留之範疇，宜由行政機關作終局之決定。

七、具有高度政策或計畫性決定

例如是否開放外勞進入本國及其名額之核定、大陸人士來臺居留之限額等，為對將來之預測與高度政策性之判斷，法院原則上應尊重行政機關之決定。

肆 不確定法律概念之行政判斷與行政裁量之關係

法律規範的基本結構是：「若……，則……。」「若……」是法律事實（構成要件）。「則……」是法律效果。例如社會秩序維護法第71條規定：「於主管機關明示禁止出入之處所，擅行出入不聽勸阻者，處新臺幣六千元以下罰鍰。」本條前段「於主管機關明示禁止出入之處所，擅行出入不聽勸阻者」，即為構成要件；而後段「處新臺幣六千元以下罰鍰」，則為法律效果。

法律事實與法律效果的關係，是條件與結果之關係。理論上，不確定法律概念只有用於構成要件，不會用於法律效果上。故對不確定法律概念只有判斷的餘地，沒有裁量的餘地，而「裁量」，即就多數行為中選擇其一之謂。不確定法律概念之判斷須確切，其依據為事實，事實是否存在，依據證據。裁量有伸縮餘地，原則上依行政機關對該法律效果在行政秩序上之預測而定，不依證據。

第五節　行政法之關係

壹 行政法關係之發生

行政法關係是行政法上法律關係之簡稱。行政法關係可能存在於行政主體間，亦可能因行政機關對人民作成公法上行為而創設、變更或消滅法律關係。亦即指國家、地方自治團體或其他公法人與人民之間、行政主體相互間、行政主體與受監督之法人或團體以及人民相互間所成立之行政法上法律關係。

法律關係通常指權利義務關係，惟其成立仍須以受法律規範之具體的個案事實為前提，在兩個或兩個以上權利主體間基於此一前提所產生之關係方屬法律關係。在這種定義下的法律關係，具有下列三種要素：一、兩個以上之當事人（包括三人以上之多邊關係）。二、受法律規範。三、基於具體個案事實。而其構成也是受權利救濟途徑所導向，換言之，唯有具備上述要素所產生之法律關係，始能提起確認法律關係存否之訴。

貳　行政法關係發生之原因

一、因法規規定而直接發生

這種情形，無須相對人提出申請、報備或任何的表意行為，也不待主管機關的通知或處分行為，因法律、法規命令或自治規章所規定之具體的事實關係而當然發生。例如傳染病防治法規定，醫師均有通報病例之義務，皆屬適例。

二、因行政處分而發生

國家或地方自治團體與人民間成立行政法關係，最主要者即經由行政處分。行政處分乃就公法上具體事件所為之決定或其他公權力措施而對外直接發生法律效果之單方行政行為。行政處分本身非法律關係，卻是成立行政法關係最常見之原因。例如人民有依法納稅義務，但須有稽徵機關之核課處分，稅法上債之關係始屬確定。

三、因行政契約而發生

行政程序法第 135 條前段：「公法上法律關係得以契約設定、變更或消滅之。」這是我國在行政法典化過程中，採納先進立法例，確認縱然在依法行政原則拘束之下，仍有締結行政契約之自由，提升以契約方式成立公法上法律關係——尤其行政法上債之關係。

四、因事實行為而發生

即未具備法律上效力，只發生事實上效果之公權力行為。在發動事實上行為之前，或有法律效果行為（常為行政處分）存在，但事實行為本身通常只是物理上之動作。例如發放救濟物品、清運垃圾、設置紀念碑或銅像、撲殺野狗、或依行政執行法所採取之各種即時強制手段等，均為屬事實行為的典型例子。這類事實行為最常見之效果乃相對人因受有損害，而發生公法上損失補償（或損害賠償）關係。

五、因執行法院裁判而發生

例如因刑事法院之裁定被告遭受羈押，判決確定後受刑之執行者（尚須檢察官發監執行之命令），與看守所或監獄均發生監護關係。

參 行政法關係之種類

由於行政權的範圍極廣，因而行政法上的法律關係可謂包羅萬象，種類繁多，如以行政法關係的內容、根據或效果為標準，可區分為下列兩種：

一、一般統治關係

國家對人民的公法關係，乃是以統治權的運用為基礎所形成，而非以特殊的法律原因為根據，其內容屬一般性而不具有特殊性，且係以全體國民為對象，法律效果普及廣被。此種關係是為一般統治關係，亦稱一般權利義務關係。人民與國家之關係如下：

㈠國家為公權力主體　國家作為行政主體，其依法擁有之公權力，若從權力行使之性質，可稱為下命權、形成權、強制權、制裁權、公法上之物權、公法上之債權、公企業經營權等，人民相對即有作為、不作為或忍受之義務，此為一般權義關係的主軸。

㈡人民為公權利主體　「權利」是指人格主體基於法規規定，得為自己利益，要求他人作為、不作為或忍受之法之力。而所謂公權利，乃係由人民之立場而發，指人民基於公法規定，得為自己利益，要求國家特定行為之法之力而言。人民之公權利如下：

1. 消極防禦：憲法保障人民之權利，可概分為平等權、自由權、參政權與受益權。其中參政權與受益權本身已具有強烈參與以及請求之性質，唯有用來消極對抗公權力之不法侵害之自由權，如人身自由、集會自由、言論自由……等，產生所謂基本權利之防禦功能。

2. 積極請求：積極請求國家作為權，大約可分為兩部分：其一，為要求國家履行保護義務之權，其次，為要求國家事先架構良好組織及完善民主程序，及透過制度與程序達到實質積極保障基本權利之功能。

二、特別權力關係

特別權力關係，又稱特別服從關係，是行政法學之專有名詞。依我國學者之見解，特別權力關係是指國家或公共團體等行政主體，基於特別的法定原因，在一定範圍內，對相對人有概括的命令強制之權力，而另一方面，相對人卻負有服從之義務的法律關係。茲就特徵、類別、理論之演變略述如下：

㈠特別權力關係之特徵

1. 當事人地位之不平等性：當事人之一方，有命令強制之權力，相對人有服從義務。

2. 相對人義務之不確定性：國家在此種關係的目的範圍內，得採取各種必要的措施，或對客體課予無定量的勤務，或享有概括的支配權，而義務人在一定範圍內，負有服從之義務，為概括之服從關係。

3. 國家得制定特別規則：為維持特別權利義務關係之秩序，國家需要在此種關係的目的範圍內，制定所需的特別規則，以拘束客體當事人。例如學校宿舍規則、機關職員請假規則。

4. 特殊制裁措施的適用：此種關係既為特別權力關係，且具特殊的內容，而客體的服從義務加重，國家對客體擁有紀律權，則國家的制裁權力自亦加強，得依法對客體採行特別制裁措施，此等措施稱之為「懲戒罰」。此與對一般人民違反行政法上之義務所施予之秩序罰不同。

5. 救濟手段的限制：客體對國家就此種關係的內容方面所作處分不服

時，因客體對國家負有特別服從義務或受國家的特別監督，故其採用一般行政爭訟手段尋求救濟的權利即可能受到限制。惟此種限制，近年已日益放寬，即可以申訴或提起復審等。

㈡特別權力關係之類別

1. 公法上的特別勤務關係：指以對國家或公共團體提供概括性無定量勤務為目的，所成立的特別權利義務關係，其特性著重於由客體負擔倫理性忠誠服務，故與一般僅重經濟價值利益的僱傭關係有所不同，例如公務員或軍人與國家間所建立的勤務關係是。

2. 公法上營造物利用關係：此即國家或公共團體為對特定個人實施教育、訓練、治療、監護或制裁為目的，所形成的特別權利義務關係。在此種關係之下，國家或公共團體在為實現特定目的的範圍內，對客體擁有適當程度的支配與管束權力，客體負有服從與容忍的義務。

3. 公法上的特別監督關係：此即國家為實現特定目的，對客體當事人授予特定權益，並將其置於監督權下，藉以促成目的實現所形成的特別權利義務關係。包括對公共團體的特別監督關係、對特許企業者的特別監督關係、對接受事務委託者的特別監督關係、對接受補助者的特別監督關係，以及對重要民營事業的特別保護關係等均屬之。

㈢特別權力關係成立的原因

1. 由於法律的規定：部分特別權利義務關係的成立，係直接依據特定法律規定的結果，例如兵役關係及國營事業管理關係均是。

2. 由於當事人意志的實現：此即無論是由於雙方當事人意思的合致或一方當事人的決定，但均係基於當事人自由意志的選擇（同意），然後適用特定法令的規定，形成特別權利義務關係。其情形約有下列三種：

⑴由於雙方當事人的合意：即以雙方同意為基礎，所建立的特別權利義務關係，於此種關係成立後，即依據有關的法規規範雙方的權利義務。例如公務員任用關係及學生與學校的關係均是。

⑵由於人民的公意及負義務者的同意：例如由選舉所產生的公職人員關係是。

⑶由於國家的單方意思：即由於國家單方意思的決定，適用有關法令規定，形成此種關係。例如國家設立地方自治團體，但亦有認為此係直接依據法律規定。

3. 由於特定客觀事實的發生：即由於客觀事實的發生，使特定個別當事人或特定範圍的當事人，符合特定法規所定條件，因而形成此種關係。例如因傳染病發生使疫區人民受到管制，或因個別當事人罹患精神病須接受管束及治療措施，或對酗酒者採取人身管束措施均是。

㈣特別權力關係理論之演變　由於以下之因素，特別權力關係理論產生變化：

1. 人權理論之重視：在二次世界大戰後，特別權力關係理論之合法性（合憲性）及妥當性面臨挑戰，昔日對於居於特別權力關係下的人民，例如軍人、公務員之基本權利，採較漠視的態度，在今日由於現代政治思潮對於人權保障的重視而不得不修正。

2. 基礎關係與管理關係理論：德國學者烏勒教授將特別權力關係分成基礎關係（外部關係）及管理關係（內部關係）兩種。主張凡屬前者之行政上處置，應視為行政處分，如有不服，得提起訴訟；後者則非行政處分，不得提起訴訟。凡是有關特別權力關係之產生、變更及消滅事項者，為基礎關係，例如公務員、軍人及公立學生身分資格的取得、喪失，以及降級、改敘、學生的留級，皆屬之。所謂管理關係，則指單純的管理措施，例如軍人、公務員及學生的服裝儀容規定、工作作息時間規定、考試考核之評定、宿舍規則，以及課餘時間的生活管理，如不准抽煙、跳舞、打牌、涉足特別場所等是。

3. 重要事項理論之興起：在特別權力關係範圍內，相對人權益應受目的合理之限制，固屬事實，但涉及人民基本權利「重要事項」時，乃須有法律之依據，國會不應放棄制定法律之任務，而聽任行政機關自行裁量訂頒特別規則。

㈤特別權力關係演變之趨勢

1. 特別權力關係範圍縮小：現時之理論僅限於學校關係及刑罰執行關係（監獄與犯人），使用郵政、博物館、圖書館或保育性之設施等均排除於特別權力關係事項之外。其理由有二：

⑴短暫性質之利用關係，不應視為特別權力關係。

⑵利用者居於一般身分之權利義務並未受影響。

2. 涉及基本權利限制者，亦應有法律之依據：傳統理論一向認為行政機關得自行訂定行政規則，為必要之規律。重要性理論則主張在特別權力關係範圍內，個人權利應受目的合理之限制，固屬事實，但涉及基本權利時，仍須有法律之依據，惟法律不可能規範一切細節，故應判斷何者具有重要性，而以法律自行規定。在法律規定尚未完備之情形，應允許習慣法上久已存在之制度（特別命令），在過渡時期繼續適用。各種懲戒罰須以法律定之，但構成要件則可委由命令補充。

3. 許可提起行政爭訟：特別權力關係事項並非全然不得爭訟，凡認有行政處分存在者，即許其爭訟。

㈥我國對特別權力關係之突破

1. 國內在實務上，對於特別權力關係理論之改變始於釋字第 187 號解釋，此號解釋確認：「公務員依法辦理退休請領退休金，乃行使法律基於憲法規定所賦予之權利，應受保障。」因而得出結論：公務員「向原服務機關請求核發服務年資或未領退休金之證明，未獲發給者，在程序上非不得依法提起訴願或行政訴訟。」

2. 變更之里程碑為釋字第 243 號解釋，其解釋意旨為：公務員受免職處分得提起訴願及行政訴訟，至於記大過及不服從職務命令則不得爭訟。此號解釋對公務員受有處分時，是否許其提起行政訴訟，以「是否改變公務員身分關係，直接影響其服公職之權利」為判斷尺度。

肆 依法行政原理之現代意義

「依法行政」係行政法學之基本法理，現代行政，既以積極增益國民之福祉及扶助國民生活之向上為主旨，則往者以純粹政治性主張為基礎的依法行政之原理，遂轉須揉合法、政、經三要素而為該原理之新磐石，故依法行政原理之現代意義，宜予重新評估如下：（城仲模，1999：12-13）

一、分權原理

即國會立法、行政執行，及司法審查，乃為本原理之一般指導原則。

二、「依法行政」係行政權執行職務時普遍之基準。

三、所謂「依法」，應係指依據實質的法規範

所謂「行政」應係指形式上之行政，亦即得單方對於國民發號施令之強制性權利作用。故行政固應以法律為第一要義，即所謂「行政須適合制定法」，但非僅止於此，應再擴大至「行政之適法性」。即行政除須以形式法律為根據外，尚須受實質法律（如規章命令）之支配；同時亦應受到公益及行政目的、誠信原則、行政道德、法之一般原理及行政法院判例等之規範。故「依法行政」，應從實質的法治主義，不宜稱為「依據法律行政」或「依法規行政」。

四、行政不必以法規為絕對之前提

除法律或上級命令有明文禁止之規定外，基於行政之自動性及給付行政或助長行政之本質，國家作用中，除去立法與司法者外，均得為行政作用之範疇，故「無法律則無行政」之原則，已不復存在。

五、行政作用中之行政立法、行政程序、行政裁量、行政強制執行及行政處罰等其他行政處分，仍應以民主主義議會制度下之法律優位、法律保留為原則，務期行政權仍受立法權之統治；而全部行政作用是否適當？國家賠償責任成立與否及立法作用是否違憲等之最終判斷，應由

客觀第三者，即司法權所屬之法院承擔，使其依據法律獨立職司司法審查，以保障憲法及法律之正當發揮，並用為司法權對行政權及立法權之制約。

六、依法行政固為實質法治之積極作用，惟下列諸項，依其事物之本質，實難與依法行政之原理兼容並蓄，故宜予除外，計有：

㈠統治行為，至少應包含戰爭行為及行政組織內部之行為。

㈡裁量行為，即行政上之自由裁量處分。裁量行為之理由及其目的是否合致？係裁量行為妥當性之問題，司法審查中，僅有裁量行為是否適法，而無裁量行為是否妥當。

㈢非常事態理論下行政機關之逾越權限行為。

㈣對於特別權利義務關係下行政權客體所為之行為。

㈤公法上之契約行為及行政上之合同行為。

第二章
行政組織法

第一節　行政組織體

壹 行政組織體之意義

國家為表達其意思，發揮其功能，須有完整之組織體，始能逐步實踐，福國利民。

行政組織體者，不論其是否具備法律人格，是以何種組織型態呈現，只要其係依據公法所設立，為達成行政目的兼受國家監督之組織體皆屬之。

其一般可類分為：

一、國家及地方自治團體，而以行政機關為對外之代表。

二、行政法人。

三、公法團體，包括社團與財團。

四、營造物。

五、公營事業。

貳 行政組織體之型態

一、行政機關

㈠行政機關之意義　行政程序法第 2 條第 2 項規定：本法所稱行政機關，係指代表國家、地方自治團體或其他行政主體表示意思，從事公共事務，具有單獨法定地位之組織。此外，受託行使公權力之個人或團體，於委託範圍，視同行政機關（同條第 3 項）。

㈡內部單位之意義　基於業務分工，行政機關之內部通常均劃分為若干小規模之分支組織，稱為內部單位。

㈢行政機關與內部單位之區分標準

1. 有無單獨之組織法規：所謂組織法規包括組織法、組織條例、組織通則或規程，例外者亦有以組織編制表（如各級警察機關）代替組織規程之情形。

2. 有無獨立之編制及預算：有獨立之編制及預算者，通常均設有人事及會計（或主計）單位。

3. 有無印信：指因印信條例頒發之大印或關防而言。

三項標準皆具備之組織體為機關，否則屬於內部單位。

㈣二者區別之實益　行政機關依訴願法第 1 條規定得為行政處分，行政單位並無作成行政處分之權能。惟實務上基於分層負責及增進效率之原因，授權以單位或單位主管之名義對外發文，如具備行政處分之必要條件，判例一向視單位之意思表示為其隸屬機關之行政處分，俾相對人有提起行政救濟之機會。

二、行政法人

㈠行政法人之意義　行政法人即在國家、地方自治團體以外，創設具公法性質的法人，性質上為行政組織之延伸。但不採財團法人及社團法人之區分，亦不創設營造物法人之類型。

㈡設置行政法人之目的　賦予公法人地位的新類型行政主體，以承擔部分國家（公共性）任務，減輕政府負擔，期望經由一定程度的人事、財務制度鬆綁，運用自主性、彈性化、企業化及專業管理經營策略，弱化行政監督（只作合法性監督，而不作適當性監督），避免來自政治層面的不必要干擾（去除政治因素、去政治化）等制度性變革，以有效分配國家有限資源、提升行政效率與效能及整體國家競爭力，達成政府改造目標。

㈢**行政法人組織設計之特徵**

1. 獨立性：獨立於內閣部會之外。

2. 企業性：非採傳統行政機關的組織形式，雇員為非公務員。

3. 公共性：提供公共服務或執行公共任務。

㈣**行政法人之設置條件**

1. 國家之公共任務不具強制性，適合積極採行企業化經營措施，而無由國家親自執行之必要者，例如中正文化中心。

2. 國家之公共任務有去政治化之強烈需求，不宜由國家親自執行者，例如健保機構。

3. 國家之公共任務基於兩岸或外交關係之特別考量不適合民營化者，例如對外貿易協會、海基會。

4. 國家之公共任務適合民營化，但因無法自給自足或其他因素，基於過渡階段之考量者，例如各種研究中心、博物館等。

㈤**行政法人之法律依據**　中央行政機關組織基準法第 37 條規定：「為執行特定公共事務，於國家及地方自治團體以外，得設具公法性質之行政法人，其設立、組織、營建、職能、監督、人員進用及其現職人員隨同移轉前、後之安置措施之權益保障等，應另以法律定之。」

因此設置行政法人應制定行政法人設置基準或通則性法律作為行政法人之一般性規範依據，性質特殊者並得制定個別組織法律，如國立中正文化中心設置條例，其他例如教育研究院、交響樂團、文學館、國家運動選手訓練中心等亦是；另屬同類型者，例如大學、博物館、圖書館、醫院等得制定通用性組織法律。

㈥**行政法人之組織**

1. 原則上應設董事會，惟情形特殊者，得另作規範；設董事會者，董事人數以十一人至十五人為原則，其人選得依政策及專業性之需要，分作不同之規範，並得由目的事業主管機關（以下簡稱監督機關）選任（派），其中一定比例以上之董事得為專任；有關董事之積極（消極）資格、任期等重要事項，於行政法人設置基準或通則性法律或組織法律中予以規範。

2. 代表人（董事長）之選（解）任，宜採行由監督機關首長或監督機關提請行政院院長聘任（解聘）方式為之，代表人原則上並應為專任。

3. 基於行政法人自主性、專業性之考量，在人事及組織編制方面，可別於一般行政機關，使其具有一定人事自主權，尤其改制後新進用之人員不再具有國家公務人員身分；其內部單位、重要職員及編制員額，得視行政法人之業務性質，由各該行政法人自行訂定人事規章規範，並報請監督機關核定。

㈦行政法人之權限及營運（業務運作）

1. 具有一定之自治權能，並得訂定自治規章及作成行政處分；於訂定自治規章或作成行政處分時，應踐行行政程序法所定之相關程序；訂定自治規章時，應報請監督機關核定。

2. 行政法人之營運經費，由監督機關透過預算程序捐助。

3. 應擬具營運計畫（包括營運目標、執行規劃、經費等），報請監督機關核定。監督機關應定期對行政法人之營運績效作評鑑，並依評鑑結果決定其捐助數額及為其他處置（例如解除董監事之職務、解散或已能自給自足予以民營化等）。

4. 具有一定財務自主權，其財務收支均由行政法人自行審核通過後，報請監督機關核定。

㈧行政法人之監督

1. 監督機關對於行政法人原則上僅為適法性監督，不得為適當性監督，但對於委託事項，得為適法及適當性監督。

2. 行政法人之預算編列，由董事會負責審議後，報請監督機關核定，不送立法院審查；其代表人亦無庸到立法院備詢。

3. 監察院不得對於行政法人及其代表人、職員行使彈劾、糾舉或糾正之權，僅能透過監督機關間接監督之。

4. 為達成經營彈性及追求效率之設立目的，行政法人應建置一套內部監督機制（設置監察人或監事會），並建立健全會計制度，採權責發生制及一般公認會計原則。

5. 行政法人應將營運狀況，向監督機關提送年度報告，並定期主動公開相關資訊，俾促進公眾輿論之監督。

三、公法團體

㈠公法社團　公法團體中，若係依據公法所設立之人的組合體為公法社團。其除國家及地方自治團體屬區域團體外，尚有由特殊之職業、經濟、社會、文化或其他構成員所組成之身分團體，在國家監督下行使公權力，以從事公法上職務並享有權利能力之公法上組織體。另依水利法規定為公法人之農田水利會，亦是。

㈡公法財團　公法財團是指財產的集合體。即由國家、地方自治團體或其他公法社團捐助資金，為履行公共目的，而依公法成立之組織體，包括財團法人、基金。前者例如工業技術研究院、中華經濟研究院，後者例如國家文藝基金、漁業發展基金等。公法財團以其財產之收益，供諸公眾享用。

四、營造物

營造物，係國家或地方自治團體為持續性履行特定之公共給付目的，結合人與物之組織體，而與公眾或特定人間發生法律上之利用關係。其可分二類如下：

㈠封閉性公用營造物　例如監所、要塞、保壘等。

㈡開放式公共營造物　例如公立學校、圖書館、博物館、美術館、醫院等。

五、公營事業

公營事業，指各級政府對公眾服務，或提供物質，以收取費用為手段，並以私經濟經營方式所設置之組織體，其通常係採公司之組織型態。如郵政、電信、公路等交通事業機構；銀行、保險、土地開發等金融事業機構、中油、中鋼、中船、臺糖等生產公用事業均屬之。

參 行政主體

一、行政主體之概念

㈠行政主體之意義　行政出於行政主體，而行政主體必須仰賴機關來形成意思及為行為。故所謂行政主體，係指公法上之獨立組織體，有特定職權得設立機關或置備人員，以達成其任務者。換言之，即在行政法關係上，被賦予實現行政目的之任務，具有權利能力，得為行政法上權利義務歸屬之主體。

㈡行政主體之種類　行政主體若不以是否具公法人地位區分之，則另可分為四類：

1. 國家及地方自治團體。
2. 行政法人。
3. 其他公法團體（包括有完全權利能力及部分權利能力）。
4. 受託行使公權力之私人（包括自然人、法人與非法人團體）。

二、私人受委託行使公權力時，得作為行政主體

㈠所謂受託人，是指受行政主體委託，執行特定職權之私法上主體。例如商船船長受託簽發死亡證明及維持船舶內部秩序。

㈡國家及地方自治團體之所以被稱為行政主體，固因其為實現行政任務，從而，私人若係受託行使公權力，亦是在實現行政任務，亦得為行政主體。若私人僅係為遂行法律所保障其自身之權利，則僅為行政法關係上

之權利主體當事人，而非行政主體。

㈢國家或自治團體在特殊考量下，將自己執行特定之行政職務，不交由公法上組織體執行，而將該行政職務之執行移轉予私人，並授予該私人以自己名義行使公權力，此種私人，即所謂受委託行使公權力之人，包括自然人、私法人或非法人團體。此種私人，在法律上是獨立的，且對其行為負獨立責任，故亦屬行政主體。

三、國家委託私人行使公權力之原因

現代政府為積極增進人民福利與保障之給付行政，其職能已相對擴大，是以，行政機關事務日益複雜繁瑣，業務亦日漸龐大，但是政府人事編制不僅無法擴充，也缺少足夠的專業人才，相對地，因民間人力、物力充沛，行政部門在不增加人力之前提下須完成各項業務，則必須儘量委託民間協助執行一些事務性的工作，以節省政府之人力與開支，且政府委託私人（民間團體）辦理行政業務，亦符合民主與效率原則，有其必要性。

四、國家委託私人行使公權力之依據

㈠行政程序法第 16 條第 1 項　「行政機關得依法規將其權限之一部分，委託民間團體或個人辦理。」

㈡國家賠償法第 4 條第 1 項　「受委託行使公權力之團體，其執行職務之人於行使公權力時，視同委託機關之公務員。受委託行使公權力之個人，於執行職務行使公權力時亦同。」

五、國家委託私人行使公權力之原則

國家權力之行使，原則上應由國家及其公務員自行為之，非有法規依據，不應任意交由私人行使之，尤其是公權力行使中使用強制力部分。審其用意，不外在避免國家不當轉嫁其責任，並藉以保障人民之權益。

六、國家委託私人行使公權力之界限

國家將公權力委託予私人行使，除應有法規依據外，應受如下原則之拘束：

㈠**功能保留原則**　若屬國家公權力行使不可放棄之核心領域（譬如國防、治安、刑罰、行政制裁等），所涉及保護之法益屬重要，或私人顯無能力執行者，應保留由國家親自執行。

㈡**國家責任不輕易轉嫁原則**　縱非屬前述功能保留部分，國家仍不得以規避自己責任為動機，將本身應經常行使之公權力，大量轉嫁給非公務人員。

㈢**強制力由國家行使原則**　此即狹義公權力獨占原則，強制力包括所謂物理力之行政強制及警械使用。在某些情況下，立法者授權私人得行使強制性之公權力，譬如船員法第 59 條，船長受委託行使船上之治安緊急權。集會遊行法第 18 條，負責人應於集會遊行時親自在場主持、維持秩序。由於事涉人民權益重大，不應毫無節制，立法授權時至少應再考慮以下諸點：

1. 是否有急迫客觀之理由。

2. 是否符合權責相當原則；即法令所賦予該私人之權利及其義務、責任間有衡平性。

3. 強制力行使應有一定之界限；有關身體上之強制，應以行使體力之強制力為限，不宜行使警械，尤其是射擊性武器。若需使用警械，需經特殊訓練並取得證書者為宜。

4. 需受國家監督；例如海峽兩岸基金會監督條例。（李震山，2003：102-103）

第二節　行政機關之組織

壹　行政機關組織法定原則

從法律保留及法明確性原則而言，行政機關之組織應以法令定之，接受民意監督，落實主權在民之理念。

一、國家機關之組織應以法律定之

㈠根據憲法　此即憲法對其組織已定有明文，以為設置之依據。例如憲法第 61 條所定：「行政院之組織，以法律定之。」此外，尚有概括規定，即依憲法增修條文第 3 條第 3 項：「國家機關之職權、設立程序及總員額，得以法律為準則性之規定。」第 4 項：「各機關之組織、編制及員額，應依前項法律，基於政策或業務需要決定之。」據此，立法院於民國 93 年 6 月 23 日制定通過中央行政機關組織基準法。

㈡根據法律

1. 中央行政機關組織基準法：本法適用於行政院及其所屬各級機關。國防組織及檢察機關組織法律另有規定者，從其規定，即因國防組織龐大且涉及國家安全及檢察機關已適用法院組織法等理由，而排除適用本法。此外，依同法第 38 條規定，本法於行政院以外之中央政府機關準用之。

2. 特定性法律另有規定者：即在特定法律中明定設置某機關，其組織另以法律定之者。

二、地方機關之組織以自治條例定之

地方制度法第 62 條規定，地方自治政府之組織，由內政部擬訂準則，報行政院核定，依該準則，各級政府分別擬訂組織自治條例，經各級相對應之民意機關同意後，報請上級政府備查。

貳　中央行政機關組織基準法之重要內容

一、組織基準法之適用範圍

依中央行政機關組織基準法第 2 條第 1 項規定：「本法適用於行政院及其所屬各級機關，但國防組織及檢察機關組織法律另有規定者，從其規定。」第 16 條並規定：機關於其組織法規規定之權限、職掌範圍內，得設實（試）驗、檢驗、研究、文教、醫療、矯正、收容、訓練等附屬機構之組織，準用本法之規定。基此，除行政院所屬國防組織、警察機關組織、檢察機關及調查機關組織及附屬機構之組織外，其餘行政院及其所屬各級機關均應適用本法之規定。

二、機關組織之法令授權

下列機關之組織以法律定之，其餘機關之組織以命令定之：

㈠一級機關、二級機關及三級機關　行政院為一級機關，其所屬各級機關依層級為二級機關、三級機關。

㈡獨立機關　指依據法律獨立行使職權，自主運作，除法律另有規定外，不受其他機關指揮監督之合議制機關，如中央銀行、中央選舉委員會、公平交易委員會、金融監督管理委員會、通訊傳播委員會等。

三、機關組織法規之名稱

㈠機關組織以法律定之者，其組織法律定名為法。但業務相同而轄區不同或權限相同而管轄事務不同之機關，其共同適用之組織法律定名為通則。

㈡機關組織以命令定之者，其組織命令定名為規程。但業務相同而轄區不同或權限相同而管轄事務不同之機關，其共同適用之組織命令定名為準則。

四、行政機關之名稱

㈠院　一級機關用之。

㈡部　二級機關用之。

㈢委員會　二級機關或獨立機關用之。

㈣署、局　三級機關用之。

㈤分署、分局　四級機關用之。

機關因性質特殊，得另定名稱。

五、機關組織法規應包括之事項

㈠機關名稱。

㈡機關設立依據或目的。

㈢機關隸屬關係。

㈣機關權限及職掌。

㈤機關首長、副首長之職稱、官職等及員額。

㈥機關置政務職務者，其職稱、官職等及員額。

㈦機關置幕僚長者，其職稱、官職等。

㈧機關依職掌有設置附屬機關者，其名稱。

㈨機關有存續期限者，其期限。

㈩屬獨立機關，其合議之議事程序及決議方法。

六、機關內部單位設立或調整原則

機關內部單位應依職能類同、業務均衡、權責分明、管理經濟、整體配合及規模適中等原則設立或調整之。

七、機關內部單位之分類

㈠**業務單位**　係指執行本機關職掌事項之單位。

㈡**輔助單位**　係指辦理秘書、總務、人事、主計、研考、資訊、法制、政風、公關等支援服務事項之單位。

八、機關內部單位之層級及定名

㈠**一級內部單位**

1. 處：一級機關、相當二級機關之獨立機關及二級機關委員會之業務單位用之。

2. 司：二級機關部之業務單位用之。

3. 組：三級機關業務單位用之。

4. 課：四級機關業務單位用之。

5. 處、室：各級機關輔助單位用之。

㈡二級內部單位　科。

九、各部主管事務之劃分依據

㈠以中央行政機關應負責之主要功能為主軸，由各部分別擔任綜合性、統合性之政策業務。

㈡基本政策或功能相近之業務，應集中由同一部擔任；相對立或制衡之業務，則應由不同部擔任。

㈢各部之政策功能及權限，應儘量維持平衡。

部之總數以十三個為限。

十、各部組織規模建制標準

㈠業務單位設六司至八司為原則。

㈡各司設四科至八科為原則。

十一、各委員會之設立及組織建制標準

行政院基於政策統合需要得設附屬機關委員會，但以四個為限。

各委員會組織規模建制標準如下：

㈠各委員會業務單位以四處至六處為原則。

㈡各處以三科至六科為原則。

十二、獨立機關成員人數及專任原則

㈠獨立機關之首長、副首長及其合議制之成員，均應明定其任職期限及任命程序；相當二級機關者，由一級機關首長提名經立法院同意後任命之；其他機關由一級機關首長任命之。

㈡合議制之成員，除有特殊需要外，其人數以五人至七人為原則，具有同一黨籍者不得超過一定比例，並應為專任。

十三、獨立機關組織規模建制標準

㈠業務單位設四處至六處為原則。

㈡各處設三科至四科為原則。

獨立機關總數以五個為限。

十四、得設置行政法人

為執行特定公共事務，於國家及地方自治團體之外，得設具公法性質之行政法人。

第三節　上級機關與下級機關之關係

上級機關對所隸屬機關依法規行使指揮監督權。如對不相隸屬機關之指揮監督，應以法規有明文規定者為限。

壹 指揮關係

一、意　義

行政主體內部，為金字塔型層級構造之行政組織，由一最高之行政機關領導所屬下級行政機關執行法律，具有「指揮權」，得做成「一般指示」及「個別指示」。

二、類　型

㈠**一般指示**　係上級機關對下級機關，就組織分工、特定事務之處理方式及裁量基準以及法令解釋等，所為之抽象指示，亦即所謂之「訓令」。「一般指示」通常係以行政規則或解釋函令之形式出之。

㈡**個別指示**　至於上級機關對於下級機關，就具體事件應如何處理所為之「個別指示」，則為「指令」。

貳 監督關係

一、意　義

有上下隸屬關係之監督，係指上級機關基於隸屬關係對下級機關所作全面監督，其內容涵蓋下級職權行使之合法性與合目的性。

二、種　類

㈠以監督範圍為標準

1. 一般監督：係指僅有上級機關對下級機關得行使監督權。

2. 特別監督：係指上級機關僅得對下級機關之特定行政行為加以監督。

㈡以監督性質為標準

1. 權限監督：係指上級機關監督下級機關，使其不逾越權限所為之監督。

2. 品質監督：又可區分為以下二者：

⑴適法監督：係指上級機關監督下級機關之行政行為是否「合法」。

⑵適當監督：係指上級機關監督下級機關之行政行為是否「合目的性」。

㈢以監督時期為標準

1. 事前監督：係指上級機關對於下級機關於行使權限前所為之監督。

2. 事後監督：係指上級機關對於下級機關於行使權限後所為之監督。

㈣以監督內容為標準

1. 法律監督：法律監督僅限於審查行政行為之合法性，如兼及「合目的性」，即已屬事務監督。

2. 事務監督：事務監督係在法律監督之「合法性」審查外，進而為「合目的性」審查，故事務監督包含法律監督在內。

3. 勤務監督：上級機關除對下級機關之行政行為為事務監督外，並對下級機關人力及物力配置，包括人事問題等是否符合規定，作成勤務監督，亦稱一般之機關監督。

上述為學理上分類，至於行政監督之實際方法，則得依法規以指揮、指示、認可、備案或備查、視察、審核、撤銷、變更、廢止、停止、強制處理、代為處理、獎懲、爭議解決、管制考核、法規制頒及解釋、審理訴願……等方式為之。

參 中央與地方機關之監督關係

一、地方自治監督之意義

地方自治監督，係指國家對於地方自治團體行為的監督、考核、撤銷、變更、指導等作用之總稱，其係在使地方自治團體行為符合國家整體法秩序的要求，透過地方自治監督，一方面平衡地方因享有自治權與中央抗衡對立，他方面可以避免地方自治權過度膨脹而違法。因而，國家對於地方自治監督不是在於限制地方自治權，而是在維護地方自治關係行為合法性以及確保國家整體利益。

二、中央機關監督之權限

㈠立法權　地方民意機關與地方行政機關皆享有訂定地方法規之權，但皆應受上級自治監督機關包括中央機關之監督，而其監督之方式不外送請上級備查與核定兩種方式，必要時，上級尚可以函告方式，指明下級法令無效。

㈡財產權　中央政府係依財政收支劃分法之統籌分配稅源權，以及補助制度，加上地方制度法之規定，直接間接監督地方財政權之行使。

㈢執行權

1. 自治事項監督：地方機關辦理自治事項違背憲法、法律或基於法律授權之法規者，由中央各該機關報行政院予以撤銷、變更、廢止或停止其執行。

2. 代行處理：地方機關依法應作為而不作為，致嚴重危害公益或妨礙地方政務正常運作，其適於代行處理者，得分別由行政院、中央各該主管機關、縣政府命其於一定期限內為之；逾期仍不作為者，得代行處理。但情況急迫時，得逕予代行處理。

㈣人事權

1. 主計、人事、警察及政風主管由地方行政首長依專屬人事管理法律任免，但由中央政府監督。

2. 停止職權或解除職務：中央機關有對地方民選公職人員之行政首長因犯罪、當選無效確定等情事而為停止職務或解除職務之監督權限。

㈤其他權限

1. 權限爭議與解決：如地方制度法第77條第1項：「中央與直轄市、縣（市）間，權限遇有爭議時，由立法院院會議決之；縣與鄉（鎮、市）間，自治事項遇有爭議時，由內政部會同中央各該主管機關解決之。」第2項：「直轄市間、直轄市與縣（市）間，事權發生爭議時，由行政院解決之；縣（市）間，事權發生爭議時，由內政部解決之；鄉（鎮、市）間，事權發生爭議時，由縣政府解決之。」

2. 訴願審查權：中央對地方之行政處分，不論是違法或不當，不論是屬委辦事項或自治事項，一律有訴願審查之權，透過審查即產生實質行政監督之效果。

第三章
公物法

第一節　公物法之概念

壹 概　說

公物法，乃指關於公物之法律地位之法，而對公物上之私所有權，仍然予以承認。再者，公物法除出自法律特別規定外，亦出自判例與學說所發展之一般法律原則。

貳 公物之定義

公物，係指直接供公的目的使用之物，並處於國家或地方等行政主體所得支配者而言。是故成為公物須具備兩項條件，如下：

一、直接供公的目的使用

若非直接使用者，如存放於國外之外匯、投資於營利事業之公股等，稱為財政財產，非此所稱之公物。

二、處於國家或地方等行政主體支配之下

公物固不以有體物為限，無體物亦得成為公物，例如廣播電視頻道，為無體而稀少珍貴的公共財，此外，公物若非行政主體所得支配者，例如「江上之清風，山間之明月」，又如私有之公園、博物館雖供公眾使用，均非公物之範圍。

參 公物之種類

公物依其使用目的可分為下列四種：

一、公共用物

公共用物，指行政主體直接提供公眾自由在該物使用目的範圍內，且無需特別先經同意而使用之物，例如道路、橋樑、廣場、河川及領海等而言。

二、行政使用之公物

行政使用之公物，指為達成行政任務，直接使用之物，但僅為行政主體或行政機關供內部使用之物，例如辦公廳舍、公務員執行職務之器材設備、警察裝備、消防車輛及軍隊之武器等屬之，行政用物又稱行政財產或公務用物。

三、特別用物

特別用物，指並非任何人皆可使用之公物（即公共用物），而係應經主管機關許可（或承諾）始得使用之公物，在許可範圍內使用人並有排他之權利。特別用物在我國現行法制中不乏其例，諸如依山坡地保育利用條例，山坡地之利用均在主管機關監督管制之列，其中公有山坡地適於農牧造林者應由主管機關放租、放領或承受（本條例第 18 條、第 19 條），始得利用。

四、營造物用物

營造物用物，即構成營造物之公物，亦即供民眾使用之公物，然營造物之特質係依其組織，並非單純由物組成，必須結合人之運作始能發揮其功能。例如飛機場、港口及其設備、博物館、圖書館及其典藏等皆屬營造物用物。

再者，若以融通性而分，有融通及不融通公物。依國有財產法第 4 條規定，國有財產分為公務用、公共用及事業用國有財產。此外，公物尚可分為自然公物與人工公物，前者如山川河流，後者如道路廣場。圖示如下：

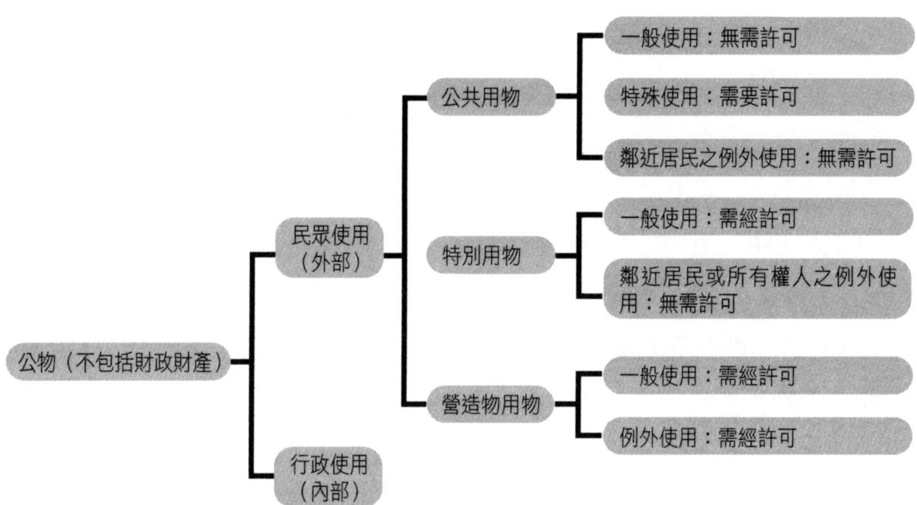

（李震山，2003：137）

肆　公物之特徵

一、公物原則上為不融通物

不融通物之特性在於不得為交易之標的，但在例外情形，如私人仍保有其對公物之鄰近居民之例外使用，於不妨害公物按其性質為合於目的之使用條件下，其所有權之轉讓，法律上並未禁止。

二、公物不適用民法取得時效之規定

公物若允許他人因時效而取得所有權，自與公物之目的相違。且公物必須處於國家或其他行政主體支配之下，故取得時效之所謂公然和平繼續占有之狀態，如何存在於公物亦令人難以想像。

三、公物原則上不得為民事強制執行之標的

公物既屬不融通物，自以不得為民事強制執行之標的為原則，如於使用之目的不受影響之情形下，自亦允許例外存在。

四、公物原則上不得為公用徵收

㈠原　則　公用徵收之對象為私人所有物，公有之財政財產或行政財產如須徵用，經由財產主管機關依規定程序撥用即可。如屬供行政目的使用之各種公物，其撥用與使用目的不符者，亦不得為之。

㈡例　外　至於私有土地已成為公物，如遇有土地法第 220 條，因舉辦較為重大事業無可避免者，仍得徵收，是為例外。譬如私有土地已成為公眾通行之道路，而具有公物之地位，政府為闢建正式之街道時，即可依上開條文徵收之。

第二節　公物之形成、變更與廢止

壹 公物之形成

公物之形成有兩種可能性：

一、經由公物之設定

設定使物取得公物的性質，亦即確定了公物存立之公共目的以及對其所生的公法法律關係。換言之，經由設定而將一物提供公共使用，此為公用之開始。例如公共道路開闢、修築完成，經宣布通車之意思表示後使用。公物設定如由法令為直接規定者，例如地方制度法第 16 條第 3 款規定，居民對於地方公共設施有使用之權，其已將具有公物性質之公共設施，作提供公用之一般性宣示。譬如：公路法第 2 條第 1 款：「公路：指供車輛通行之道路及其用地範圍內之各項設施，包括國道、省道、縣道、鄉道及專

用公路。」已明白將公路提供公用。此外，最常用之公物設定方式，是以行政處分為之，其實公物之設定、變更或廢止，皆係行政機關就公法上具體事件所為之決定，為對外直接發生法律效果之單方行政行為，然而其處分之相對人往往非特定，但依一般性特徵可得確定，因此，屬一般處分之性質。

二、未經設定程序，但事實上已供公共使用

例如自然水流及海岸，它的自然特質並無公用開始或設定之觀念，而是經由公共使用之後，才構成公物。

貳　公物之變更

公物經設定後，除法律特別規定不得任意變更其用途或需經一定程序者外，原則上皆可隨時變更為其他公物，例如將道路變成廣場。

參　公物之消滅

公物之消滅，即指廢止物之公物性質，其有二種情形，如下：

一、明示廢止

係由公物主管機關本於職權或依申請以意思表示，明示廢止公用，屬法定廢止。

二、自然廢止

是基於自然因素致使公物型態消失，如海濱地因洪水或其他自然變化，而失其公共用物之外形。

第四章
公務員法

第一節　公務員之概念

壹 學理上之公務員概念

一、公務員須經任用程序

任命為公務員關係發生之原因。

二、公務員係與國家或地方自治團體發生公法上之職務關係

公務員所執行者為職務，並非經濟性質之工作，其任職之目的亦非為換取酬勞，而係取得與身分相當之生活照顧。

三、公務員須負忠實之義務

所謂忠實義務係指公務員於履行國家（包括地方自治團體）所賦予之職責時，應盡其所能，採取一切有利於國家之行為，而避免一切對於國家不利之行為。

貳 法律上之公務員概念

一、最廣義之公務人員

國家賠償法第 2 條第 1 項規定：「本法稱公務員者，謂依法令從事於公務之人員。」

為明確起見，修正後刑法第 10 條第 2 項將上述公務員分為三種類型，學理上稱為：

㈠身分公務員：依法令服務於國家、地方自治團體所屬機關而具有法定職務權限。即依法令任用之公務員。

㈡授權公務員：其他依法令從事於公共事務，而具有法定職務權限者，如農田水利會職員、採購審議委員等。

㈢委託公務員：受國家、地方自治團體所屬機關依法委託，從事與委託機關權限有關之公共事務者，如海基會職員。

二、廣義之公務人員

公務員服務法第 24 條：「本法於受有俸給之文武職公務員，及其他公營事業機關服務人員，均適用之。」

三、狹義之公務人員

指公務人員懲戒法上之公務人員，此時不只包括事務官，政務官及民選之行政首長亦包括之。

四、最狹義之公務人員

公務人員保障法第 3 條第 1 項：「本法所稱公務人員，係指法定機關依法任用之有給專任人員及公立學校編制內依法任用之職員。」第 2 項：「前項公務人員不包括政務人員及民選公職人員。」另公務人員任用法施行細則第 2 條對公務人員亦有例示之解釋規定，兩者均為各款法規中最嚴格界定，其範圍與學理上之常業文官相當。

參 政務官與事務官之區別

一、政務官

乃參與國家大政方針之決策，或隨政黨政治選舉或政策改變而進退之公務員，例如行政院各部部長、不兼部會首長之政務委員、各部政務次長、直轄市政府局（處）長、副縣長。

二、事務官

係指依照既定方針執行之永業性公務員，原則上政務官以外之一般公務員皆屬之。

兩者之區別如下：

㈠任用資格不同　政務官無任用資格之限制。政務官的官等為特任或比照簡任。事務官之任用有一定資格。事務官的官等則為委任、薦任與簡任。

㈡身分（任職期間）保障不同　政務官無身分保障，得隨時命其去職（但如考試委員、監察委員、公平交易委員會委員則均有一定任期）。事務官受文官保障，非依法定程序，不得將其罷免。

㈢退休制度有無不同　政務官不適用公務人員退休法，但如符合退職條件者，得依「政務人員退職撫卹條例」辦理。

㈣懲戒種類不同　政務官不適用公務人員考績法上之年度考績及懲處規定，政務官之懲戒僅有撤職及申誡兩種。事務官則有撤職、休職、降級、減俸、記過及申誡六種。

㈤職等高低不同　政務官之官等，大都為特任、特派或職位比照簡任第十四職等、第十三職等。事務官則無特任、特派或比照簡任之職等。

第二節　公務員關係之成立

壹　成立公務員關係應遵守之原則

人民與國家欲成立公務員關係，國家有義務遵守以下幾個互為表裡之原則：

一、機會均等原則

進入公職之機會均等，乃憲法平等權之揭示，然平等權並不排除區別對待，即惟有本質上有差異，方有差別待遇之合理基礎。

二、職業自由（工作權）之保障

人民工作權之保障，為積極受益權之一種，因此，國家不得剝奪或侵犯人民之工作權，亦應保障人民有選擇工作種類之自由。

三、公開競爭之考試制度

人民既有平等權、工作權，進入公共部門領域重要途徑之一的考試，應公開且公平，使人民可循考試途徑公平競爭，打破特權階級與分贓制度。

貳 成立公務員關係之一般要件

一、積極條件

㈠中華民國國籍。

㈡須年滿十八歲。

㈢須具備所任官等或職務之資格　公務人員之任用資格，依下列規定：

1. 依法考試及格。
2. 依法銓敘合格。
3. 依法升等合格。（任用法第9條）

二、消極條件

公務人員任用法第28條規定，有下列情事之一者，不得為公務人員：

㈠未具或喪失中華民國國籍者。

㈡具中華民國國籍兼具外國國籍者。但其他法律另有規定者，不在此限。

㈢動員戡亂時期終止後，曾犯內亂罪、外患罪，經判刑確定或通緝有案尚未結案者。

㈣曾服公務有貪污行為，經判刑確定或通緝有案尚未結案者。

㈤犯前 2 款以外之罪，判處有期徒刑以上之刑確定，尚未執行或執行未畢者。但受緩刑宣告者，不在此限。

㈥依法停止任用者

㈦褫奪公權尚未復權者。

㈧受禁治產宣告，尚未撤銷者。

㈨經合格醫師證明有精神病者。

參 成立公務員關係之資格要件

從是否參加國家舉辦公開考試及格取得公務員任用資格為區分，可分為常任與非常任公務員之資格要件。

一、經國家考試及格所任用之人員（常任）

常任公務人員之官等分委任、薦任、簡任。其資格要件如下：

㈠考試及格之任用

1. 高等考試之一級考試或特種考試之一等考試及格者，取得薦任第九職等任用資格。

2. 高等考試之二級考試或特種考試之二等考試及格者，取得薦任第七職等任用資格。

3. 高等考試之三級考試或特種考試之三等考試及格者，取得薦任第六職等任用資格。

4. 普通考試或特種考試之四等考試及格者，取得委任第三職等任用資格。

5. 初等考試或特種考試之五等考試及格者，取得委任第一職等任用資格。（任用法第 13 條第 1 項）

㈡經國家文官學院訓練合格　初任各職等人員、晉升薦任官等人員，除考試及格外，尚需經訓練合格，始完成考試程序（任用法第 10、17 條）。

二、非經國家考試所任用之人員（非常任）

㈠政務官之任命　無任用資格之限制。

㈡派用人員之派任　派用人員之設置，以臨時機關或有期限之臨時專任職務為限，其分為委派、薦派、簡派三等，派用人員之資格中，並不以國家考試及格為限，而以學位為主。

㈢聘用人員之聘用　指各機關以契約定期聘用之事業或技術人員，其聘用條件，自不以國家考試及格為限，只要機關有需求，而將需聘用人員之職稱員額及報酬、預算，列冊送銓敘部登記備查即可。

㈣約僱人員之僱用　係各機關以定期契約辦理臨時工作僱用之人員，依行政院暨所屬機關約僱人員僱用辦法，予以管理。

㈤其他具臨時性之人員

1. 機要人員：須與機關首長同進退，並隨時免職。

2. 非現職職務代理人：依行政院訂頒「各機關職務代理應行注意事項」，所進用之非現職人員以代理委任以下之非主管職務，屬短期性質。

3. 民選公職人員：因選舉成為民選公職人員者，其資格由公職人員選舉罷免法及其相關法令規定之。

肆 限制首長離職前之用人權

為因應政黨政治發展，建立行政中立之文官體制，避免機關首長在離職前大量安置私人，影響人事的穩定，公務人員任用法第26條之1明定：各機關首長於下列期間，不得任用或遷調人員：

一、自退休案核定之日起至離職日止。

二、自免職或調職令發布日起至離職日止。

三、民選首長，自次屆同一選舉候選人名單公告之日起至當選人名單公告之日止。但未連任者，至離職日止。

四、民意機關首長，自次屆同一民意代表選舉候選人名單公告之日起至其首長當選人宣誓就職止。

五、參加國民大會代表以外之其他公職選舉者，自選舉候選人名單公告之日起至離職日止。但未當選者，至當選人名單公告之日止。

六、憲法或法規未定有任期之中央各級機關政務首長，於總統競選連任未當選或未再競選連任時，自次屆該項競選當選人名單公告之日起至當選人宣誓就職止。直轄市政府所屬一級機關首長，於直轄市市長競選連任未當選或未再競選連任時，亦同。

七、民選首長及民意機關首長受罷免者，自罷免案宣告成立之日起至罷免投票結果公告之日止。

八、自辭職書提出、停職令發布或公務員懲戒委員會議決撤職、休職處分之日起至離職日止。

機關出缺之職務，得依規定由現職人員代理。但考試及格人員分發任用者，不受上述各該規定之限制。

第三節　公務員關係之變更與消滅

壹 變　更

公務人員關係變更，係指公務人員於在職期間職位發生變動，而身分仍在之情形，有如下：

一、轉　任

係指轉調於其他不同職位之升任、調任。如經升官等考試及格之晉升。如公務人員任用法第 16 條：「高等考試或特種考試以上之特種考試及格人員，曾任行政機關人員、公立學校教育人員或公營事業人員服務成績優良之年資，除依法令限制不得轉調者外，於相互轉任性質程度相當職務時，得依規定採計提敘官、職等級；其辦法由考試院定之。」

二、調　任

指不改變公務人員之類別，而由一職位改擔任另一職位。如公務人員任用法第 18 條第 1 項規定：「現職公務人員調任，依下列規定：一、簡任第十二職等以上人員，在各職系之職務間得予調任；其餘人員在同職組各職系之職務間得予調任。二、經依法任用人員，除自願者外，不得調任低一官等之職務。三、在同官等內調任低職等者，除自願者外，以調任低一職任之職務為限，均仍以原職等任用，且機關首長及副首長不得調任本機關同職務列等以外之其他職務，主管人員不得調任本單位之副主管或非主管，副主管人員不得調本單位之非主管。但有特殊情形，報經總統府、國民大會、主管院或國家安全會議核准者，不在此限。」

三、停　職

職位發生變化，即未除去職位，但暫時停止執行職務者。其情形如下：

㈠懲戒處分前所為處置之停職，以及公務員懲戒委員會所為休職之懲戒等，於一定條件下，仍得恢復其原職。

㈡公務人員因育嬰、侍親、進修及其他情事，經機關核准，得留職停薪，並於原因消失後復職。

四、休　職

依公務員懲戒法第 12 條規定：休職，休其現職，停發薪給，並不得在其他機關任職，其期間為六個月以上。休職期滿，許其復職。

五、降　級

依公務員懲戒法第 13 條規定：降級，依現職之俸給降一級或二級改敘，自改敘之日起，二年內不得晉敘、升職或調任主管職務。

貳 消　滅

公務員關係的消滅，是指公務員身分喪失，同時亦失去職位。

公務員有下列情事之一者，終止其與國家之公法上職務關係：

一、辭　職

公務人員得自行辭去現職，其任職機關不得拒絕。惟公務人員之辭職，須經機關之核准，在未經核准前，仍有服務之義務。

二、撤　職

係公務員懲戒法第 9 條第 1 項第 1 款所規定之公務員懲戒處分。依同法第 11 條，經撤職者，除撤其現職外，並且至少在一年內不得再予以任用。

三、免　職

㈠具有懲戒性質者　例如公務人員考績法第 12 條第 1 項，記二大過之免職處分。

㈡非懲戒性質之免職　例如另有任用應予「免職」，或受應提前退休而予免職，或取得外國國籍而遭免職處分。

四、資　遣

具有下列情形之一者，得予以資遣：

㈠因機關裁撤、組織變更或業務緊縮而須裁減人員者。

㈡現職工作不適任或現職已無工作又無其他適當工作可以調任者。

㈢經公立醫院證明身體衰弱不能勝任工作者。

五、退　休

㈠自願退休　公務人員有下列情形之一者，應准其自願退休：

1. 任職五年以上年滿六十歲者。

2. 任職滿二十五年者。（公務人員退休法第 4 條）

㈡屆齡退休　公務人員任職五年以上，未滿六十五歲者，應屆齡退休。（公務人員退休法第 5 條第 1 項）

㈢命令退休　公務人員任職滿五年以上，因身心障礙，致不堪勝任職務，繳有中央衛生主管機關評鑑合格醫院出具已達公教人員保險殘廢給付標準表所定半殘廢以上之證明，並經服務機關認定不能從事本職工作，亦無法擔任其他相當工作且出具證明者，應予命令退休。（公務人員退休法第6條）

六、任職屆滿

有法定任期之公務員。例如考試委員、監察委員、公平會委員等。

七、罷　免

民選之公務人員，經原選區之選民依公職人員選舉罷免法之規定，提出罷免案獲得通過者，其公務人員關係消滅。

八、事實原因

如公務人員在職期間死亡者或喪失中華民國國籍。

第四節　公務員之權利

基於職位所生之權利，如下：

壹 經濟上之權利

一、俸給權

公務員有依公務人員俸給法請求國家給予本俸、年功俸及加給等服勤務報酬之權利。

二、退休金權

公務人員不論自願退休、屆齡退休或命令退休，得依公務人員退休法規定請求國家給付退休金。

三、撫卹金權

公務員無論因公死亡或意外死亡，其遺族均得依撫卹法規定，請求國家給予一次撫卹金及年撫卹金。撫卹金權為公務員家屬之權利。

四、參加公務員保險權

公務員應參加公務人員保險（簡稱公保），於保險事故發生時，請求給付一定保險給付。其中有關生育、疾病、傷害、事故、給予醫療等項，已納入全民健康保險範圍，另發生殘廢、養老、死亡及眷屬亡故時，給與現金給付。

五、實費請求權（職務上費用償還請求權）

公務員如職務上需要，得依法使用公物或支用公款，公務員執行職務時所代墊之費用，得請求國家返還，例如出差費。

六、因公涉訟請求輔助權

依公務人員保障法第 22 條規定：「公務人員依法執行職務涉訟時，其服務機關應延聘律師為其辯護及提供法律上之協助。前項情形，其涉訟係因公務人員之故意或重大過失所致者，其服務機關應向該公務人員求償。公務人員因公涉訟輔助辦法，由考試院會同行政院定之。」

貳　身分上之權利

公務人員之身分保障權，謂公務人員得主張非有法定原因，非依法定程序，不得任意撤職、休職、免職、停職、解除職務、解聘或資遣等處分之權利。

參　其他權利

基於職位關係尚有參加考績權、執行職務權、請假休假權、受獎勵權、使用官銜職稱權、健康維護、安全維護權等。

第五節　公務員權利之保障與救濟途徑

公務人員保障法之內容，茲摘要分述如下：

一、保障範圍

公務人員身分、官職等級、俸給、工作條件、管理措施等有關權益之保障，適用本法之規定。

二、保障對象

㈠適用人員

1. 法定機關依法任用之有給專任人員及公立學校編制內依法任用之職員。

2. 前項人員不包括政務人員及民選公職人員。

㈡準用人員

1. 教育人員任用條例公布施行前已進用未經銓敘合格之公立學校職員。

2. 私立學校改制為公立學校未具任用資格之留用人員。

3. 公營事業依法任用之人員。

4. 各機關依法派用、聘用、聘任、僱用或留任人員。

5. 應各種公務人員考試錄取占法定機關、公立學校編制職缺參加學習或訓練之人員。

貳 救　濟

一、行政途徑

㈠復　審

1. 公務人員對於服務機關或人事主管機關所為對於改變公務人員身分，對公務人員權益有重大影響或基於公務人員身分所生之公法上財產請求權遭受侵害等事項之行政處分，認為違法或顯然不當，致損害其權利或利益者，得依公務人員保障法向保訓會提起復審。

2. 公務人員因原處分機關對其依法申請之案件，於法定期間內應作為而不作為，認為損害其權利或利益者，亦得提起復審。

㈡申訴、再申訴　所謂申訴，是指不服行政行為，向原行為機關之監督機關請求適正之表示。公務人員對於服務機關所為之管理措施或有關工作條件之處置認為不當，致影響其權益者，得依本法提起申訴、再申訴。

復審、申訴、再申訴之不同處，茲表列如下：

類　型	標　的	受理機關	法定救濟期間	調　處	再救濟
復　審	行政處分	由原處分機關轉送保訓會	三十日	無	提行政訴訟／再審議
申　訴	管理措施及工作條件之處置、管理措施	服務機關	三十日	無	提再申訴
再申訴	工作條件之處置及申訴函復	保訓會	三十日	可進行調處	不得再救濟

（公務員保訓會製）

二、司法途徑

針對不服公務人員保障暨培訓委員會就再申訴案件作成決定後，全部程序即告終結，如對於復審決定不服者，尚得向司法院所屬之高等行政法院提起行政訴訟，續行救濟。

第六節　公務員之義務

公務員於任職後，一方面享有各種法定權利，另一方面則須負擔各種法定義務，大體言之，公務員的義務隨任職報到而當然發生。其主要義務如下：

壹 中立義務

一、政治活動中立

即應超越黨派為全民服務，不介入政治派系或政治紛爭，並不得利用公務上之便利從事政黨活動。

二、落實公正執法之理念

立場應超然、客觀、公正、公平對待任何個人、團體或黨派，依法執行政策。

貳 服從義務

一、服從義務之規定

㈠公務員服務法第 2 條規定　「長官就其監督範圍以內所發命令，屬官有服從之義務。但屬官對於長官所發命令，如有意見，得隨時陳述。」

㈡公務員服務法第 3 條規定　「公務員對於兩級長官同時所發命令，以上級長官之命令為準，主管長官與兼管長官同時所發命令，以主管長官之命令為準。」

二、合法職務命令必須具備之要件

㈠命令者須有指揮監督權。

㈡該命令須與屬官職務有關。

㈢命令內容須非法律上不能或事實上不能。

㈣須具備法定形式並經正當手續。

㈤命令之事項非屬應獨立處理之職務範圍。

參 守密義務

此項義務規定於公務員服務法第 4 條：「公務員有絕對保守政府機密之義務，對於機密事件無論是否主管事務，均不得洩漏，退職後亦同。公務員未得長官許可，不得以私人或代表機關名義，任意發表有關職務之談話。」

肆 不為一定行為之義務

公務員服務法針對公務員之行為，有如下之禁止規定：

一、不得經營商業或投機事業。

二、除法令所定外，不得兼任他項公職或業務。

三、不得向屬官推薦人員，或循情關說及請託。

四、不得與有隸屬關係者贈送財物，於所辦事件，不得收受任何餽贈。

五、不得與職務有關係者，私相借貸，訂立互利契約，或享受其他不正利益。

六、不得利用視察或調查等機會，接受地方官民之招待或餽贈。

七、執行職務時，遇有涉及其本身或其家族之利害事件，應行迴避。

伍 申報財產義務

依公職人員財產申報法，凡屬於該法適用對象之公職人員，包括正副總統、五院正副院長、政務官、司法官、部分機關首長、民選首長、軍事首長、部分公營事業主管及縣級以上之民意代表等人員，均有定期或財產有重大變更時予以申報之義務。受理申報之機關為監察院或申報義務人服務機關（或其上級機關）之政風單位。

第七節　公務員之責任

壹 公務員行政責任之法律依據

公務人員之「行政責任」，係指公務人員因違反其基於公務人員身分所應遵守之行政法義務而生之行政法上不利益，即應受行政之制裁。此種行政制裁，在學理上亦稱為「懲戒罰」。因此，行政責任又稱「懲處責任」。行政責任之法律依據如下：

一、憲　法

㈠憲法第 24 條　「凡公務員違法侵害人民之自由或權利者，除依法律受懲戒外，應負刑事及民事責任。被害人民就其所受損害，並得依法律向國家請求賠償。」

㈡憲法第 77 條　「司法院為國家最高司法機關，掌理民事、刑事、行政訴訟之審判及公務員之懲戒。」

二、公務員懲戒法

依公務員懲戒法第 2 條規定，公務員有下列情事之一者，應受懲戒：

㈠違法　包括違反法律及命令。

㈡廢弛職務或其他失職行為　凡與職務有關，當為而不為，不當為而為之，或為而不當，均為失職行為。

三、公務員服務法

公務員懲戒原因為違法及失職，而所謂違法失職，最主要者為違反公務員服務法規定之義務，如違反服從命令、嚴守秘密、保持品位、克盡厥職、不得徇私圖利、不為一定行為等之義務。

四、公務人員考績法

依公務人員考績法之規定，考績有兩種：

㈠年終考績　每年年終依公務員服務之成績分甲、乙、丙、丁之等第，而分別予以升職、獎金、降級、免職。

㈡專案考績　可隨時辦理，平時記大功、大過二次或累積達二次者，即辦理專案考績。其中記二大過免職之專案考績，雖為行政懲處，但有懲戒之實。

貳　懲戒（司法）與懲處（行政）之關係

公務員違反行政上之義務，將一定的制裁，因依據法律之不同，可分為司法懲戒與行政懲處。

一、區別關係

㈠法律依據不同　司法懲戒依公務員懲戒法，行政懲處依公務人員考績法。

㈡處罰權行使主體不同　懲戒之機關為司法院公務員懲戒委員會，但九職等或相當於九職等以下公務員之記過與申誡，得逕由主管長官行之；懲處則由公務員服務之機關為之。

㈢發動程序不同　由監察院提出彈劾並移送懲戒機關審議，或由主管長官依被付懲戒人之職等處置，九職等或相當九職等以下者，直接移送懲戒機關審議，簡任職等人員則須先送監察院審查，審查成立再移送公務員懲戒委員會；考績法上之懲處則由行政機關主動為之。因此司法懲戒被稱為消極制裁，而行政懲處被稱為積極制裁。

㈣處罰種類不同　懲戒處分之種類，包括撤職、休職、降級、減俸、記過、申誡，以上處分中，對政務官適用者，限於撤職與申誡二種；懲處之種類則分：免職、記大過、記過、申誡。

㈤處罰之對象不同　司法懲戒之對象包括政務官、事務官，但對政務官之處罰僅得以撤職或申誡為之。而行政懲處之對象只限於事務官，且不及於離職、退職、退休人員。

㈥功過相抵之有無　司法懲戒並無功過相抵之可能。行政懲處之平時考核部分可功過相抵。

㈦法律效果不同

1. 司法懲戒之撤職，除撤其現職外，並於一定期間停止任用，其期間至少為一年。行政免職則免其現職後，仍得隨時任他職，並無前述期間至少一年之限制。

2. 司法懲戒之記過，與行政懲處者在法律效果上亦有不同。前者之效力強，後者之效力較弱。前者受記過處分，自記過之日起一年內不能晉級、升職或調任主管職務，後者考績法記過就無此限制。

㈧救濟程序不同　對於公務員懲戒委員會之議決，如有法定原因，原移送機關或受懲戒處分人，均得聲請再審議；懲處之免職處分（包括專案考績或年終考績不及格），公務員得由原處分機關轉送保訓會，申請復審，不服復審核定者，得向保訓會申請再審議或向行政法院提起行政訴訟。

二、競合關係

㈠積極的競合　懲戒與懲處均屬違反公務員義務，由國家所科予之處罰，考績法上之懲處，實質上屬懲戒處分（參照釋字第 243 號解釋理由書），對於相同之事實關係（或稱個案事實），如重複處罰即屬違反「一事不再理原則」。

㈡消極的競合　指同一事件經公務員懲戒委員會決議不予懲戒者，主管長官可否依考績法再予懲處而言。此可分兩部分解決之：

1. 懲戒結果為免議，不受理或不處分者：

⑴單純一行為事實，違反一義務，不得再予懲處。

⑵一行為事實，違反多數義務，不得再予懲處。

⑶數個行為事實，違反多數義務，可就未懲戒行為懲處之。

2. 懲戒結果為應受懲戒處分者，則不宜再為懲處。

參 懲戒處分與刑事制裁之關係

公務員發生違法或失職行為，同時涉及行政及刑事責任，在程序上採刑懲並行主義，處罰上則採併罰主義。公務員懲戒法定有明文，分述如下：

一、犯罪嫌疑案件之主動移送偵查

公務員懲戒委員會對於懲戒案件，認為被付懲戒人，有犯罪嫌疑者，如原移送機關未曾移送偵查機關，此時，可經公務員懲戒委員會議決移送該管法院檢察機關偵查。

二、刑懲並行

同一行為在刑事偵查或審判中者，不停止懲戒程序。但懲戒處分應以犯罪是否成立為斷，公務員懲戒委員會認為必要時，得議決於刑事裁判確定前，停止審議程序。

三、懲戒處分與刑事責任分開

同一行為，其刑事部分已為不起訴處分或免訴或無罪之宣告者或其受免刑或受刑之宣告而未褫奪公權者，仍得為懲戒處分。

第五章
行政作用及其分類

第一節　行政作用之概念及其分類

壹 行政作用之概念

行政作用，泛指國家依行政權所為之一切行動而言，為最廣義之行政行為，即與所謂「行政」之意義相當，指行政主體為達成行政目的，本於行政權所為之一切行為而言。舉凡行政機關所為之活動，不問其為事實行為，抑為法律行為，均包括在內。

貳 行政作用之分類

行政作用之分類，從其適用法規之性質而言，約可大別為公法行為或私法行為。在公法行為中，從作用之是否發生法律效果，可分為權力行為或非權力行為。權力行為中依行政內外部關係，又可分為外部行為（例如行政處分、法規命令）、內部行為（例如行政規則、個別指令）。從作用表示之方式，可分為意思表示之精神作用及以行動表示之物理作用。從參與行政作用者是否單方面，分為單方行為（例如行政命令、行政處分），及非單方行為（例如行政契約、行政合同）。

行政作用之分類，茲圖示如下：

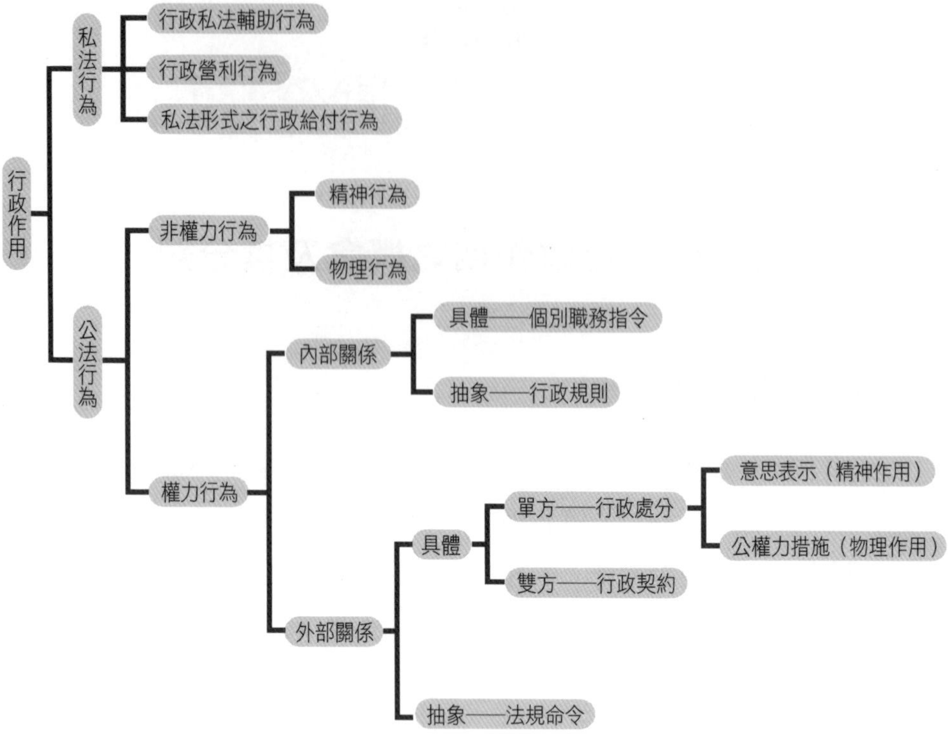

- 行政作用
  - 私法行為
    - 行政私法輔助行為
    - 行政營利行為
    - 私法形式之行政給付行為
  - 公法行為
    - 非權力行為
      - 精神行為
      - 物理行為
    - 權力行為
      - 內部關係
        - 具體——個別職務指令
        - 抽象——行政規則
      - 外部關係
        - 具體
          - 單方——行政處分
            - 意思表示（精神作用）
            - 公權力措施（物理作用）
          - 雙方——行政契約
        - 抽象——法規命令

（參照李震山，2003：220）

第二節　行政作用之公法行為

壹 公法行為之意義

公法行為指行政機關發生公法上效果之行為而言，固不含單純之事實行為，即發生私法上效果之私法行為，亦不在共列，其範圍自較概括之法律行為狹窄，惟尚包括行政契約及合同行為。

貳 公法行為之種類

公法行為得依其不同標準，區分為：

一、法律行為與準法律行為

以行政行為構成之要素，分為法律行為與準法律行為。前者係行政機關以一定之意思表示為要素，所謂意思表示，是指將主觀的法效構想，表達於外部。亦即依其意思內容而發生法律效果之行政行為，例如稅額之核定、營業之准許等行為；後者則指行政機關就具體事實，以觀念表示為要素，直接依據法律發生效果之行政行為，例如對某種權利義務之得喪變更等事實，予以通知、證明，或受理等行為是。

二、抽象行為與具體行為

以行政行為之對象，分為抽象行為與具體行為。前者乃對不特定或一般之事項，預為抽象之規定，使其發生效果之行政行為，例如行政命令是；後者則以特定或個別之事實為對象，予以具體之處置 ，使其發生效果之行政行為，例如行政處分是。

三、單方行為、雙方行為與合同行為

以行政行為當事人之法律關係，分為單方行為、雙方行為及合同行為三種：

㈠單方行為乃僅以行政主體單方面之意思表示，即可發生法律上效果之行為，無須有對照之當事人，或無須對照當事人之同意，例如行政命令及行政處分是。

㈡雙方行為乃兩方當事人各為達到不同之目的，互為意思表示，因其一致始能成立之行政行為，故亦稱「行政契約」。惟行政客體之行政契約，僅於法律有特別規定者，始得為之。

㈢合同行為乃多數當事人，為達到其共同目的而為意思表示，依其結

合而成立之單一的行政行為，亦稱為公法上之協定。例如鄉鎮之聯合協定及國際聯盟之盟約是。

四、第一次行為與第二次行為

以是否設立新的法律關係，分為第一次行為與第二次行為。前者乃設立新之法律關係，以使權利義務發生得喪變更之效果，例如普通之行政行為，概屬於此；後者並非設立新之法律關係，僅對其既存之權利義務，使之實現，例如對行政上之義務，而為之強制執行以及對行政上義務之違反，予以處罰是。

五、羈束行為與自由裁量行為

以行政行為裁量自由之有無，分為羈束行為與自由裁量行為兩種。前者乃行政機關所為之意思表示，須依法規所定，或受不成文法之拘束，無裁量餘地之行政行為；後者乃指在法規認許之範圍內，或法規並無規定，而得自由裁量之行政行為。

六、附款行為與無附款行為

以行政行為之意思表示，有無附加限制，分為附款行為與無附款行為。前者指行政機關所為之意思表示，附加限制，使其法律效果之發生，繫於將來事實發生與否之行政行為，例如附條件、附期限、附負擔、撤銷權之保留是；後者乃指行政機關所為之意思表示，並未附加任何限制，即發生法律效果之行政行為。

七、依職權行為與須申請行為

以行政行為是否出於自動，分為依職權行為與須聲請行為兩種。前者乃指行政主體本於職權而逕自所為之行政行為；後者則基於行政客體之請求，而被動所為之行政行為。

八、要式行為與不要式行為

以行政行為是否須具備一定之方式，分為要式行為與不要式行為兩種。前者指行政機關所為之意思表示須具備法定方式，始得發生法律上效力之行為；後者則指行政機關所為之意思表示，不須具有一定方式，即可發生法律上效力之行為。

九、須受領行為與不須受領行為

以行政行為之相對人須受領與否，分為須受領行為與不須受領行為兩種。前者指行政機關所為之意思表示，必須相對人受領，始發生效果之行為；後者僅指行政機關所為之意思表示，不須相對人之受領，即發生法律上之效力。

十、積極行為與消極行為

以行政行為是否變更原有之法律狀態，分為積極行為與消極行為兩種。前者乃對原有之法律狀態，積極予以變更之行為；後者乃維持原有之法律狀態，不予變更之行為。

第三節　行政作用之私法行為

壹 行政私法行為之源起

行政私法行為源起於國庫理論。即國家之人格，除具有公權力主體外，尚可作為私財產法上之主體，參與私法關係之進行，即以國庫代表之。

國庫代表具有二種功能：

一、基於自我權利保護之思想，由國庫出面，代表國家在法院接受人民控訴，並支付賠償。

二、國庫係財產法上之主體，得從事私經濟活動，與私人同樣享有權利負擔義務。

貳 行政私法行為之類型

一、行政私法輔助行為

行政私法輔助行為指行政機關為行政所必須之物質（例如辦公用具、土地、汽車、房舍等），而與他人訂立私法契約之行為。或稱之為公行政之私法籌購行為。

二、行政營利行為

行政營利行為指國家之私經濟行為，以增加國庫收入為主要目的，或為同時推行特定經濟或社會政策，而以企業家姿態所從事營利性質之企業任務，經由公營事業完成之。其中有直接自行經營者，如直接經由其內部不具獨立法律主體資格之機關或單位，所從事之企業營利行為；有由國家依特別法或公司法之規定，投資設立具有獨立法律主體資格之公司，而從事之企業營利行為者，例如公營銀行、菸酒、石油、糖業、肥料公司……等。

三、私法形式之行政給付行為

係針對人民生存條件及改善上，以保障生存照料為出發點，所為直接之促進或分配之行政。如為照顧並改善一般社會大眾之日常生活，而供給水電、瓦斯，或提供郵遞、電信、客貨運輸之服務，設置學校、醫院，提供社會救助，甚至為追求特定經濟或社會政策，而提供私人企業各項經濟輔助等。茲以表略示給付行政之關係及分類如下：

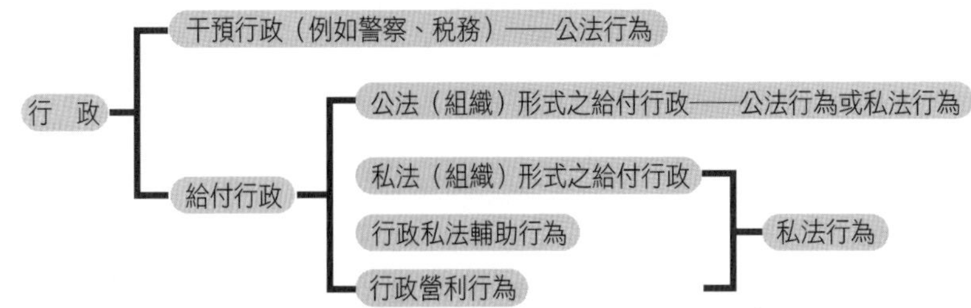

（參照李震山，2003：227）

第四節　行政作用中之非權力行為

壹 非權力行為之概念

非權力行為，指非權力作用中具有公益目的之公的作用。

依前司法院大法官廖義男教授之研究，國家統治行為可分為：

一、統治管理之行政行為

其係指運用命令及強制等手段干預人民自由及權利之行為。最典型之例子，例如警察權、課稅權之行使是。

二、單純統治之行政行為

其係指不運用命令及強制之手段，而以提供給付、服務、救濟、照顧、教養、保護或輔助等方法增進公共及社會成員之利益，以達成國家任務之行為。

在前述單純統治之行政行為之中，有部分之行為非以直接發生法律效果為目的，不足以導致權利義務之得喪變更，為所謂之非權力行為。質言之，單純統治行政中之行為並非皆屬「非權力行為」，毋寧說是「非權力行為」源自單純統治行政之中，由於非權力行為不具權力作用性質，不當然適用法律保留原則。但仍不可違反「法律優位」原則。

貳 非權力行為之分類

非權力行為約可分類如下：

一、純服務性

例如提供消息、交通訊息、氣象報告、防火防竊宣導、清運垃圾等。

二、單純發動公權力

例如巡邏、守望、佈置交通崗管制哨等。

三、公用事業工程進行

例如綠地、道路之鋪設、修築。

四、行政指導性質

例如調解爭議、公害防制之輔導、青少年輔導、職業安定或訓練之協助等。

參 事實行為

一、事實行為之意義

前述非權力行為，為學理上所謂之事實行為，即對相對人不產生法律效果，但事實上也會影響其權利和義務之行為。其與行政處分之行為不同者，在於後者以對外發生法律效果為要素。而事實行為包羅甚廣，舉凡行政機關之內部行為，對公眾所作之報導、勸告、建議等行政指導、興建公共設施、實施教育及訓練等均屬其範圍。以物理上之強制力為手段的執行行為及與行政處分不易分辨之觀念通知，亦應歸之於事實行為。

二、事實行為之類型

㈠依效果分類

1. 具法效性之事實行為：這種行為係包含一定目標干預而有可能成為

行政處分，例如拘押嫌犯之行為。

2. 具事實上損害結果之事實行為：例如警察為緝拿逃犯，在媒體上公布嫌犯的照片。

3. 無權利侵害之事實行為：即不具直接法律上效果之事實行為，例如提供企業經營有關資訊。

㈡依性質分類

1. 機關內部行為：單位相互間交換意見、文書往返；上下級機關間的指示、請示、視察、主辦員工講習、訓練等是。

2. 認知表示（通知行為）與行政指導：通知行為指常見的觀念通知，例如戶籍謄本之發給、向他機關提供資料、為他機關完成研究報告、外交部對於國內機關所發文件之認證。行政指導則指行政機關對外所作之報導、勸告、警告、建議、調解、資訊提供等行為。

3. 實施行為：屬單純的動作、工作的完成，通常是指實施行政處分或行政計畫之行為，如課稅處分確定後，稅捐稽徵機關收受稅款之繳納，都市計畫細部計畫核定實施後，豎立樁誌、座標、辦理測量、修築道路、收運垃圾、舉辦展覽、醫療行為等是。

4. 強制措施：依行政執行法所為之直接強制、即時強制典型之強制措施，如對違法遊行且不服從解散命令者之強制驅離、強制拆除違章建築即是。至於行政檢查（通常為依法令對人、處所或物件所為之訪視、查詢、查察或檢驗），少數由主管機關以實力強制執行者，亦屬之。

㈢事實行為與意思行為之關係　事實行為有單純之事實行為，例如提供資訊、節約提倡、道路掃除、行政指導等是。此外，事實行為乃有為準備作成或表達或實現意思行為（例如行政處分）而完成，因此，事實行為與意思行為間有密切關係。分析之，其關係型態有二：

1. 意思行為（例如行政處分）之法律效果須俟事實行為完成始實現。如核定稅額之處分，藉收取稅款之事實行為而實現，其間有一繳納期間（納稅義務人亦可自行繳納）。

意思行為與事實行為之結構，圖示如下：

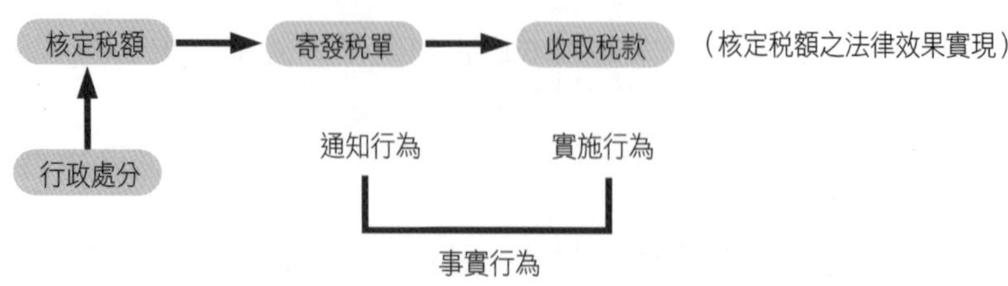

2. 意思行為與事實行為同時完成並發生法律效果。如警察以手勢指揮交通，或交通號誌閃亮（紅燈亮表示禁止），不必「另行」通知，意思行為之法律效果與事實行為之完成（發生事實效果）同時實現。

第五節　行政作用之內部行為

壹 內部行為之意涵

公行政之行為，用以處理公行政外部關係之行為稱為公行政之外部行為，例如法規命令、行政處分、行政契約等。此外，公行政中之部分行為，用於處理其內部機關、單位、人員相互間之關係，包括機關與機關之間、機關與人員之間等，而不直接涉及人民者，此種處理內部關係之行為，稱之為公行政之內部行為，例如抽象之行政規則、具體之個別指令等。

貳 行政規則與個別指令之區別

一、行政規則

上級行政機關對所屬下級機關或相關首長對所屬公務人員，就機關內部職務之分配、細部之組織、執行業務之程序、適用法律與行使裁量權等事項，所下達非直接對外發生法規範效力之一般性、抽象性規定。

二、個別指令

在公行政內部行為中，單純的對個別事項加以處理之規定，例如公布法令、任免官吏以及上級機關對下級機關之訓令、指示等所發布之命令、機關內各單位間之會簽意見或機關間交換意見之行文等，均屬之。

第六節　行政作用中之統治行為

壹 統治行為之意義

統治行為係指國家針對其存立或統治，所為具有高度政治性之行為。該等行為，大都被認為非對外直接發生具體法律效果，不合於行政處分所涉之問題，應由憲法上之政治部門（包括行政及立法部門）作政治之判斷，而非屬可供司法裁決之事項，因而不受司法審查。

統治行為包括戰爭行為、總統權行為、國家對外規律本國與諸外國之關係，對內策定國政方針、選任政府各部門首長等重要行為。

貳 統治行為之特徵

一、國家行為中富有高度政治性者。即不屬於公共行政層次而應視為憲法上之作為。

二、該行為仍是法律行為，雖有法律判斷之可能性，但都不受法院管轄。

第六章
行政程序法總則

第一節　行政程序法之基本概念

壹 行政程序之意義

行政程序，即行政權運作的過程及手續。由於行政權的運作常產生一定行政行為，因此，行政程序亦即公行政作成各種行政行為之程序。依行政程序法第 2 條第 1 項之規定：「本法所稱行政程序，係指行政機關作成行政處分、締結行政契約、訂定法規命令與行政規則、確定行政計畫、實施行政指導及處理陳情等行為之程序。」

茲附行政程序法之行政程序範圍圖如下：

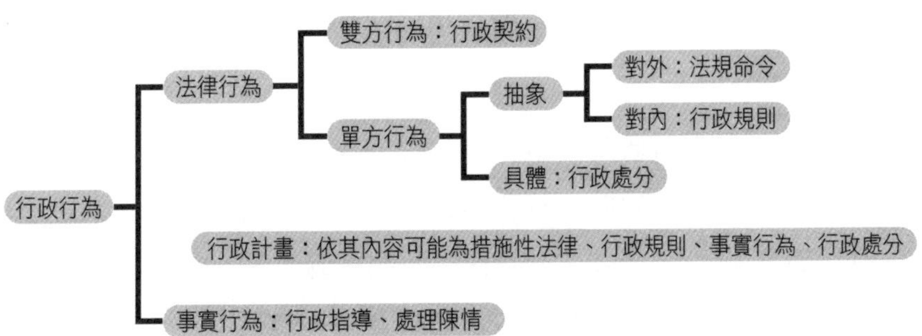

貳 行政程序法之立法目的

一、遵循公正、公開與民主之程序

行政機關為各種行政行為時，應予人民陳述意見，參與聽證之機會，

保障行政之公正。同時，行政機關作成與人民本身權益有關之決策，應給予人民參與之機會，以符民主之原則，達到「行政民主化」。

二、確保依法行政原則

行政行為之過程中即設法以各種手續性之規範，維持其正確性，違反依法行政，行政機關與公務員須負不同之法律責任。

三、保障人民權益

行政行為於侵害人民權利或利益時，行政程序法可於事前為權利或利益之調整措施，避免行政專擅濫權，同時使事後救濟完備化。

四、提高行政效能

行政權利的行使有一法定的程序可資遵守，則行政主體不必費神於事事皆異的法律程序，自可減少行政主體及公務員之負擔，行政效能可望提高，且行政程序法之明定，相對人民也因此「公開」之程序而能減少對行政「黑箱作業」之疑慮及不信任，自然較願意配合及服從行政權力的行使。

五、增進人民對行政之信賴

民主國家以人民對國家統治機關的同意為統治權合法化的基礎，此種同意須每隔一段時間，通常透過選舉進行檢證。而人民對國家統治權的是否持續予以同意，端視政府政策及其執行的成效而定。如果行政機關皆能遵循行政法上一般原理原則，且極有效能，自然能增進人民對行政之信賴，此為「抽象的信賴」。此外，行政程序法第 8 條、第 117 條至第 120 條，及第 126 條更直接保護人民對行政機關「具體的信賴」（李惠宗，2003：64-65）。

參 行政程序法之立法原則

一、以規範公權力行政為原則

公權力行政中，無論干預行政或給付行政，皆有其適用。行使公權力所為之決定或措施，包括核准、許可、特許、任免、登記、註銷、撤銷、廢止、罰款、駁回申請、命為一定作為或不作為等不同內容。

二、職權進行主義

行政程序之發動與終結，取決於該管行政機關依職權決定，不必受當事人意思所拘束。

三、當事人參與之原則

㈠接受聽審之權利　行政機關做成侵害人民權益之處分前，當事人有要求陳述意見之權利，必要時，給予聽證之機會。

㈡閱覽卷宗之權利　為確保在行政程序中，得做有利於自己之主張，當事人有閱覽與本身案件有關卷宗之權利。當事人得自行行使閱覽權，或委託代理人閱覽。

四、自由心證主義

行政機關作成行政處分或裁決仍必須以依法調查所得並獲有心證之事實關係為基礎，對證明力之判斷更不能違背論理法則及經驗法則。

五、效能法則

行政程序之目的不僅在於保障人民權利，亦且兼顧行政效能，故對於行政程序之方式採非正式為原則，正式為例外，且明示或默示應儘量以符合目的、迅速及節省勞費方法行之。

六、兼顧行政實體法之原則

鑑於行政實體法與程序法有密切關聯，為使本法更具確保民主、法治之功能，乃兼設行政實體法之規定，例如行政處分之法理、無效、撤銷、廢止、信賴保護補償制度、時效制度等。

肆 行政程序法之適用範圍

一、適用本法之原則

㈠行政程序法第 3 條第 1 項：「行政機關為行政行為時，除法律另有規定外，應依本法規定為之。」明白揭示本法以適用行政行為為原則。

㈡本法屬普通法之性質，其他法律對於行政程序事項有特別規定者，優先適用其規定，例如社會秩序維護法、政府採購法、土地徵收條例等。

二、機關除外

下列機關之行政行為，不適用本法之程序規定：

㈠各級民意機關。

㈡司法機關。

㈢監察機關。

三、事項除外

下列事項，不適用本法之程序規定：

㈠**有關外交行為、軍事行為或國家安全保障事項之行為**　對於軍事行為、對外關係及大陸事務，因涉及高度政治性、機密性的國家利益，性質特殊，故排除適用。惟如核發護照等為一般內政事務，即應有本法之適用。

㈡**外國人出入境、難民認定及國籍變更之行為**　外國人出入境，在國際上並沒有作為權利而得以承認，故屬於國家自由裁量的行為；難民之認定及歸化程序亦類似外交行為，屬於國家主權行使，基於保障國家安全之考慮，故均排除其適用本法。

㈢**刑事案件犯罪偵查程序**　犯罪偵查程序，包括檢察官與司法警察調查犯罪嫌疑人犯罪情形及蒐集證據之程序，雖亦為實質之行政程序，但其與司法作用緊密聯結，亦難適用本法之規定。

㈣犯罪矯正機關或其他收容處所為達成收容目的所為之行為　監獄、看守所，及由國家實施強制收容的處所，基於特別權力關係所為之行為，包括保安處分執行處所、少年觀護所、少年輔育院、煙毒勒戒所、中途學校、婦人習藝所、精神醫療機構、拘留所等，由於客觀上難以實施公開透明，且其作用乃在執行法院之裁判，屬於刑事法領域，因此排除適用。

㈤有關私權爭執之行政裁決程序　有關私權爭執之行政裁決程序，性質上乃準司法權之行使，與一般行政程序有相當差異，不宜一體適用本法，例如鄉鎮市調解條例之調解、採購申訴審議委員會之審議、依耕地三七五減租條例、公害糾紛處理法等為私權爭執之行政裁決。

㈥學校或其他教育機構為達成教育目的之內部程序　例如課程安排、教室及學生宿舍的分配管理、給予學生獎學金、成績評量，及維持法律之合理措施等均屬「內部措施」，為維持學校秩序、實現教育目的所必要且未侵害學生受教育之權利者屬內部經營關係，應予排除本法之適用，但如勒令退學、開除學籍等，依大法官釋字第 382 號解釋，屬「外部措施」之行政處分，仍應適用本法。

㈦對公務員所為之人事行政行為　對公務員所為之人事行政行為不適用本法之程序規定，是指人事指揮監督權限的事項（經營關係內部的事項），例如調動職務、升遷、處理事務的方式等。如為基礎關係之改變，如撤職、免職等行政處分，仍須依本法程序處理。

㈧考試院有關考選命題及評分之行為　考試命題及評分之行為，涉及高度的主觀評價，尊重閱卷之專業判斷，故不適合向相對人提示處分的理由等，故亦排除本法適用。

第二節　行政程序應遵循之一般法律原則

一般法律原則係指不限定於特別之事項，而得普遍適用於各行政行為之法律原則。一般法律原則又稱為「超實證法」或「法理」。

壹 依法行政原則

行政程序法第4條規定：「行政行為應受法律及一般法律原則之拘束。」此乃依法行政原則最簡單之解釋。其又包括法律優位及法律保留原則。

一、法律優位原則

㈠**定　義**　法律優位又稱為消極意義之依法行政，係指一切行政權之行使，不問其為權力或非權力的作用，均應受現行法律之拘束，不得有違反法律之處置。換言之，係指行政行為或其他一切行政活動，均不得與法律相牴觸。此處所謂的法律係指形式意義之法律，亦即立法院通過，總統公布之法律。

㈡**具體內容**

1. 行政應受憲法直接約束：行政機關依據法規所為之行政作用，應同時受憲法之拘束，不得牴觸憲法。行政不僅應維護形成憲法的基本決定，例如主權在民的基本價值理念，亦應保障基本人權。就後者言，憲法所保障基本人權之規定，具有拘束行政的效力，不僅在高權行政領域有其適用，在國庫行政領域亦有適用，尤應受自由權及平等權之拘束。

2. 行政應受一般法律原則之拘束：行政在法律規定之範圍內，固得自由行動，惟除應受前述憲法規定的拘束外，也應遵守憲法及行政法上的一般法律原則，例如平等原則、比例原則及誠實信用原則等。此等一般法律原則，已落實於 90 年 1 月 1 日施行之行政程序法中。

3. 行政應受法律之拘束：行政權之行使，除受憲法的拘束外，也應受法律的拘束。行政機關不僅應受其在組織地位上法律所賦予職務之限制，不得逾越法律權限；而且應受執行特定職務的拘束，亦即負有義務公正執行其職務。例如稅捐之徵收，稅捐徵收機關不僅有權限，且負有義務課徵具備法定課稅要件，而已發生的稅捐，倘無法律根據，即不得為稅捐減免，亦不得與納稅人和解協議，而拋棄稅捐債權，否則其減免處分違法，其和解協議無效。

㈢現行法制之規定

1. 憲法：第 171 條：「法律與憲法牴觸者無效。」（第 1 項）「法律與憲法有無牴觸發生疑義時，由司法院解釋之。」（第 2 項）、第 172 條：「命令與憲法或法律牴觸者無效。」

2. 中央法規標準法：第 11 條：「法律不得牴觸憲法，命令不得牴觸憲法或法律，下級機關訂定之命令不得牴觸上級機關之命令。」

3. 地方制度法：第 30 條：「自治條例與憲法、法律或基於法律授權之法規或上級自治團體自治條例牴觸者，無效。」（第 1 項）「自治規則與憲法、法律、基於法律授權之法規、上級自治團體自治條例或該自治團體自治條例牴觸者，無效。」（第 2 項）「委辦規則與憲法、法律、中央法令牴觸者，無效。」（第 3 項）「第 1 項及第 2 項發生牴觸者無效者，分別由行政院、中央各該主管機關、縣政府予以函告。第 3 項發生牴觸無效者，由委辦機關予以函告無效。」（第 4 項）「自治法規與憲法、法律、基於法律授權之法規、上級自治團體自治條例或該自治團體自治條例有無牴觸發生疑義時，得聲請司法院解釋之。」（第 5 項）

二、法律保留原則

㈠定　義　法律保留又稱為積極的依法行政，指行政機關沒有法律授權，即不能合法的作成行政行為，蓋憲法已將某些事項保留予立法機關，須由立法機關以法律加以規定。法律保留原則的「法」，不僅指「法律」，也包含「法規命令」。

㈡適用範圍　法律保留原則在法學界尚有一些爭論，如下：

1. 侵害保留說：法律保留的適用範圍僅限於對人民之自由或財產加以干預或侵犯之行政領域。

2. 全部保留說：主張任何領域之行政活動，均有法律保留原則之適用。其理由有二：

⑴民主原則：民主要求國民之支配及於行政，則行政活動應基於國民之代表所公布之規範，若法律之依據僅及於侵害行政，則國民的支配將無以實現。

⑵平等原則：平等性不僅因直接不平等的負擔，亦因不平等的授益所導致間接不平等的負擔而被侵害，為防止此類違反平等原則所引發之侵害可能性，授益處分亦須有法律依據。

3. 重要性理論：目前多數學者認為，基於法治國家原則與民主原則，凡任何涉及基本權重大性之領域，或對於基本權之實現屬重大事項，均須保留由立法者以法律規定。

4. 機關功能說：認為重要性理論無法作為界限之基準，因為所謂「重要的概念」乃屬空洞而無內容，於具體爭議應採「符合功能之機關結構」之標準，由於立法程序相較於命令訂定程序，明顯較為正式、嚴謹，尤其是討論方面更是較為公開、深入與澈底，且立法機關有比行政機關更寬廣的民意基礎，立法程序擁有較高的民主正當性，因此重要的、原則性事務適合保留予立法者以法律規定之。換言之，如果於個案能證實某特定領域之事務，唯有透過立法程序，始能達到儘可能有效保護與實現基本權利之目的，則應有法律保留原則之適用。

㈢大法官解釋之層級化保留

再者，實務上亦有層級化保留之說，依司法院釋字第 443 號解釋理由書，可知大法官建立之層級化保留體系如下：

第一級：「憲法保留」，憲法第 8 條之人民身體自由須以憲法規定保障之。

第二級：「絕對法律保留」，如剝奪人民生命或限制人民身體自由者，以制定法律之方式為之。

第三級：「相對法律保留」，即涉及人民其他自由權利之限制者，亦應由法律加以規定，如以法律授權主管機關發布命令為補充規定時，其授權應符合具體明確之原則。

第四級：「不須法律保留」，若僅屬執行法律之細節性、技術性次要事項，則得由主管機關發布命令為必要之規範。

給付行政：倘涉及公共利益之重大事項者，應有法律或法律授權之命令為依據之必要。

此外，依傳統理論，特別權力關係及行政規則，則為法律保留之例外，即不適用法律保留原則。

貳 明確性原則

明確性原則，指法律本身、法規命令、行政處分等之規定，內容必須明白正確，涉及人民權利義務事項時，始有清楚之界限與範圍，對於何者為法律所許可，何者屬於禁止，亦可事先預見及考量，或採有效之法律救濟。故所謂明確性，係以如下三個要素作為判斷基準：

一、可理解性。

二、可預見性。

三、審查可能性。

參 平等原則

平等原則，係指相同之事件應為相同之處理，不同之事件則應為不同之處理，除有合理正當之事由外，不得為差別待遇。

平等原則產生又衍生下列二原則：

一、行政自我拘束原則

即於作成行政行為時，如無正當理由應受合法之行政慣例所拘束。其要件有三：

㈠有行政慣例之存在。

㈡行政慣例本身須合法。

㈢必須行政機關享有決定餘地。

二、禁止恣意原則

所謂禁止恣意，即行政機關不得於「欠缺合理、充分的實質上理由」時作成決定，否則即屬有瑕疵之決定。但是如有具備以下的要件者，即為合理之差別待遇，而為憲法、法律所允許：

㈠事實狀態確有不利的差異存在　例如身心障礙者在就業市場之不利地位。

㈡採取差別待遇是為追求實質平等的正當目的　例如對原住民考試加分，是為提高其對多數民族之競爭力。

㈢事項的本質有必要予以差別　例如禁止未成年人吸煙，乃因吸煙對其健康戕害較大。

㈣差別待遇的方式及程度，須為社會通念所容許，同時不能出現逆差別而形成另一種不平等　例如對實際成長於國內之「華僑」給予考試加分優待，即屬社會通念所不許。

肆 比例原則

比例原則，又稱為「禁止過當原則」、「損害最小原則」。係指為達成某一特定目的（結果）而採取某一種方法或措施，必須符合合理、比例之原則。亦即不得為求目的不擇手段。因此，方法與目的之間必須符合「適當性」、「必要性」與「狹義之比例性」。

一、適當性原則

行政行為應合於行政目的之達成。例如殺雞通常不足以儆猴，此時殺雞欲以儆猴，即屬不適當之手段。

二、必要性原則

又稱最小損害原則，係指行政行為不超越實現目的的必要程度，亦即達成目的時應採影響最輕微的手段，而不得逾越必要之程度。例如殺雞用牛刀，則不免於造成雞隻過大之損害。

三、衡量性原則（狹義比例原則）

係指手段應按目的加以衡判。質言之，指採取之方法所造成的侵害不得與欲達成目的之利益顯失均衡。亦即行政目的與手段間應維持適當的比例關係。例如殺雞取卵、以炮擊雀、竭澤而魚，手段與目的顯失均衡。

伍 誠實信用原則

誠信原則為私法上之帝王條款，是法律倫理價值的崇高表現，我國行政法院認為其在公法上當然亦有其適用。行政程序法第 8 條前段即規定「行政行為，應以誠實信用之方法為之……」，基此，在行政法領域，誠實信用原則強調行政機關應遵守對人民的承諾，不可出爾反爾。

陸 信賴保護原則

行政行為應保護人民正當合理的信賴，如行政機關罔顧人民之信賴保護，而使其遭受不利益，且非基於公共利益之增進而對其損失予以補償或人民有忍受之義務外，不得為之。

一、信賴保護原則之適用須符合下列要件

㈠積極要件

1. 信賴基礎：首先需要有一個令人民信賴之國家行為。例如行政處分、

法規命令、行政規則。

2. 信賴表現：指當事人因信賴而展開具體之信賴行為。包括運用財產及其他處理行為。

3. 信賴值得保護：受益人有下列情形之一者，其信賴不值得保護：

⑴以詐欺、脅迫或賄賂方法，使行政機關作成行政處分者。

⑵對重要事項提供不正確資料或為不完全陳述，使行政機關依該資料或陳述而作成行政處分者。

⑶明知行政處分違法或因重大過失而不知者。

㈡**消極要件**　值得保護之信賴，始能適用信賴保護原則，故下列情形無信賴保護原則之適用：

1. 公益之要求強於信賴利益，但行政處分受益人已使用行政處分所提供之給付或其財產上之處分已不能回復原狀或祇能在不可期待之損失下始能回復者，仍可認為信賴值得保護。

2. 國家行為係基於顯然錯誤之基礎行為。

3. 國家預先保留廢止權。

二、信賴利益在行政程序上之表現

㈠法規不溯及既往，即對於繼續之事實，信賴舊法之利益。

㈡對於行政處分撤銷、廢止之限制，必須對於授益處分符合信賴保護。

㈢行政契約之調整或終止，人民不可預計損失之補償。

㈣行政規則對人民有一貫性作為義務之遵守。

㈤行政計畫有計畫擔保法理之產生。

㈥行政指導之「禁反言」法理。

柒 有利不利應予注意原則

又稱一體注意原則，即行政機關就該管行政程序，應於當事人有利及不利之情形，一律注意（行政程序法第 9 條）。另本法第 36 條亦規定，行政機關於調查證據時，對於當事人有利不利之事項一律注意，無須受當事人主張之拘束。

捌 裁量權正當行使原則

行政機關行使裁量權，不得逾越法定之裁量範圍，並應符合法規授權之目的，又稱裁量禁止濫用原則。亦即行政機關為裁量時，應遵守下列各點：一、以公共利益為依歸。二、不得與憲法上基本原則及由基本原則演繹出來的原則相牴觸，例如自律原則。三、不得與禁止裁量濫用原則相牴觸。四、不得與禁止裁量逾越原則相牴觸。

一、行政裁量之意義

裁量乃裁度思量之意。行政裁量，指行政機關在法規規定之特定構成要件事實發生時，基於行政目的，有自由斟酌，並選擇作為或不作為，或選擇作成不同效果之行政決定。

二、裁量縮收至零

在個案裁量中，可能行政機關僅得選擇一種行為方式，始成為無瑕疵之裁量，若為其他之決定，將構成裁量瑕疵。在此情形下，行政機關有義務選擇唯一正確的決定，裁量權已收縮至零。尤其，行政機關行使裁量權時，應注意基本權及憲法上原則，可能使裁量權收縮至零。

三、行政裁量與行政判斷之區別

㈠相同之處　兩者在本質上皆屬行政適用法律作成決定前的一種審酌、衡量之過程。其目的均在於給行政機關相當的彈性，使其能針對具體情況而為適當之行為。

㈡相異之處

1. 行政判斷是以涵攝、解釋為衡量之方法，裁量是以選擇作為決定之方式。

2. 法律要件為事實之認定，如為不確定法律概念，例如正當理由、國家安全、公共利益、危險、危害、必要、公益等概念，涉及判斷問題，即其是否確定有賴就個案斟酌當時環境，方有可能判斷。至於裁量權則須等法律要件該當之後，行政機關才得行使。

3. 司法對行政判斷之結果，原則上得完全審查，例外時受到「判斷餘地」（高度屬人性、集眾人之智慧為綜合之判斷，及專門性、技術性之決定等）之限制。至於司法對行政裁量之結果，原則上不得審查，僅有於裁量逾越或濫用情形下，才例外介入審查。

四、行政裁量之種類

㈠決定裁量與選擇裁量

1. 決定裁量：係指法律授權行政機關得決定是否想要作成某一個合法的處置，決定採取措施與否。例如對交通違規停車情況，決定是否取締。

2. 選擇裁量：係指行政機關得就數個不同的合法處置中，選擇作成某一個處置。

㈡一般裁量與個案裁量

1. 一般裁量： 通常係由行政機關就易發生之案例，訂定裁量基準之行政規則。例如交通事件之裁量基準。

2. 個案裁量：係由行政機關基於個案正義的實現，就個案決定法律效果的決定。

五、裁量瑕疵之類別

㈠裁量逾越　係指行政機關裁量結果，超過法律授權範圍。例如某一稅法之罰則規定，對違反者得科漏稅額二倍至五倍之罰鍰，主管機關竟科處六倍之罰鍰。

㈡裁量濫用　係指行政機關作成裁量與法律授權之目的不符，或係出於不相關之動機之謂。例如外國人申請歸化，內政部除國籍法外，尚以該國與我國無邦交而拒絕之。

㈢**裁量怠惰**　係指行政機關依法有裁量之權限，但因故意或過失而消極的不行使裁量權。例如對於有事實認為有妨害國家安全之重大嫌疑者，出入境主管機關有權不予許可其入境，而主管機關對個別事件，應斟酌此項因素而不予以斟酌。

第三節　管　轄

壹 管轄之意義

管轄，指行政機關依法規所得從事之公權力行為。其一方面劃分行政機關之任務範圍（管轄權），他方面則確立行政機關處理行政事務之權力（權限）。

貳 管轄之分類

一、事務管轄

事務管轄，指按事務之類別，劃分管轄權之歸屬，諸如內政、外交、環保等均為事務之分類。

二、土地管轄

土地管轄，指事務管轄所涵蓋之地理範圍，此一地理範圍通常為一國之行政區劃分；中央機關以全國為範圍，地方機關分別以省（市）、縣（市）或鄉鎮等為範圍。

三、層級管轄

層級管轄，指同一種類之事務，分屬於不同層級之機關管轄。此種管轄於行政救濟程序中最為明顯，原處分機關、訴願決定機關，層次分明有如法院審級管轄。

參 管轄恆定原則及例外

一、原　則

行政機關之權限均係以法規為依據，不得任意設定或變更，尤其不允許當事人協議變動機關之管轄權。

二、例　外

㈠權限之委任　行政機關將權限之一部分委任其下級行政機關以受任機關名義執行，而委任者與受委任者之關係，自然亦存在有監督之關係。如經濟部依專利法第 3 條，將專利業務指定所屬之智慧財產局辦理。

委任之要件為：

1. 存在於上下隸屬機關間。
2. 須有法規依據。
3. 應將委任事項及法規依據公告之。

㈡權限之委託　行政機關因業務上之需要，將其權限之一部委託其他不相隸屬之行政機關以委託機關名義執行者。例如標準檢驗局依商品檢驗法第 4 條，將檢驗工作委託其他政府機關代為實施。

委託之要件為：

1. 存在不相隸屬機關間。
2. 須因業務上之需要且有法規依據始得委託。
3. 其程序同上述委任。

㈢委　辦　係指中央機關將其權限內之事項委由地方自治團體代為辦理。受委辦者對依據法規之委辦，不得拒絕，但得要求撥付必要費用，且應以自己名義執行委辦事項。依據地方制度法第 2 條第 3 款規定：委辦事項，指地方自治團體依法律、上級法規或規章規定，在上級政府指揮監督下，執行上級政府交付辦理之非屬該團體事務，而負其行政執行責任之事項，例如經濟部將其掌理之工商登記辦理事項委由市政府建設局辦理。可見，委辦為機關內部行為，受委辦者為地方自治團體，屬「團體委辦」之概念，此與依本法之權限委任或委託不同。

㈣行政委託　乃指行政機關將其權限（公權力行使）之一部委託人民（包括自然人與私法人），以人民自己名義執行者。諸如稅捐之扣繳、違規車輛拖吊、國民住宅、公司登記之審核，及各種行政檢查、評鑑之委託等。

其要件為：

1. 受託行使公權力之個人或團體，於委託範圍內，視為行政機關。

2. 其程序係應將委託事項及法規依據公告之，並刊登政府公報或新聞紙。

3. 委託所需費用，除另有約定外，由行政機關支付之。

茲圖示行政主體與委任、委託、行政委託、委辦之關係如下：

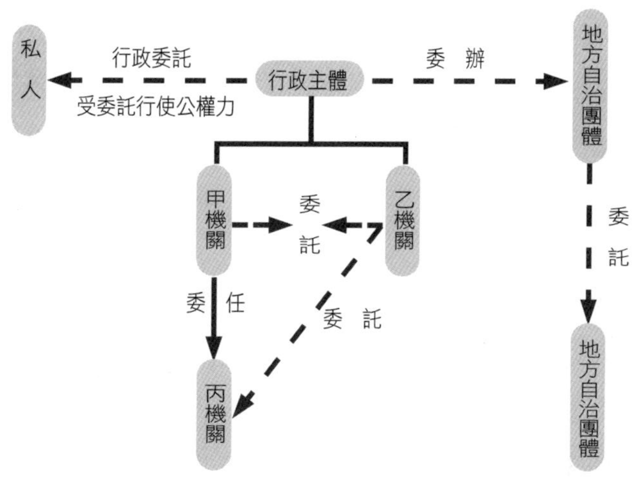

除前述委任、委託、委辦外，尚有二個名詞，值得辨別其內涵：

1. 事務性或低層技術性業務之委託：行政事務若未牽涉公權力之行使，

又非法律授權經行政機關辦理之事項，此時將之委由私人行使者，即無本法之適用，但應視其情形，適用政府採購法。

2. 行政助手：又稱行政輔助人，乃是私人在行政機關的指揮監督之下，不以自己名義協助執行行政任務，以達成行政目的。行政助手於執行業務時不具獨立性。如雇工拆除違建，受僱者受在場公務員之指揮監督，執行拆除工作。

肆 管轄權競合之解決方法

一、優先原則

由受理在先之機關管轄。

二、協商解決

不能分受理之先後者，由各該機關協商之。

三、指定管轄

協商不成或有統一管轄之必要時，由共同上級機關指定管轄，無共同上級機關者，由各該上級機關協議，然後分別指定管轄。申請事件之當事人亦得向共同上級機關或各該上級機關，請求指定管轄。

伍 違反管轄權之效果

一、行政機關違背管轄規定之行為，係屬「有瑕疵之行政行為」，應視其各種管轄違反情形而判斷其瑕疵之效果。

二、以「行政處分」之管轄為例，行政程序有如下之規定：

㈠未經授權而違背法規有關專屬管轄之規定或缺乏事務權限之行政處分為無效（本法第 111 條第 6 款）。

㈡行政處分違反土地管轄之規定者，除依第 111 條第 6 款規定而無效者外，有管轄權之機關如就該事件仍應為相同之處分時，原處分無須撤銷

（本法第 115 條）。

㈢其他情形，違反土地管轄或事務管轄，均屬「得撤銷」之處分。

陸 職務協助

職務協助，係指平行或不相隸屬之行政機關為達成其任務，請求另一行政機關在後者權限範圍內，給予必要補充性之協助，而未變更或移轉事件管轄權之謂。

一、職務協助之特徵

㈠**被動性**　行為之發動，原則上是以其他機關之請求為要件。

㈡**臨時性**　僅是臨時性，該事件處理完畢，職務協助應停止。

㈢**輔助性**　請求機關仍是程序上之主體，被請求機關僅居於輔助地位。

二、請求職務協助之原因

㈠因法律上之原因，不能獨自執行職務者。

㈡因人員、設備不足等事實上之原因，不能獨自執行職務者。

㈢執行職務所必要認定之事實，不能獨自調查者。

㈣執行職務所必要之文書或其他資料，為被請求機關所持有者。

㈤由被請求機關協助執行，顯較經濟者。

㈥其他職務上有正當理由須請求協助者。

三、拒絕協助之事由

被請求機關於有下列情形之一者，應拒絕之：

㈠協助之行為，非其權限範圍或依法不得為之者。

㈡如提供協助，將嚴重妨害其自身職務之執行者。

㈢被請求機關認為有正當理由不能協助者，得拒絕之。

第四節　當事人

壹 當事人之意義

當事人，一般指權利和利益直接受行政決定影響之人。即在行政程序中具有各種程序法上權利，包括陳述意見、參與聽證、閱覽卷宗，及受決定通知之人均為當事人。

貳 當事人之範圍

依行政程序法第 20 條規定：「本法所稱之當事人」如下：

一、申請人及申請之相對人。

二、行政機關所為行政處分之相對人。

三、與行政機關締結行政契約之相對人。

四、行政機關實施行政指導之相對人。

五、對行政機關陳情之人。

六、其他依本法規定參加行政程序之人。

參 當事人能力

當事人能力，指有參與行政程序，作為該行政程序當事人之能力。無當事人能力者，固然不能作為合法之當事人，但並非不能成為行政程序之當事人。例如非法人團體，對其法律上不能享有之權利，申請行政機關作成授益處分，雖不具有當事人能力，但於該申請而啟動之行政程序，仍為當事人，具有「當事人地位」。

依行政程序法第 21 條規定，具有當事人能力之主體包括：

一、自然人。

二、法人。

三、非法人之團體設有代表人或管理人者。

四、行政機關。

五、其他依法律規定得為權利義務之主體者。

肆 程序行為能力

程序行為能力，乃得獨立參與行政程序，實施表達其意思行為之資格。

依行政程序法第 22 條之規定，有行政程序行為能力者包括：

一、依民法規定，有行為能力之自然人。

二、法人。

三、非法人之團體由其代表人或管理人為行政程序行為者。

四、行政機關由首長或其代理人、授權之人為行政程序行為者。

五、依其他法律規定者。

無行政程序行為能力者，應由其法定代理人代為行政程序行為。外國人依其本國法律無行政程序之行為能力，而依中華民國法律有行政程序之行為能力者，視為有行政程序之行為能力。

伍 代理人

一、代理人之意義

代理人，指在行政程序及賦予辯明機會的程序中，能夠代替當事人及參加人，為當事人及參加人進行有關行政程序及賦予辯明機會程序之一切行為者。代理人在其權限範圍內進行的行為，被視為當事人和參加人本人之行為。

二、當事人得委任代理人之規定

當事人如不願參與行政程序，得委任代理人為之。行政程序法第 24 條規定：

㈠當事人得委任代理人。但依法規或行政程序之性質不得授權者，不得為之。

㈡每一當事人委任之代理人，不得逾三人。

㈢代理權之授與，及於該行政程序有關之全部程序行為。但申請之撤回，非受特別授權，不得為之。

㈣行政程序代理人應於最初為行政程序行為時，提出委任書。

㈤代理權授與之撤回，經通知行政機關後，始對行政機關發生效力。

陸 輔佐人

一、輔佐人之意義

輔佐人，乃隨同當事人到場而予以協助當事人為程序行為之人。輔佐人協同當事人在言詞辯論中支持當事人，其所為之效果及於當事人，例如當事人是外國人或有語言障礙時之輔佐陳述，或欠缺專業知識由專家為輔佐人等。

二、輔佐人到場之要件及效力

㈠當事人或代理人經行政機關之許可，得偕同輔佐人到場。

㈡行政機關認為必要時，得命當事人或代理人偕同輔佐人到場。

㈢前二項之輔佐人，行政機關認為不適當時，得撤銷其許可或禁止其陳述。

㈣輔佐人所為之陳述，當事人或代理人未立即提出異議者，視為其所自為。（本法第 31 條）

柒 當事人之選定及指定

一、選定或指定當事人之意義

行政行為若涉及之當事人人數眾多時，為使程序有效合理進行（空間、時間之考量），故有選定或指定部分當事人為行政程序事件之當事人，而其他未受選定或指定之當事人，則暫行脫離行政程序之必要，但是終局之行政行為效力仍及於所有當事人。

二、選定或指定當事人之要件

多數有共同利益之當事人，未共同委任代理人者，得選定其中一人至五人為全體為行政行為。可知，選定當事人之要件為：

㈠有多數共有利益之當事人　人數僅以「多數」涵蓋。不作具體之限制。

㈡未共同委任代理人之當事人　若有委任即無須選任。

㈢被選定人為全體　為行政程序行為。

㈣被選定人之人數　不得逾五人。

三、選定或指定當事人之職權

被選（指）定之當事人其權限為：均得單獨代表全體當事人作所有之程序行為，但下列三者，非經全體有共同利益之同意，不得為之：

㈠申請之撤回　例如撤回向地政機關主張時效取得地上權之登記申請。

㈡權利拋棄　例如拋棄祭祀公業派下員所享有之權利。

㈢負擔義務　例如同意行政機關所課負擔之附款條件（自行拆除越界部分）。

第五節　迴　避

壹 迴避之概念

迴避制度源自於英國自然正義原理之公正原則，又稱排除偏見原則，即源於「任何人不得就自己的案件當裁判官」之原則，因為正義必須植基於信任，故司法及準司法程序，不得有偏見原因，公務員自亦不例外。

貳 迴避事由

迴避有自行迴避，申請迴避，及職權迴避三種，如下：

一、自行迴避

公務員在行政程序中，有下列各情形之一者，應自行迴避：

㈠本人或其配偶、前配偶、四親等內之血親或三親等內之姻親或曾有此關係者為事件之當事人時。

㈡本人或其配偶、前配偶，就該事件與當事人有共同權利人或共同義務人之關係者。

㈢現為或曾為該事件當事人之代理人、輔佐人者。

㈣於該事件，曾為證人、鑑定人者。

二、申請迴避

㈠申請迴避之原因　公務員有下列各情形之一者，當事人得申請迴避：

1. 有自行迴避之情形而不自行迴避者。
2. 有具體事實，足認其執行職務有偏頗之虞者。

㈡申請迴避之程序

1. 提出申請：向該管公務員所屬機關為之，並應為適當之釋明。

2. 不服駁回提請上級機關覆決：不服行政機關駁回決定者，得於五日內提請上級機關覆決。

3. 停止行政程序：被申請迴避之公務員在准許或駁回決定前，應停止行政程序。

三、職權迴避

命該公務員迴避：公務員有法定情形不自行迴避，而未經當事人申請迴避者，應由所屬機關依職權命其迴避。

第六節　程序之開始

壹 原　則

行政程序之開始，由行政機關依職權裁量決定之。

貳 例　外

一、法規另有規定

本法或其他法規有開始行政程序之義務。

二、當事人提出申請

申請，即人民基於法規之規定，請求行政機關為一定之許可、認可或其他授益行為之公法上意思表示，包括請求作成行政處分、提供資訊、締結行政契約或為一定之事實行為等。

第七節　調查事實及證據

壹 行政調查之意義

行政調查，係指行政機關為達成行政目的，依其職權對一定範圍內的相對人所為之檢查、要求提供文件紀錄、回答問題或兼備任何前述行為之各種資料蒐集活動。

貳 行政調查之種類

一、依事務性質分

㈠一般性的行政調查　係為確保行政機關適當地行使間接的、一般性的行政作用為目的而實施之調查，例如國勢調查、工商普查。

㈡個別性的行政調查　係為確保行政機關適當地行使特定且個別的行政決定，或為直接、個別之目的而蒐集情報資料的作用或作業，例如公平會對違反公平交易法之調查。

二、依調查之功能分

㈠規劃性調查　即為一般性的行政調查，以提供行政機關規劃未來施政方向、擬定國家政策、確定行政計畫及研討現行法令修正內容所為之蒐集資料活動。其又可分為統計調查及準立法調查二種。前者乃指行政機關為取得決策之基礎資料所為之調查活動，其方法包括普查、問卷調查、訪談等。後者即為妥適行使法律授權訂定法規命令之目的，在研討法規草案之前，須廣泛蒐集資料，其蒐集方式有採正式聽證、公聽會，或非正式受理人民意見陳述或進行問卷調查等。

㈡許可要件審查　即作成許（認）可等授益處分之前所為之調查，其方式包括到場說明、書面審查、現場勘查等。

㈢監督檢查　乃對於受法令規制監督之個人或團體，為確認或督促其遵守法定義務之目的，所為之檢視查察活動，例如檢查污染物來源。

㈣制裁證據調查　即行政機關因檢查發現、民眾檢舉或其他機關告發，知有違法事實存在，為了實施行政制裁，乃對特定違反義務行為人展開蒐集之調查。

三、依可否實施強制手段分

㈠任意性調查　係指無刑罰或行政制裁為擔保，亦不能強制實施，純賴受調查者之協助、配合方能達成調查目的者，例如透過訪談、自動提供資訊等。

㈡強制性調查　係指行政機關依法律規定經由強制性手段所實施之調查。

四、依對象之不同分

㈠對人之調查　即針對特定人所為之「行政傳喚」，要求相對人提供資料或證言、傳喚、相驗等行為。

㈡對物之調查　指勘驗、鑑定、調查、調閱、索取文件、取走物品、抽取樣品等行為。

㈢對處所之調查　指行政機關派檢查人員親赴特定處所進入檢查之行為。

參　調查事實及證據之方式

依行政程序法之規定，有職權調查及申請調查二種：

一、職權調查為原則

行政機關應依職權調查證據，不受當事人主張之拘束，對當事人有利及不利事項一律注意。

二、申請調查為例外

當事人於行政程序中，除得自行提出證據外，亦得向行政機關申請調查事實及證據。但行政機關認為無調查之必要者，得不為調查。

肆 調查事實及證據之程序與方法

一、製作調查之書面紀錄

行政機關調查事實及採證，必要時得據實製作書面紀錄。

二、通知相關之人到場陳述意見

㈠行政機關基於調查事實及證據之必要，得以書面通知相關之人陳述意見。通知書中應記載詢問目的、時間、地點、得否委託他人到場及不到場所生之效果。

㈡所謂「相關之人」，包括當事人、參加人、利害關係人、證人、鑑定人等。

三、要求提供證據資料

行政機關基於調查事實及證據之必要，得要求當事人或第三人提供必要之文書、資料或物品。

四、選定適當之人為鑑定

㈠行政機關得選定適當之人為鑑定。以書面為鑑定者，得通知鑑定人到場說明。

㈡行政機關基於調查證據之必要，得選定對特定事物有專業知識或特別經驗之人為鑑定。鑑定人對於鑑定之經過及結果，負有以言詞或書面報告之義務。

㈢行政機關之鑑定範圍，其顯著之實例，例如土地房屋、公寓大廈、別墅之鑑價；動產儀器、機械、材料設備之鑑價；商標、專利、著作等智慧財產之鑑價；股票、出資額、經營權等權利鑑價；徵收公共設施、土地、房屋、其他地上物遷移費之鑑價；地震、天災、水災等房屋、農作物等毀損原因、價值鑑定；交通事故、車輛毀損原因鑑定；筆跡鑑定；真假藝術品、古玩、古董鑑定；DNA 鑑定等均是。

五、實施勘驗

㈠勘驗，是以人之五官直接勘查檢驗物之存在與否及其狀態的查證程序。

㈡行政機關為瞭解事實真相，得實施勘驗。勘驗時應通知當事人到場，但不能通知者，不在此限。

㈢行政機關取用私人資訊之方法中，以勘驗私人之身體、文件或住所等方式，為最常見且最有效；其他如車輛安全檢驗、餐廳旅館的安全檢查、工廠排放黑煙、廢水等環境檢查等，均得對證事實有關之人、地、事、物實施勘驗。

伍　採證之法則

採「自由心證主義」，即行政機關為處分或其他行政行為，應斟酌全部陳述與調查事實及證據之結果，依論理及經驗法則判斷事實之真偽，並將其決定及理由告知當事人。茲就理論及經驗法則之涵義分述如下：

一、論理法則

所謂「論理法則」，即依法律邏輯之論述必須具有客觀的、普遍的妥當性。

二、經驗法則

所謂「經驗法則」，係指人們基於日常生活經驗所得之定則，按照通常經驗，並非個人主觀上之推測（最高法院上字第 1312 號判例）。換言之，由日常生活觀察所得，或由歷史上研究數量上法則所得經驗之結果，作為判斷、評價之關係基準。綜合言之，行政機關採證之法則，通常皆以本於生活經驗上認為確實之經驗法則，或理則上當然之論理法則等為其準據而判斷之。

第八節　政府資訊公開

壹 政府資訊公開概說

一、資訊公開之概念

所謂「資訊公開」（freedom of information），即指人民或團體有獲得政府紀錄與資料之權利，政府有將人民所要求的資訊予以公開之義務的一種制度，為廣義陽光法案之一部分：至於狹義的「陽光法」（sunshine law）係指強制任何重大從事影響政策活動的組織或個人，必須向政府或有關單位登記，並告知其經費收支與活動內容，以便接受社會大眾監督之規範。

二、資訊公開之法律性質

其目的在促進公眾監督的可能性，其實踐端賴機關主動而適當地將有關資訊公開，並非保護特定之人民。故資訊公開之規定僅具有客觀法規範的性質，可定位為法律上利益。

三、政府資訊公開法與行政程序法之關係

行政程序法總則，原定有「資訊公開」一節，當民國 94 年 12 月政府資訊公開法制定公布時，同時刪除了行政程序法第 44 條及第 45 條規定，此後資訊公開自應依政府資訊公開法為之。

四、政府資訊之定義

政府資訊，指政府機關於職權範圍內作成或取得而存在於文書、圖畫、照片、磁碟、磁帶、光碟片、微縮片、積體電路晶片等媒介物及其他得以

讀、看、聽或以技術、輔助方法理解之任何紀錄內的訊息。

五、政府資訊公開之立法原則

㈠政府資訊以公開為原則：限制公開為例外。

㈡政府資訊可分原則：部分屬於「豁免公開」，其他部分如能合理切分者，仍應公開。

㈢限制公開者應負舉證責任：機關拒絕公開所請資料時，自應負舉證（說明）責任。

六、政府資訊公開之功能

㈠確立人民「知之權利」（right to know）　所謂「知之權利」，係基於國民主權原理，同時存在著自由權與社會權之性質，為憲法上表現自由權利之一種，在現代民主政治中，知之權利內涵本包括著權利、自由及參與，故已被主張為道德、法律或政治權利。此外，資訊公開亦確認資訊乃公共財，應由全民共享。

㈡促進政治參與及溝通　由於人民無法先行瞭解狀況，提出切合時需之建議，其參與政治之興趣必受影響，對於政府推動或頒行之政策，由於其決定過程之秘密與排他性，形成單向輸入之效果，故亦難獲人民由衷地支持。因此，資訊公開有促進「良好治理原則」之意，有助於政府與人士之溝通，提昇政府決策的效果與正當性。

㈢發揮直接政治監督之效果　公開是公正之最佳保證，誠如美國學者戴維斯（Davis）教授所闡述：「公開是專橫獨斷的自然敵人，亦是對抗不公正的自然盟友」。美國最高法院大法官布蘭岱斯（Brandeis）亦曾言：「公開實為應付現代社會及工業疾病之最好治療藥，此正如陽光為最佳之消毒劑，燈光為最有效之警察一樣」。亦即，政府資訊的公開得便利人民適時而主動地參與政府決策，防制惡政及腐化發生，而匡補代議民主之不足，實現深化民主。

㈣慎用為制裁違法之武器　英國學者馬夏（Marsh）教授認為，資訊公開理論基楚在於：㈠秘密本身有如邪惡，是陰謀的工具；㈡秘密意指不正當，是不平等之原因；㈢公開是民主政府的本質，公開越多資料，對公共利益越有幫助。由此可知，秘密無疑是「惡政之原因」，其與無效率是並肩而行。資訊公開可防制一切因秘密所衍生之邪惡、陰謀、不正當或不平等之行為。換言之，資訊先天具有權力之特質，可用為制裁之武器。

㈤兼顧個人隱私權之保護　在高度資訊化社會中，為保持資訊能健全地流通，以滿足人民知之權利之要求，同時並使人民的隱私不致因而受到侵害，故民主法治國家通常都建立「資訊公開」與「個人資訊保護」二種制度，相輔相成，使人民既可享受高度資訊化的好處，又可避免高度資訊化所可能引起的壞處。

貳 政府資訊之主動公開

一、主動公開之資訊

政府資訊公開法第 7 條明定：下列政府資訊，除依第 18 條規定限制公開或不予提供者外，應主動公開：

㈠條約、對外關係文書、法律、緊急命令、中央法規標準法所定之命令、法規命令及地方自治法規。

㈡政府機關為協助下級機關或屬官統一解釋法令、認定事實、及行使裁量權，而訂頒之解釋性規則及裁量基準。

㈢政府機關之組織、職掌、地址、電話、傳真、網址級電子郵件信箱帳號。

㈣行政指導有關文書。

㈤施政計畫、業務統計及研究報告。

㈥預算及決算書。

㈦請願之處理結果及訴願之決定。

(八)書面之公共工程及採購契約。

(九)支付或接受補助。

(十)合議制機關之會議紀錄。（指依法獨立行使職權之機關）

二、主動公開之方式

(一)刊載於政府機關公報或其他出版品。

(二)利用電信網路傳送或其他方式供公眾線上查詢。

(三)提供公開閱覽、抄錄、影印、錄音、錄影或攝影。

(四)舉行記者會、說明會。

(五)其他足以使公眾得知之方式。

參 政府資訊之被動公開

一、權利主體

國民、法人、團體、外國人（平等互惠原則下）。

二、申請程序

1. 填具書面申請書、或以電子傳遞方式為之。

2. 申請之要件不備而能補正者，機關應限期命其補正。

三、處理程序

機關受理申請後，原則上應於 15 日內作成准駁之決定。必要時，得予延長 15 日。

四、費用負擔

收費標準由中央主管機關定之。

五、公開方式

准予公開時，機關得給予重製或複製品或提出申請人閱覽、抄錄或攝影。

六、個人資訊自主權

資料有錯誤或不完整者，個人有更正請求權。

肆　政府資訊之豁免公開

政府資訊公開法第 18 條規定：政府資訊屬於下列各款情形之一者，應限制或不予提供之：

一、經依法核定為國家機密或其他法律、法規命令規定應秘密事項或限制、禁止公開者。

二、公開或提供有礙犯罪之偵查、追訴、執行或足以妨害刑事被告受公正之裁判或有危害他人生命、身體、自由、財產者。

三、政府機關作成意思決定前，內部單位之擬稿或準備作業。但對公益有必要者，得公開或提供之。

四、政府機關為實施監督、管理、檢（調）查、取締等業務，而取得或製作監督、管理、檢（調）查、取締對象之相關資料，其公開或提供將對實施目的造成困難或妨害者。

五、有關專門知識、技術或資格所為之考試、檢定或鑑定等有關資料，其公開或提供將影響其公正效率之執行者。

六、公開或提供有侵犯個人隱私、職業上秘密或著作權人之公開發表權者。但對公益有必要或為保護人民生命、身體、健康有必要或經當事人同意者，不在此限。

七、個人、法人或團體營業上秘密或經營事業有關之資訊，其公開或提供有侵害該個人、法人或團體之權利、競爭地位或其他正當利益者。但對公益有必要或為保護人民生命、身體、健康有必要或經當事人同意，不在此限。

八、為保存文化資產必須特別管理，而公開或提供有滅失或減損其價值之虞者。

九、公營事業機構經營之有關資料，其公開或提供將妨害其經營上之正當利益者。但對公益有必要者，得公開或提供之。

伍 禁止程序外片面接觸

一、禁止程序外片面接觸之意義

所謂程序外接觸，係指公務員與當事人或代表其利益之人，除依法規所為必要之程序內接觸外，其他在機關內或機關外所為之書面或口頭進行意見或溝通之行為。

為求行政程序之公平、透明、避免受到不當之干擾，有禁止行政機關於作成行政決定前片面與當事人或代表其利益之人為程序外之接觸的必要。故行政程序法第 47 條第 1 項明定：公務員在行政程序中，除基於職務上之必要外，不得與當事人或代表其利益之人為行政程序外之接觸。

二、如已片面接觸之處理原則

公務員與當事人於行政程序中，如已接觸或溝通後應注意之處理原則如下：

㈠公務員與當事人或代表其利益之人為行政程序外之接觸時，應將所有往來之書面文件附卷，並對其他當事人公開。

㈡前項接觸非以書面為之者，應作成書面紀錄，載明接觸對象、時間、地點及內容。

第九節　期日與期間

壹 期　日

期日，乃行政機關為使當事人及其他關係人會合於一定場所，而為行政程序所指定之時點。例如指定某年某月某日為聽證期日。

貳 期　間

一、期間之意義

期間，乃法律所規定或行政機關所設定之時間，使當事人或其他關係人向行政機關為行政程序應遵守之期限。

二、期間之起算

㈠一般期間之起算

1. 期間以時計算者，即時起算。

2. 期間以日、星期、月或年計算者，其始日不計算在內。但法律規定即日起算者，不在此限，如「受通知日起，……」，即當日起算。

㈡一般期間之末日

1. 期間不以星期、月或年之始日起算者，以最後之星期、月或年與起算日相當日之前一日為期間之末日。但以月或年定期間，而於最後之月無相當日者，以其月之末日為期間之末日。

2. 期間之末日為星期日、國定假日或其他休息日者，以該日之次日為期間之末日；期間之末日為星期六者，以其次星期一上午為期間末日。

3. 期間涉及人民之處罰或其他不利行政處分者，其始日不計時刻以一日論；其末日為星期日、國定假日或其他休息日者，照計。但如以休息日之次日或其次星期一上午為末日，對人民有利者，則仍予以延後。

㈢掛號郵寄郵送期間之扣除　基於法規之申請，以掛號郵寄方式向行政機關提出者，以交郵當日之郵戳為準。

㈣回復原狀之申請期間　因天災或其他不應歸責於申請人之事由，致基於法規之申請不能於法定期間內提出者，得於其原因消滅後十日內，申請回復原狀。如該法定期間少於十日者，於相當之日數內得申請回復原狀。

㈤人民申請案件之處理期間　行政機關對於人民依法規之申請，除法規另有規定外，應按各事項類別，訂定處理期間公告之。

未依前項規定訂定處理期間者，其處理期間為二個月。

行政機關未能於前 2 項所定期間內處理終結者，得於原處理期間之限度內延長之，但以一次為限（如遇天災或其他不歸責原因，則停止處理期間之進行）。

本法將人民申請案件之處理期間，限定為二個月，為我國行政機關之行政程序設定明確規範，並配合行政訴訟法增設課予義務訴訟新制，應有助於提高行政效率。

第十節　聽證程序

壹 聽證之意義

聽證即行政機關作出決定前，給予當事人、利害關係人等提供意見、提出證據之機會，俾對於特定事實進行質證、辯駁之程序。

貳 聽證之功能

一、發現真實

人民藉由閱覽卷宗，參與聽證程序，提出證據，對證人、鑑定人發問以發現真實。

二、裁決中立

行政聽證淵源於英國自然正義與美國之正當法律程序，由中立公正之聽證主持人，藉各方當事人提供之資料，並禁止程序外之片面接觸（本法第 47 條），擢取正確部分，經由客觀判斷，確定其價值，以確保行政機關作成公正之決定。

三、保障民權

聽證由來自美國之正當法律程序，而正當法律程序，規定於美國憲法增修條款第 5 條及第 14 條規定：「非經正當法律程序，任何人均不得被剝奪生命、自由財產。」再經過美國聯邦最高法院的靈活解釋，使此原則逐漸地擴充及於行政法之領域，並由此建立「行政聽證」制度，形成美國 1946 年行政程序法之核心。

在行政聽證中應盡到保障人民權利之職責，法治國家之行政聽證，即須致力於以程序作為維護保障當事人權利與法律上利益之方法，避免作成行政處分、行政計畫時恣意專斷。

四、人民與機關間信賴關係之建立

人民藉由參與行政聽證之程序，當事人、利害關係人之意見能充分溝通、表達，透過此種溝通、表達，可強化行政行為，讓不同利害衝突在程序進行中經由辯論、妥協而得以消弭爭議，增加人民對行政機關的信賴。

五、促進行政參與

人民藉由陳述意見，提供文書、證據、資料，參與行政聽證，直接、間接參與行政機關各種行政行為之作成，一方面保障自身權益，他方面符合「行政民主化」。

參 聽證程序之適用範圍

行政程序法第 54 條規定：「依本法或其他法規舉行聽證時，適用本節規定。」其中本法規定包括行政處分聽證、法規命令聽證、行政計畫確定程序聽證之者。茲表列其客體、目的及效力如下：

比較之事項＼程序之種類	行政處分之聽證	法規命令之聽證	計畫確定程序之聽證
聽證之客體	過去特定之事項	未來一般之事項	未來特定之事項
聽證之目的	調查事實、適用法律	彙整意見	彙整意見及調和利害衝突
聽證之效力	拘束性（弱）	參考性	拘束性（強）

肆 聽證程序之指導原則

一、公開原則

即聽證主持人安排聽證程序時，應當允許旁聽之要求。

二、直接言詞原則

即指參與案件事實認定的公務員，必須聽審案件，與當事人和案件、資料直接接觸，當事人、證人或鑑定人等對案件事實的陳述和辯論，原則上以口頭方式進行。

三、職能分離原則

聽證主持人應超然中立，其與負責案件調查人員之職能應予分離，不能由同一人擔任，以免先入為主，影響公正之裁決。

四、案卷排他性原則

指行政機關按照正式聽證程序所作出的決定，只能以案卷（聽證紀錄）為根據，不能在案卷以外，以當事人未知悉、未論證的事實為根據。

伍 聽證應踐行之程序

一、聽證之通知及公告

行政機關舉行聽證前，應以書面記載下列事項，並通知當事人及其他已知之利害關係人，必要時並公告之：

㈠聽證之事由與依據。

㈡當事人之姓名或名稱及其住居所、事務所或營業所。

㈢聽證之期日及場所。

㈣聽證之主要程序。

㈤當事人得選任代理人。

㈥當事人依第 61 條所得享有之權利。

㈦擬進行預備程序者，預備聽證之期日及場所。

㈧缺席聽證之處理。

㈨聽證之機關。

二、聽證之進行

㈠**聽證之主持人**　聽證，由行政機關首長或其指定人員為主持人，必要時得由律師、相關專業人員或其他熟諳法令之人員在場協助之。主持人應本中立公正之立場，主持聽證，並得行使下列職權：

1. 就事實或法律問題，詢問當事人、其他到場人或促其提出證據。

2. 依職權或當事人之申請，委託相關機關為必要之調查。

3. 通知證人或鑑定人到場。

4. 依職權或申請，通知或允許利害關係人參加聽證。

5. 許可當事人及其他到場人之發問或發言。

6. 為避免延滯程序之進行，禁止當事人或其他到場之人發言；有妨害聽證程序而情節重大者，並得命其退場。

7. 當事人一部或全部無故缺席者，逕行開始、延期或終結聽證。

8. 當事人曾於預備聽證中提出有關文書者，得以其所載內容視為陳述。

9. 認為有必要時，於聽證期日結束前，決定繼續聽證之期日及場所。

10.如遇天災或其他事故不能聽證時，得依職權或當事人之申請，中止聽證。

11.採取其他為順利進行聽證所必要之措施。

㈡得於聽證期日前舉行預備聽證

1. 議定聽證程序之進行。

2. 釐清爭點。

3. 提出有關文書及證據。

4. 變更聽證之期日、場所及主持人。

㈢聽證公開原則　除法律另有規定外，聽證應公開以言詞為之。例如1.公開顯然有違背公益之虞者。2.公開對當事人利益有重大損害之虞者。主持人得依職權或當事人之申請，決定全部或一部不公開。

㈣聽證開始　聽證以主持人說明案由為開始。

㈤聽證當事人之權利　當事人於聽證時，得陳述意見、提出證據，經主持人同意後並得對機關指定之人員、證人、鑑定人、其他當事人或其代理人發問。

㈥聽證當事人之異議權　當事人認為主持人於聽證程序進行中所為之處置違法或不當者，得即時聲明異議。主持人認為異議有理由者，應即撤銷原處置，認為無理由者，應即駁回異議。

㈦聽證紀錄之作成

1. 聽證應作成聽證紀錄。聽證紀錄應載明到場人所為之陳述、發問要旨及其提出之文書證據，並記明當事人所提聲明異議之事由及主持人對異議之處置。聽證紀錄得以錄音、錄影輔助之。

2. 聽證紀錄當場製作完成者，由陳述或發問人簽名或蓋章；未當場製作完成者，由主持人指定日期、場所供陳述或發問人閱覽，並由其簽名或蓋章。如陳述或發問人拒絕簽名、蓋章或未於指定日期、場所閱覽者，應記明其事由。

3. 陳述或發問人對聽證紀錄之記載有異議者，得即時提出。主持人認異議有理由者，應予更正或補充；無理由者，應記明其異議。

三、聽證之終結

主持人認當事人意見業經充分陳述，而事件已達可為決定之程度者，應即終結聽證。聽證終結後，決定作成前，行政機關認為必要時，得再為聽證。

第十一節　送　達

壹 送達之意義

送達，又稱書面通知，即由行政機關依職權為之，且具確實性與安全性特別保障而能使當事人或其他關係人知悉文書內容機會之通知行為。

貳 送達人

一、自行送達

以行政機關承辦人員或辦理送達事務人員為送達人。

二、郵務送達

以郵務人員為送達人。

參 送達之處所

一、送達，於應受送達人之住居所、事務所或營業所為之。但在行政機關辦公處所或他處會晤應受送達人時，得於會晤處所為之。

二、對於機關、法人、非法人之團體之代表人或管理人為送達者，應向其機關所在地、事務所或營業所行之。但必要時亦得於會晤之處所或其住居所行之。

三、應受送達人有就業處所者，亦得向該處所為送達。

肆 送達之方式

對特定人之送達，可分為下列六種，茲以流程圖表示說明如下：

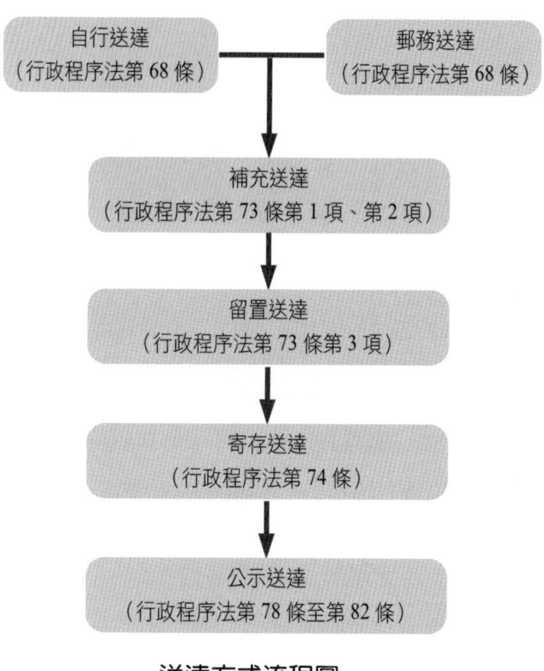

送達方式流程圖

一、自行送達

(一)承辦人員或辦理送達事務人員直接送達。

(二)依法規以電報交換、電傳文件、傳真或其他電子文件行之者，視為自行送達。

二、郵務送達

以一般郵遞方式為之，但文書內容對人民權利義務有重大影響者，應為掛號。

三、補充送達

㈠於應送達處所不獲會晤應受送達人。

㈡將文書付與有辨別事理能力之同居人、受僱人或接收郵件人員。

㈢同居人、受僱人或接收郵件人員須非與應受送達人在該行政程序上利害關係相反之人。

四、留置送達

應受送達人或其同居人、受僱人、接收郵件人員無正當理由拒絕收領文書時，得將文書留置於應送達處所，以為送達。

五、寄存送達

送達，於無法送達至法定處所，或不能為補充送達或留置送達時，得將文書寄存送達地之地方自治或警察機關，並作送達通知書兩份，一份黏貼於應受送達人住居所、事務所、營業所或其就業處所門首，另一份交由鄰居轉交或置於該送達處所信箱或其他適當位置，以為送達。

六、公示送達

㈠公示送達之原因

1. 應為送達之處所不明者。

2. 於有治外法權人之住居所或事務所為送達而無效者。

3. 於外國或境外為送達，不能依第 86 條之規定辦理或預知雖依該規定辦理而無效者。

㈡公示送達之方式　公示送達應由行政機關保管送達之文書，而於行政機關公告欄黏貼公告，告知應受送達人得隨時領取；並得由行政機關將文書或其節本刊登政府公報或新聞紙。

㈢公示送達之生效日期　公示送達自公告於行政機關公告欄之日起，其刊登於政府公報或新聞紙者，自最後刊登之日起，經二十日發生效力；於外國或境外為送達者，經六十日發生效力。

第七章
行政處分

第一節　行政處分之意義

行政處分，指行政機關就公法上具體事件所為之決定或其他公權力措施而對外直接發生法律效果之單方行政行為。

茲分析行政處分之定義如下：

壹 須為中央或地方行政機關之行政行為

係指國家行政機關或地方自治團體之行政機關。

貳 須為具公法規制性之行政行為

行政處分以關於公法上法律關係為內容之行為為主，其有別於私法上行為。而所謂規制性之行政行為，係指有法律拘束性之決定或措施，而以發生法律效果為取向者。茲從行政程序法第 92 條第 1 項中「決定」、「其他公權力措施」及「發生法律效果」之點分述之：

一、行政決定

行政機關應就程序所生之結果加以衡量，而做成決定。故行政決定，係指以意思表示為基礎之精神行為。而所謂意思表示，是指將主觀的法效構想，表達於外部。以下行為即不屬行政決定性質之行政處分：

㈠行政私法行為。

㈡行政公法行為若僅是單純事實上的行政行為，如犯罪宣導。

㈢尚未完全產生規制性之準備行為、協力或部分行為、觀念通知行為。

1. 所謂準備行為，係指屬於未核定之擬稿、調查或機關間之會簽意見。

2. 所謂協力或部分行為，係指行政處分是由其他機關參與並提供協力之諸多階段行為所構成，其前階段行為屬之。

3. 所謂觀念通知，又稱為準法律行為，指行政機關就特定事實之認知或對一定事項之觀念向特定人為表達而言。詳言之，即由行政機關就具體事實所作判斷、認識或傳達，以觀念表示的精神作用為構成要素，並需直接依據法律規定始發生法效果的行政行為，其約可分為證明行為、確認行為、通知行為、受理行為等。其中通知行為不得拘泥於公文書之文字，而應探求行政機關之真意。真意若是拒絕者為行政處分，非拒絕者為觀念通知。以下情形，即屬觀念通知：

⑴行政機關所為單純事實敘述或理由，並非對人民之請求有所准駁。

⑵行政機關對請求釋示法令疑義，以通知表示其意見作為解答。

⑶對人民請求事項，以已有訴願決定或正訴願中為由，不為辦理之通知。

⑷對檢舉人之函復，未直接損害檢舉人之權利或法律上利益者。

二、公權力措施

公權力措施，指機關之行為，雖未明確將某種法律效果具體化表現於外，但因法規已就此情形明文規定其法律效果，故該措施即會與各該規定之法律效果自動連結，從而產生規制。此種規制效果，不以人之行為為限，包括物理行為中具有行政處分性質者，如以電腦等自動化取代人力所作成之行為，例如交通號誌、稅額通知單等，亦屬之。

公權力措施有以下特徵：㈠以行動實踐。㈡處分與執行同時完成。㈢無廢止或附教示可能性。例如警察將違法集會遊行之民眾「拖離」、海巡之檢查、登臨；金監機關對銀行、農會之派員監管、接管；教育部對私立學校採取暫停董事會職權、管理校產、接管學校等。

三、規制而生法律效果

公法行為因其規制性質而發生之法律效果，不以公法效果為限，因行政處分而發生設定、變更、確認私權，或使其消滅之私法效果者，稱之為形成私權之行政處分，其情形有二：

㈠直接引起私法上法效之行政處分　如土地徵收，土地所有人及關係人之私權，因而消滅。

㈡作為私法法律行為生效之行政處分　如地政機關之登記行為或拒絕登記，為行政處分，但土地登記內容則為私權生效與否之基礎。

參 須為單方之行政行為

行政機關單方之意思決定或措施即可獨立拘束相對人，無須相對人之允許、要約或承認，例如稅之課徵、兵役之徵集等。

肆 須為對具體案件所為之行政行為

行政處分係對具體的（個別的）事件為處置之行為。例如核發執照、開罰單，乃針對已存在之具體之個案為規制。其與法規命令係對抽象、一般性案件為規範不同。就相對人而言，行政處分之相對人為特定或可得確定之多數人（一般處分），法規命令之相對人為不特定人、一般人。

前述行政處分中之一般處分，是事件屬具體，但在決定或措施作成時，相對人尚不能完全確定，但依一般性特徵可得確定其範圍者屬之。一般處分依其規律之對象可區分二者：

一、對人之一般處分

即相對人雖非特定，但依一般特徵可得確定其範圍之行政處分。例如警察之指揮手勢，某時地實施交通管制、地層危險而命令住戶立刻遷移等。

二、對物之一般處分

即有關公物之設定、變更或廢止及其一般使用之行政處分。例如道路用地設定或廢止、高速公路之調撥車道、雙向道改為單行道、古蹟之指定等。

一般處分與行政處分在行政程序法適用上不同之處：

(一)聽證程序之免除。

(二)毋庸說明行政處分之理由。

(三)得以公告的方式通知。

行政處分、一般處分及法規命令之區別，簡表如下：

類別＼特徵	內容	相對人（對象）	持續性
行政處分	具體、確定	特定	一次完成
一般處分	具體、確定	不特定	一次完成
法規命令	抽象、一般	不特定	反覆實施

伍 須對外直接發生法律效果之行政行為

所謂對外直接發生法律效果，係指行政處分之內容，即公權力之決定或措施，對作成處分機關以外之人（包括相對人及第三人）之權利、義務、法律地位或法律上利益直接發生得、喪、變動或造成影響之結果而言。如未具有此外部效果，則僅屬行政機關之內部表示，或屬一種觀念通知，或屬一種事實行為而已。此外，行政機關作成對公務員身分或權益包括職位、官等、級俸及退休金、福利金等公法上金錢給付請求權有重大影響之決定者，既對該公務員個人權益發生影響，自屬對外直接發生法律效果，亦應屬行政處分。

陸 擬制行政處分

擬制行政處分，又稱為消極行政處分，即行政機關為維持原有法律狀態，不作積極變更的意思表示，亦即對於客體當事人的各種聲請或訴願等，不予同意或准許，拒絕採取任何措施之行為。此種拒絕處分或聲請，可視為一種行政處分，構成行政爭訟之標的。

第二節　行政處分之種類

壹 以規制之內容區分

一、下命處分

下命處分，凡行政處分的內容係積極要求或消極禁止其對象之特定行為時，該處分即為下命處分。例如命相對人作為（如兵役徵集令要求役男服兵役、要求拆除違建）、不作為（如禁止通行某路口、禁止做不實廣告宣傳）、或忍受（如忍受公共工程施工之不便）之處分。

二、形成處分

行政處分之內容在設定、變更或消滅（廢止）法律關係者，為形成處分。如核發執照、撤銷登記、核准經營航運事業、核准遊行、許可歸化或喪失國籍等是。其形式有許可、核准、特許、核定等。

三、確認處分

所謂確認處分，是把不明確的法律關係加以明朗化。亦即對法律關係存在與否，以及對人之地位或物之性質、在法律上具有重要意義事項之認定等，予以確認之謂。例如確定某人國籍、土地登記、海峽兩岸文書認證、自耕能力證明之核發、公務員在職證明之核發等是。

貳 以對關係人之效果區分

一、授益處分

授益處分，為行政處分之效果係對相對人設定或確定權利或法律上之利益者，例如核准營業登記、核准商標註冊、核發會計師執業證照、建築許可、給予貸款同意是。

二、負擔處分

行政處分之效果係課予相對人義務或產生法律上之不利益者，例如課徵稅捐、補繳稅款之決定、徵兵、要求非法遊行隊伍解散之下命處分。

三、混合處分

混合處分，指行政處分對相對人同時產生負擔及授益之效果。例如經複查後，核定減少稅額之決定即是。因納稅之稅額減少固然是授益，但納稅畢竟是負擔。

四、對第二人生效處分

對第二人生效處分，又稱第三人效力處分，包括兩種情況，即一為對相對人之負擔部分，同時產生對第三人授益之效果。例如主管機關核准某工廠之設立申請，並要求裝設防止噪音之設備，對該工廠之鄰人產生授益之效果即是。

參 以是否須當事人或其他機關協力區分

一、須申請之處分

必須有相對人提出申請始作成處分者，如核發營業執照、核准商標登記即可。如欠缺申請之手續，通說認為屬程序上瑕疵，得經由事後補辦申請而補正，行政處分仍為有效。

二、須相對人同意之處分

有些行政處分須經相對人同意始生效，如公務員之任命（任官行為）即是。如欠缺此生效要件而未補正，當構成無效。

三、多階段處分

行政機關作成之處分，須經其他機關參與或協力者，為多階段處分。其類型有二：

㈠平行關係之多階段處分　例如市政府建設局之核發營業執照，須會同稅捐、警察、衛生等單位始予核准（或駁回）即是。

㈡垂直關係之多階段處分　即參與或協力作成行政處分者為上下隸屬關係之機關。例如有關古蹟之滅失、減損或增加其價值時，由各該主管機關許可，並報中央主管機關核准後始可為之。內政部作成歸化許可前，應先經行政院核准。

肆　以有無法定方式區分

一、要式處分

行政處分以書面作成為原則，例外始為口頭或其他方式。依法定方式又分：

㈠一般書面方式之行政處分　即依行政程序法第 96 條之規定，記載相對人個人基本資料；處分之主旨、事實、理由及法令依據；有附款者之附款內容；處分機關及其首長署名蓋章等事項。

㈡特別書面方式之行政處分　應以證書方式作成之行政處分，簡稱證書處分，即以交付證書方式發布之行政處分，如授予學位之決定，應以證書表示即是。此種處分如未具備證書，即構成無效。

㈢須經聽證之行政處分　須經聽證手續之行政處分，即依較嚴謹之「正式程序」而作成，應以書面為之並通知當事人有關聽證舉行之事項。

二、不要式處分

書面以外之行政處分，或法律未明定應依一定方式為之的處分。最主要者為口頭處分，其他如以手勢指揮交通、以手電筒指示車輛接受臨檢等是。

伍 以所受法律羈束之程度區分

一、羈束處分

羈束處分，指行政機關須嚴格受法律之拘束，毫無自由選擇可能的情形下所作之行政處分。

二、裁量處分

裁量處分，指法規授權行政機關於一定範圍內，得為合目的性之決定或選擇的行政處分。

第三節　行政處分之附款

壹 附款之意義

附款，即「附加」於行政處分主要意思表示之文句或條款，其效用在於補充或限制行政處分關於時及內容方面之效力。

貳 附款之要件

一、附款之容許

㈠並非一切行政處分均可添加附款。特別是形成性質之處分，例如歸化許可，即不得附加附款。

㈡基本上，凡行政機關擁有裁量權時，即裁量處分，即可依行政目的之需要而為附款。例如申請旅館營業許可而未購置防火設備者，主管機關得給予營業許可，並附加在一星期內加裝防火設備之附款。

㈢無裁量權時，即羈束裁量時，行政機關所為行政處分之權限已受到法律規定的嚴格拘束，故應以法律明文依據，不得附加附款。

二、附款之限制

㈠附款不得牴觸行政處分之目的　例如許可某人在公園出租座椅，但卻限制出租時間為每晚十一點至清晨六點。

㈡不得違背不當聯結禁止等行政法的一般原理原則　例如教育機關同意某人公費留學，但不能附加要求打探情報任務的負擔。

參　附款之種類

一、期　限

凡是用以確定行政處分生效或失效之將來確定發生之事實，謂之期限。如在授益處分或負擔處分上，附加效力開始或終止之期日，即附期限。又分附始期及附終期：

㈠附始期　如規定某一時日起，准許申請老人津貼；某一時日起，某道路封閉。

㈡附終期　例如至某年某月某日起，其營業之准許，即為無效。

二、條　件

凡是用來確定行政處分生效或失效之將來不確定是否發生之事實，謂之條件。條件之效力繫於將來可能發生的事，屬於一種不確定狀態。條件包括附停止條件與附解除條件。

㈠附停止條件之行政處分　於條件成就時，發生效力，如限定遊行所經過之道路修護完竣始准許遊行。

㈡附解除條件之行政處分　於條件成就時，失其效力，如准許為某項大型工程引進外勞，但限制於工程進度達百分之八十或因故停工時，即應遣返外勞，即屬附解除條件。

三、負　擔

負擔，係附加於授益處分之要求作為、不作為或忍受的義務規定。例如對於公物占有之使用，同時令其繳納若干使用費，或准許戲上演，而限制其不超過午夜十二點或劇本內容。

四、保留行政處分廢止權

保留行政處分廢止權，是一種特殊的解除條件，致使行政處分失其效力之事實，係行政機關廢止的表示。詳言之，指附加於授益處分，在特定前提或原處分機關所選定之任何時間，處分機關得廢止原處分全部或一部之意思表示。例如准許某處設攤時，並保留此處將來因交通上必要時，廢止設攤；或准許記者採訪軍事設施，但須遵守某些規定，否則廢止採訪證。

五、保留負擔之事後附加或變更

保留負擔之事後附加或變更， 指行政機關作成行政處分時，保留事後附加負擔，或對原有之負擔再予變更或補充的條款。例如某工廠設立，但限制如日後產生影響鄰人之噪音時，就應加裝防止噪音之裝置，或准許集會遊行，但如遇空襲警報應即停止。

第四節　行政處分之成立

壹 行政處分之形式合法性

一、作成處分機關應有管轄權

包括事務管轄權與土地管轄權。如有重大而明顯的違反管轄權，例如未經授權或欠缺權限或違反土地管轄權之規定，行政處分無效。

二、形式要件之具備

行政處分如需具備一定程式者，未具備該程式，屬行政處分之不成立。

三、作成處分之程序合乎法定

依行政程序法第 114 條之規定，行政處分之作成程序不應有瑕疵；宜遵守以下程序：

㈠須經申請始得作成之行政處分，應有當事人之申請。

㈡須聽取當事人意見陳述者，應依行政程序法第 102 條至 106 條之規定，聽取當事人之意見陳述。

㈢須舉行聽證者，應依行政程序法第 54 條至第 66 條之規定程序辦理聽證。

㈣必須記明理由者，應依規定記明。

㈤須經其他機關參與作成行政處分者，應經其他機關參與。

㈥須經有關委員會參與作成行政處分者，應經相關委員會參與。

貳　行政處分之記載事項

一、作成處分以書面為之，其應記載事項

㈠處分相對人之姓名、出生年月日、性別、身分證統一號碼、住居所或其他足資辨別之特徵；如係法人或其他設有管理人或代表人之團體，其名稱、事務所或營業所，及管理人或代表人之姓名、出生年月日、性別、身分證統一號碼、住居所。

㈡主旨、事實、理由及其法令依據。

㈢有附款者，附款之內容。

㈣處分機關及其首長署名、蓋章，該機關有代理人或受任人者，須同時於其下簽名。但以自動機器作成之大量行政處分，得不經署名，以蓋章為之。

㈤發文字號及年、月、日。

㈥表明其為行政處分之意旨及不服行政處分之救濟方法、期間及其受理機關。

二、記明理由之立法目的

所謂理由，是指主文所植基之事實與法律規範。處分應記明理由的原因如下：

㈠有助於人民瞭解行政處分　對於行政機關作成行政處分之規定根據及解釋、事實之認定，以及裁量之斟酌等，人民皆有瞭解之利益，以資判斷行政處分是否合法妥當，以及提起行政爭訟獲得救濟之機會，因此，書面行政處分，除決定本身外，亦須說明事實、理由及法令依據。

㈡可以確保行政處分之正確　原處分機關，因說明理由之需要，而對作成行政處分之事實及法律觀點詳為考慮，可確保行政處分之正確。在人民提起行政爭訟時，亦得據以認定，行政機關作成該處分之根據及見解為何，有助於案件之審理。

三、得不記明理由之行政處分

書面之行政處分有下列各情形之一者，得不記明理由：

㈠未限制人民之權益者。

㈡處分相對人或利害關係人無待處分機關之說明已知悉或可知悉作成處分之理由者。

㈢大量作成之同種類行政處分或以自動機器作成之行政處分依其狀況無須說明理由者。（例如電腦核定稅額通知、罰單、交通警察以自動調節之紅綠燈指揮交通等）

㈣一般處分經公告或刊登政府公報或新聞紙者。（例如設置路障實施交通管制、傳染病疫區隔離措施等）

㈤有關專門知識、技能或資格所為之考試、檢定或鑑定等程序。

㈥依法律規定無須記明理由者。

第五節　對行政處分之陳述意見

壹 陳述意見之意義及目的

陳述意見指行政機關採用正式聽證和公聽會之外的其他形式聽取相對人意見。其目的，在作成限制或剝奪人民自由或權利之行政處分前，給予該相對人陳述意見之機會，以避免行政機關之恣意專斷，並確保該相對人之權益。

貳 陳述意見之免除

下列情形得免除行政機關聽取陳述意見之義務：

一、大量作成同種類之處分

即指快速大量作成同種類之處分，為求時效，難以一一踐行給予陳述意見機會之程序，此外，可以通過計算、測量、實驗等客觀方式解決事實爭議者，基於行政經濟之考慮，無須給予相對人陳述意見之機會。例如以電腦核定稅單、罰單或自動之交通紅綠燈等是。

二、情況急迫，如予陳述意見之機會，顯然違背公益者

既然情況急迫，自難以預先告知並給予陳述意見之機會，以免造成處分之遲延，浪費行政資源而致違背公益。例如由警察進行的危險防止措施、由勞動安全衛生督導官進行的使用停止命令等，為了應付在某種場合產生的危險狀態，有時行政機關有必要隨機應變地作出處分。

三、受法定期間之限制，如予陳述意見之機會，顯然不能遵行者

即逾越法定期間將無法為行政處分時，如給予陳述意見之機會將坐失

良機，無法作成處分時，自不得給予陳述意見之機會，以遵守法定期間。例如逃漏稅案件，即將超過法定之核課期間者。

四、行政強制執行時所採取之各種處置

行政強制執行時所採取之各種處置，例如斷水斷電、勒令停工、代拆建築物等，有迅速執行之必要者。

五、行政處分所根據之事實，客觀上明白足以確認者

因相對人之陳述意見包括事實上之陳述與法律上陳述，故雖然行政處分所根據之事實，客觀上已明白足以確認，但有法律上之爭議者，仍應給予相對人陳述意見之機會。

六、限制自由或權利之內容及程度，顯屬輕微，而無事先聽取相對人意見之必要者

是否顯屬輕微，係由處分機關依職權先自行判斷，僅在有爭議時方依行政救濟程序解決。例如對未按期申報戶口者，予以一百五十元處罰。

七、相對人於提起訴願前依法律應向行政機關申請再審查、異議、復查、重審或其他先行程序者

基於行政經濟之考慮，無須再給予相對人陳述意見之規定，避免造成行政程序之冗長。目前依法提起訴願前應先經先行程序者，有專利法之再審查、植物種苗法之異議、稅捐稽徵法及各種內地稅稅法之復查、關稅法及海關緝私條例之聲明異議、藥事法之復核與貿易法之重審等。

八、為避免處分相對人隱匿、移轉財產或潛逃出境，依法律所為保全或限制出境之處分

為確保稅款或罰鍰之執行，稅捐稽徵法、關稅法或海關緝私條例有禁止財產移轉或設定他項權利等保全措施及限制出境之規定，其目的在避免處分之相對人隱匿、移轉財產或潛逃出境，以規避執行，有其時效性及急迫性，如於處分前先予陳述意見機會，將無法達成其原有目的。

參 給予陳述意見之方式

一、行政機關給予相對人陳述意見之機會時，應以書面通知相對人，必要時並公告之。

二、行政機關得以言詞通知相對人，並作成紀錄，向相對人朗讀或使其閱讀後簽名蓋章。

肆 陳述書之內容

一、相對人提出之陳述書，應為事實上及法律上陳述。

二、利害關係人亦得提出陳述書，為事實上及法律上陳述，但應釋明其利害關係之所在。

第六節　行政處分之聽證

壹 行政處分聽證之範圍

行政機關遇有下列各款情形之一者，舉行聽證：

一、法規明文規定應舉行聽證者。

二、行政機關認為有舉行聽證之必要者。

貳 經聽證作成處分時應斟酌之事項

舉行聽證而作成行政處分時，除應斟酌全部陳述與調查事實及證據之結果，依論理及經驗法則判斷事實之真偽外，並應斟酌全部聽證之結果。如法明定應依聽證紀錄作成處分者，則該處分所依據之事實、證明及理由，即須完全以聽證紀錄所記載為準。

參 不服聽證作成處分之救濟

對於經聽證作成之行政處分不服者，其行政救濟程序得免除訴願及其先行程序（例如申請復查、聲明異議等），以保障人民權益及符合程序經濟原則。

肆 應舉行而未舉行聽證之法律效果

行政機關如有依法規應舉行聽證而未舉行者，應認為該行政處分有重大而明顯之瑕疵而為無效。

第七節　行政處分之效力

壹 行政處分效力之始點

一、書面之行政處分

自送達相對人及已知之利害關係人起。

二、書面以外之行政處分

自以其他適當方法通知或使其知悉時起，依送達、通知或使知悉內容起，對其發生效力。

三、一般處分

自公告日或刊登政府公報、新聞紙最後登載日起發生效力。但處分另訂不同日期者，從其規定。

貳 行政處分效力之內容

一、存續力

㈠行政程序法第 110 條第 3 項規定：「行政處分未經撤銷、廢止，或未因其他事由而失效者，其效力繼續存在。」是為行政處分的存續力。

㈡存續力乃隨行政處分之公告或送達而發生確定效果，可分為形式的存續力與實質的存續力。行政處分如不能再以通常之救濟途徑（訴願及行政訴訟）加以變更或撤銷者，該處分即具有形式的存續力；至於實質的存續力則指行政處分就其內容對相對人、關係人及原處分機關發生拘束之效力。

二、拘束力

行政處分之效力於存續中或已達確定時，皆會產生拘束力，即對於因行政處分所引起權利義務之得喪變更，負有作為、不作為或容忍之義務。該拘束力及於二方面：

㈠拘束受其效果之相對人及利害關係人。

㈡拘束國家機關本身，只有在一定要件具備下，始能撤銷與廢止。

三、執行力

執行力係指行政處分作成而有效成立後，按其內容，得對負有作為義務之相對人，於不履行其義務時，得強制其履行，對負有不作為義務之相對人，於不履行義務時，得強制其遵守之力之謂。至於執行力之執行，則依行政執行法之規定。

參 行政處分之無效

一、行政處分之無效之意義

行政處分之無效，係指行政機關雖已在外觀上作成行政處分，惟在實質上因處分的內容具有瑕疵，或未具備必要形式，或未踐行法定程序，因而欠缺有效要件，以致無法發生效力。無效行政處分，不對任何人發生拘束力，係自始完全無效，行政機關及普通法院，均得以獨立的見解，作無效的判斷。

二、行政處分無效之原因

行政程序法第 111 條列舉行政處分應為無效的情形，如下：

㈠不能由書面處分得知處分機關者。

㈡應以證書方式作成而未給予證書者。

㈢內容對任何人均屬不能實現者。

㈣所要求或許可之行為構成犯罪者。

㈤內容違背公共秩序、善良風俗者

㈥未經授權而違背法規有關專屬管轄權之規定或缺乏事務權限者。

㈦其他具有重大明顯之瑕疵者。

三、行政處分之一部無效

基於法之安定性及公法行為存續之公益，行政處分一部分無效者，其他部分仍為有效。但除去該無效部分，行政處分不能成立者，全部無效。

第八節　瑕疵行政處分之補正與轉換

壹 瑕疵行政處分之補正

補正，又稱糾正或治癒，也就是事後再一次之進行補救程序。所謂瑕疵行政處分之補正，乃行政處分在成立時因違法而具有瑕疵，但其瑕疵輕微，僅致使該行政處分得撤銷，因所欠缺之適法要件於事後被補足，使該行政處分得以治癒，並得以有效之予以對待，而維持其效力之謂。至於行政程序法第 101 條之「更正」，係指如有誤寫、誤算之顯然錯誤，但不影響處分之合法性之下，予以改正之意，此與補正係屬違法行政處分不同。再者，行政處分之補正，只限於程序瑕疵部分；如行政處分之瑕疵為實體瑕疵，則不能補正成為合法有效之處分。行政程序法第 114 條進而明定補正之措施（方法）及補正之期間：

一、補正之方法

㈠須經申請始得作成之行政處分，當事人已於事後提出者。

㈡必須記明之理由已於事後記明者。

㈢應給予當事人陳述意見之機會已於事後給予者。

㈣應參與行政處分作成之委員會已於事後作成決議者。

㈤應參與行政處分作成之其他機關已於事後參與者。

二、補正之期間

㈠上述補正方法之第二種至第五種方法，僅得於訴願程序終結前為之；得不經訴願程序者，僅得於提起行政訴訟前為之。

㈡當事人因補正行為致未能於法定期間內聲明不服者，其期間之遲誤視為不應歸責於該當事人之事由，其回復原狀期間自該瑕疵補正時起算。

貳　違法行政處分之轉換

係指一有違法之行政處分，由具有溯及效力之其他行政處分而被補救，轉變成為合法處分。

一、轉換之意義

行政程序法第 116 條明定：行政機關得將違法行政處分轉換為與原處分具有相同實質及程序要件之其他行政處分。

二、轉換之限制

行政處分如有以下情形之一者，不得轉換：

㈠違法行政處分之撤銷有害公益或人民之信賴利益，不得撤銷者。

㈡轉換不符作成原行政處分之目的者。

㈢轉換法律效果對當事人更為不利者。

㈣羈束處分不得轉換為裁量處分。

三、轉換前之正當程序

轉換前應依法給予當事人陳述意見的機會。

第九節　違法行政處分之撤銷

壹 違法行政處分撤銷之意義

違法行政處分之撤銷，係指違法行政處分如非瑕疵重大且明顯，或符合絕對無效之要件而無效者，亦未經補正或轉換，又不屬於違反土地管轄之規定者，由正當權限機關依人民申請或依職權，另以行政行為予以撤銷，使其不發生效力，或消滅已發生之效力，而回復未為處分前的狀態者。

貳 違反行政處分撤銷之限制

違法行政處分於依法提起救濟期間過後，原處分機關得依職權為全部或一部之撤銷；其上級機關亦得為之。但有以下各款情形之一者，不得撤銷：

一、撤銷對公益有重大危害者。

二、受益人無第 119 條所列信賴保護之情形，而信賴授予利益之行政處分，其信賴利益顯然大於撤銷所欲維護之公益者。

參 信賴不值得保護之情形

受益人有下列各款情形之一者，其信賴不值得保護：

一、以詐欺、脅迫或賄賂方法，使行政機關作成行政處分者。

二、對重要事項提供不正確資料或不完全陳述，致使行政機關依該資料或陳述而作成行政處分者。

三、明知行政處分違法或因重大過失而不知者。

肆 違法授益處分撤銷之補償

授予利益之違法行政處分經撤銷後，如受益人無前條所列信賴不值得保護之情形，其因信賴該處分致遭受財產上之損失者，為撤銷之機關應給予合理之補償。

綜上，茲表列如下：

行政處分瑕疵分級及其法律效果

瑕疵等級	事　由	效　果
第一級：重大瑕疵	1.重大而明顯之瑕疵。 2.法律明定無效之事由。	無效
第二級：中度及輕度瑕疵	1.程序或方式不合規定而未補正者。 2.內容瑕疵：如裁量瑕疵、判斷瑕疵、涵攝瑕疵及違背證據法則等。	無效
第三級：微量瑕疵	例如誤寫、誤算及其他類此之顯然錯誤。	不影響效力

第十節　合法行政處分之廢止

廢止，係指合法行政處分的廢棄。如為違法行政處分的廢棄，則謂之撤銷。

壹 行政處分廢止與撤銷之區別

一、原因不同

㈠行政處分之撤銷係行政處分有瑕疵，在程序上或方式上之瑕疵，以致影響其效力而言。

㈡行政處分之廢止，則並非處分本身有瑕疵，而是公益或政策、法令之修廢而將行政處分廢止。

二、效力不同

㈠行政處分之撤銷，原則上具有溯及既往的效力，例外則向將來（向後）失去效力。

㈡行政處分之廢止，原則上係對將來失去效力，例外則係授益處分相對人不履行負擔時，溯及既往失去效力。

三、有權機關不同

有撤銷權的機關，為原機關與上級機關；有廢止權的機關，則以原機關為原則。

貳 行政處分廢止之要件

一、授益處分之廢止

授益之合法行政處分，有下列各款情形之一者，得由原處分機關依職權為全部或一部之廢止：

㈠法規准許廢止者。

㈡原處分機關保留行政處分之廢止權者。

㈢附負擔之行政處分，受益人未履行該負擔者。

㈣行政處分所依據之法規或事實事後發生變更，致不廢止該處分對公益將有危害者。

㈤其他為防止或除去對公益之重大危害者。

除以上實質要件外，授益處分之廢止，應自廢止原因發生後二年內為之。

二、非授益處分之廢止

非授益之合法處分，得由原處分機關依職權為全部或一部之廢止。但廢止後仍應為同一內容之處分或依法不得廢止者，不在此限。

參 行政處分廢止之效力

一、原則上自廢止之日，原處分失其效力

合法行政處分經廢止後，自廢止時或自廢止機關指定較後之日時起，失其效力。但受益人未履行負擔致行政處分受廢止者，得溯及既往失其效力。

二、對信賴利益之損失予以補償

原處分因法規或情事變更，為維護公益或為防止或除去對公益之重大危害而廢止，對受益人因信賴該處分致遭受財產上之損失，原處分機關應給予合理之補償。

第八章
行政契約

第一節　行政契約之概念

壹 行政契約的意義

所謂契約，係指二個或二個以上法律主體，為發生特定法律效果所達成之合意。故「行政契約」是指國家行政機關為達成行政之目的，以契約形成設定、變更或消滅法律關係之法律行為。

貳 行政契約的特徵

一、行政契約是雙方當事人經由「合意」所產生，其為「雙方行為」與「非權力行為」之性質。

二、行政契約的當事人，至少有一方是行政機關，但亦有雙方皆為行政機關者。

三、行政契約，是發生行政法效果之契約，即以設立、變更或廢止公法關係為目的的契約，非發生私法效果之契約。

四、行政契約屬於公法契約之一種。例如發生憲法效果之契約（例如條約）亦為一種公法契約。故行政契約可稱為狹義之公法契約。

參 行政契約的容許

行政契約之承認並進而法制化，不僅可使行政機關在傳統與當事人處於對立地位的行政處分方式外，尚有另種選擇，且可使行政權更富彈性地處理行政事務，特別是在處理特殊非常態的行政案件方面，也較能迎合現代民主法治國家的行政理念；行政機關與人民締結行政契約，無異於明白宣示人民不再是單純的統治客體，而是獨立的權利主體，與行政權平起平坐的行政夥伴。學者認行政契約也能善盡其「解決衝突」之功能，更反應出行政程序法的夥伴化程序取向。

肆 行政契約之功能

一、擴大行政機關選擇行政行為方式的空間。

二、符合現代法治國家人民與國家對等的行政理念。

三、減少命令及行政處分的強制色彩。

四、打破行政作用非行政處分即私法契約二分法的邏輯。

伍 行政契約與行政處分之區別

一、性質不同

㈠行政契約　係以發生公法上效果為目的，行政機關與相對人反方向意思之合致，而成立之公法行為，故為雙方行為。

㈡行政處分　係行政機關就具體事件，為公法上單方的意思表示，依其意思表示而發生法律效果者，故為單方行為。

二、書面簽署方式不同

㈠行政契約　必須以書面為之，由締約人雙方簽署。

㈡行政處分　如係要式處分，其書面處分由作成機關簽署。

三、內容不同

㈠行政契約　契約內容可能包括作成內部行為或事實行為。

㈡行政處分　行政處分須對外發生法律效果，故內部行為、事實行為均不得為處分之內容。

四、廢止方式不同

㈠行政契約　合法之契約除有調整或終止之原因外，通常不得以片面之表示予以廢止，如有主張，亦應提出訴訟。

㈡行政處分　合理之行政處分在不違背羈束行政及信賴保護之前提下，原處分機關得隨時片面廢止。

五、效力消滅不同

㈠行政契約　行政契約有法律上瑕疵，或為無效或得終止契約。

㈡行政處分　行政機關認為行政處分有法律上之瑕疵，得將該行政處分撤銷或廢止。

六、法律救濟不同

㈠行政契約　相對人對行政契約不服，不得提起訴願，但得依行政訴訟法，以公法上之爭議，提起行政訴訟，以求救濟。

㈡行政處分　人民因違法或不當之行政處分，認為損害其權利，得提起訴願或行政訴訟以求救濟。

陸　行政契約與附款行政處分之選擇裁量

行政機關作成行政處分有裁量權時，得為附附款之行政處分，亦得為締結行政契約，選擇何者，除法令有特別規定者外，行政機關可本於職權決定之。例如，某甲依法申請一餐廳營業許可，主管機關認為尚需裝設噪音防制設施，主管機關可考慮兩種途徑，作成決定：其一，附附款，包括附條件、負擔，及保留行政處分廢止權。其二，可與某甲簽訂行政契約，主管機關依約應發給許可，申請人則有義務裝置該項設施。

若無裁量權而欲締結行政契約者，以法律有明文規定或為確保行政處分法定要件之履行而以該要件為契約內容，始得以其附款之內容作為雙務契約中人民之給付義務內容，以確保人民之權益。

柒 行政契約之種類

一、依當事人地位是否平等區分

㈠對等契約　對等契約，係由二以上地位平等之當事人，尤其有權利能力之公行政主體所締結之契約。實例如下：

1. 縣市間共同設置或維護公共設施之協議。

2. 國道修建經費比例由各縣市分擔之協議。

3. 行政院大陸委員會與海峽交流基金會間所簽訂之契約，內容涉及管轄權或機關權限之行使。

㈡從屬契約　從屬契約，乃處於上下隸屬關係之當事人間，亦即公行政與人民或其他服從公行政之法律人格間之行政契約。

從屬契約又分為以下二種：

1. 和解契約：指行政機關對於行政處分所依據之事實或法律關係，經依職權調查仍不能確定者，為有效達成行政目的，並解決爭執，得與人民和解，締結行政契約，以代替行政處分者。例如欠稅額推估契約，即稅務機關明知某企業有逃稅之事實，但漏稅額並不確定，此時如經過調查，仍然無法確知逃稅額時，可與該企業簽訂和解契約。

2. 雙務契約：又稱「交換契約」或「互易契約」，係指雙方當事人為達成行政目的，互負給付義務之行政契約。例如人民以捐地為代價，換取行政機關為特別許可之協議、違建自動拆除而可得獎勵金之協議、公費訓練公務員之繼續服務契約、罰鍰分期給付契約、徵收補償費與工程受益費抵銷契約等。

由於其行使公權力之範圍日廣，一定情形之行政權活動，亦漸有經由契約由私人「外包」之趨勢，尤其在行政機關本身勞務力不足時，尤屬難免。本法對於雙務契約要件之設定旨在避免行政機關藉雙務契約向人民不當要求不合常理之給付，而有出賣公權力之嫌。故契約要件須符合以下四點：

⑴應約定人民給付之特定用途：例如百貨公司擬開幕，因停車位不足，政府同意該公司以繳代金方式解決停車問題後開幕。但此種停車場代金契約僅限於興建停車場之用。

⑵人民之給付須用以供締約行政機關執行職務：例如前述之給付代金後，行政機關即可興建集合式停車場，以解決停車問題。

⑶人民與締約機關之給付須有正當合理之關聯：即應適用不當連結之禁止原則，例如停車場代金之金錢給付與停車場之要求，應具有合理正當之關聯，不得為其他無理之給付要求。

⑷人民與締約機關之給付必須相當：即給付應合乎比例原則。

捌 行政契約之實例

一、稅法上之行政契約（51 判 367、76 判 186、76 判 841）。

二、委託行使公權力之協議（商品檢驗法第 22 條第 3 項）。

三、行政主體間關於營造物或公物之協議：中和市、永和市及新店市共同設置焚化爐。

四、訴訟法上之保證關係：具保或責付以代替羈押，即成立公法上之保證契約。

五、損失補償或損害賠償之協議：前者如拆除違章建築時，主管機關與房屋所有人間之補償協議；後者如國家賠償法之賠償協議。

六、徵收土地補償費與工程受益費抵銷之抵銷契約。

七、公費教育之契約關係，例如公費學生自願接受學生待遇及畢業分發、服務年限等條件而入學（釋字第 348 號）。

八、全民健保特約醫事服務機構合約（釋字第 533 號）。

玖 行政契約與私法契約之判別標準

行政契約與私法契約之區別，係以其發生公法或私法上權利義務變動效果為斷，惟就以契約標的抑契約目的為判別標準，並非毫無爭議，依學者通說，及實務界均以契約標的為準。契約之標的，即應由契約內容決定之，例如契約之內容具有下列情形之一者，應屬公法契約：

一、以執行公法法規為目的者。

二、含有作成行政處分或其他公權力行為之義務者。

三、與人民之公法上權利義務有關者，但契約之給付義務本身具有中立性而較難以判斷時，應由給付義務之目的及契約之全體特性判斷之。

第二節　訂定行政契約之合法要件

壹 締約機關有權限

無權限之機關不得越權訂定行政契約，而各級機關之權限（管轄）依法規規定。

貳 締約前之公告及給予表示意見之機會

行政契約當事人之一方為人民，依法應以甄選或其他競爭方式決定該當事人時，行政機關應事先公告應具之資格及決定之程序。決定前，並應予參與競爭者表示意見之機會。

參 須依法定方式（書面締約）

行政契約之締結，應以書面為之。但法規另有其他方式之規定者，依其規定。

肆 契約內容不牴觸法律

如和解契約、雙務契約，固應遵守本法之規定外，在法規無特別規定時，則應依民法第 71 條、第 72 條之限制，且不僅形式之法律，即實質之法令規章、判例解釋亦包括在內。

伍 須符合法定程序

一、侵害第三人，應經該第三人書面同意。

二、締結涉及其他行政機關，應經其核准。

第三節　行政契約之無效

壹 行政契約無效之原因

一、一般原因

㈠行政契約準用民法規定之結果為無效者，無效。

㈡行政契約違反行政程序法第 135 條但書（依其性質不許締約或法規禁止締約之規定），或違反同法第 138 條之程序規定者（未公布競爭者之資格、未給予意見陳述之機會），無效。

二、特殊原因

代替行政處分之行政契約，有下列情形之一者，無效：

㈠與其內容相同之行政處分為無效者。

㈡與其內容相同之行政處分，有得撤銷之違法原因，並為締約雙方所明知者。

㈣締結之和解契約，未符合第 136 條之規定者。

㈤締結之雙務契約，未符合第137條之規定者。

貳 行政契約之一部無效

行政契約之一部無效者，全部無效。但如可認為欠缺該部分，締約雙方亦將締結契約者，其他部分仍為有效。

第四節　行政契約之履行

行政契約以行政機關為當事人之一方，契約之履行與民事契約不同。依行政程序法之規定，其要點如下：

壹 行政機關得為指導或協助

行政契約當事人之一方為人民者，行政機關得就相對人契約之履行，依書面約定之方式，為必要之指導或協助。

貳 契約外公權力行使之損失補償

一、行政契約當事人之一方為人民者，其締約後，因締約機關所屬公法人之其他機關在契約關係外行使公權力，致相對人履行契約義務時，顯增費用或受其他不可預期之損失者，相對人得向締約機關請求補償其損失。但公權力之行使與契約之履行無直接必要之關聯者，不在此限。

二、締約機關應就前項請求，以書面並敘明理由決定之。

三、第一項補償之請求，應自相對人知有損失時起一年內為之。

四、關於補償之爭議及補償之金額，相對人有不服者，得向行政法院提起給付訴訟。

第五節　行政契約的調整或終止

行政契約係行政機關為達成行政目的而與人民或其他機關締結，因之，行政契約於履行過程中，行政機關得為調整或終止。

壹 行政機關單方調整或終止契約之權利

行政契約當事人之一方為人民者，行政機關為防止或除去對公益之重大危害，得於必要範圍內調整契約內容或終止契約。但此調整或終止，非補償相對人因此所受之財產上損失，不得為之。相對人對補償金額不同意時，得向行政法院提起給付訴訟。

貳 情事變更後契約之調整或終止

行政契約締結後，因有情事重大變更，非當時所得預料，而依原約定顯失公平者，當事人之一方得請求他方適當調整契約內容。如不能調整，得終止契約。但行政契約當事人之一方為人民時，行政機關為維護公益，得於補償相對人之損失後，命其繼續履行原約定之義務。相對人對補償金額不同意時，得向行政法院提起給付訴訟。

第六節　行政契約之執行

有關行政契約之履行，如有爭議，應向行政法院提起公法事件，進而藉強制執行以貫徹契約請求權。

壹 在隸屬關係之行政契約

如欲強制實現其契約之權利，皆須提起給付訴訟，以取得強制執行之名義。行政機關不得以行政處分貫徹其契約請求權。

貳 在行政契約中約定自願接受執行者

依行政程序法第 148 條之規定：

一、行政契約約定自願接受執行，債務人不為給付時，債權人得以該契約為強制執行之執行名義。

二、前項約定，締結之一方為中央行政機關時，應經主管院、部或同等級機關之認可；締約之一方為地方自治團體之行政機關時，應經該地方自治團體行政首長之認可；契約內容涉及委辦事項者，並應經委辦機關之認可，始生效力。

三、第一項強制執行，準用行政訴訟法有關強制執行之規定。

第九章
法規命令及行政規則

第一節　行政命令之概念

壹 行政命令之意義

行政命令是行政機關行使公權力單方面所制定，具有抽象及一般拘束力之規範。訂定命令屬國家高權作用之一種。命令係規定未來法律關係之行政作用，與法律同為抽象的規範，都具有法規範效力，二者關係密切。

貳 授權訂定行政命令之理由

一、減少國會時間之壓力

現代國家立法事項繁多，國會無足夠時間或人力對任何公共政策作周延之考慮。

二、配合技術性之需要

立法內容多半具有濃厚的技術性，須作充分的瞭解和討論，故國會不得不授予行政機關運用科學或各種專業知識加以妥善處理。

三、符合變動性之需要

立法事項因社會環境之需要，有變動不居的現象，故授權行政機關允許其較大彈性，訂定較為廣泛之條款，以資適應環境之變遷。

四、緊急權力之需要

行政立法權能對不可預見之非常情況作迅速之反應或處理，如須依議會制定法律反而不能切合時宜，例如戰爭、嚴重罷工、經濟危機等緊急狀態。

五、立法定制之實驗

解決或改革社會、勞動關係問題上，有需要實驗後再制定法律，以免將來施行或修法時，遭遇到不必要的歧見與反抗，則授權行政機關以行政立法先做實驗，將有所助益。

六、配合瑣細事項之規定

瑣細事項如皆由法律規定其有關事項，則其制定或修正程序較為嚴格、費時，必將妨礙行政機關適應政治、社會、經濟等現實環境變化之時效性。

參 行政命令之種類

行政命令有以下幾種：

一、緊急命令

依憲法增修條文第 2 條第 3 項之授權，總統為避免國家或人民遭遇緊急危難，或為應付財經上重大變故，得經行政院會議之決議，為必要處置。緊急命令之發布須依憲定程序；而所發布之緊急命令，具有取代或變更法律之效力；其採取之「必要處置」實為行政處分之性質（處分性措施）。例如民國 88 年九二一震災後總統發布之緊急命令。

二、法規命令

係指行政機關基於法律授權，對多數不特定人民就一般事項所作抽象之對外發生法律效果之規定。法規命令之內容應明列其法律授權之依據，並不得逾越法律授權之範圍與立法精神（行政程序法第 150 條）。

三、職權命令

㈠職權命令，乃行政機關在其職權範圍內，為執行法律，不必經立法授權，而依其職權可逕行制頒之補充性的行政命令。「各機關依其法定職權」亦可訂定職權命令，應屬中央法規標準法及地方制度法的一種概括授權，故亦可稱之為廣義的授權命令之一種。至於各機關之法定職權有源自組織法，亦有以作用法為依據，若依組織法規定，僅得訂定相關組織性之內部命令，例如組織規程；若需訂定外部性之職權命令，則需有作用法上之職權，且非干預人民自由權利性質之給付行政。

㈡職權命令之內容，依中央法規標準法第 5 條第 2 款之規定，應限制在與人民權利、義務無關之部分，即不得規定應以法律規定之事項，但因其仍具法效性，縱屬所規範之事宜純屬內部性質，例如組織規程，發布或下達之後，仍應即送立法院查照。

四、行政規則

行政規則，係指上級機關對下級機關或長官對屬官，依其權限或職權為規範機關內部秩序及運作，所為非直接對外發生法規範效力之一般、抽象之規定。

行政規則包括下列之規定：（行政程序法第 159 條）

㈠關於機關內部之組織、事務之分配、業務處理方式、人事管理等一般性規定。（第 1 項）

㈡為協助下級機關或屬官統一解釋法令、認定事實、及行使裁量權，而訂頒之「解釋性規定及裁量基準」。（第 2 項）

從前述定義看，行政規則可包含中央法規標準法第 7 條所規定之「職權命令」在內。

肆　立法院對行政命令之審查

一、立法院審查行政命令之方式

㈠**課予單純送置義務**　訂定命令之行政機關只要依中央法規標準法第

7 條及立法院職權行使法第 60 條規定，將行政命令函送立法院查照即可。「查照」即陳報立法院知悉之意。此種審查為事後的消極監督，如立法院未將該行政命令查照案改交有關委員會審查，即屬准予已備查。

㈡廢棄請求權之保留　行政命令查照案列入立法院院會報告事項時，如有一個黨團或委員三十人以上連署或附議，得將該查照案改交有關委員會審查，被交付審查之委員會對該行政命令，即具有廢棄請求權之保留。

㈢立法追認　立法院於某些法律中明定，其授權訂定之命令於發布後，於一定期間送請立法院追認，如立法院不同意追認，該命令立即失其效力，例如管理外匯條例第 26 之 1 條第 2 項等。

㈣同意權之保留　立法院於某些法律中規定，其授權訂定之命令於訂定後，應先送至立法院，俟該院同意後，始得公布生效。除使用「同意」二字外，尚有核備、審定、審議、決議等用語，例如水土保持法第 21 條、國營事業管理法第 10 條等。

二、立法院各委員會審查行政命令之重點

㈠審查行政命令有無違反、變更或牴觸法律者。

㈡審查行政命令有無應以法律規定之事項，而以命令規定者。

三、立法院審查後之處理

㈠備　查　逾三個月未完成審查，或審查後認為無違法之情形，即准予備查。

㈡更　正　審查後，如認有違法之情形，經議決後通知原發布機關予以更正。

㈢廢　止　審查後，如認有違法之情形，亦可經議決後，通知原發布機關予以廢止。

行政命令體系圖示如下：

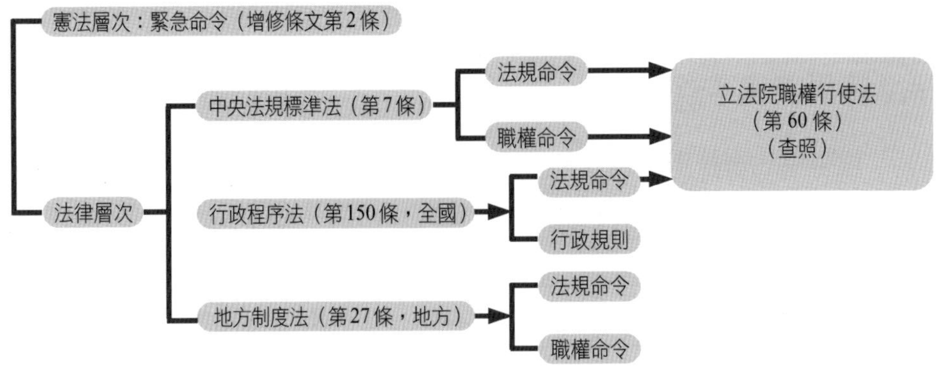

第二節　法規命令

壹　法規命令與行政規則之區別

一、法規命令乃對外關係之抽象規定，必須有法律之授權。行政規則乃對內關係之抽象規定，不必有法律之授權。

二、法規命令對任何人均有拘束力。行政規則僅機關內部有拘束力。

三、法規命令應遵守依法行政之原則，因其係對外關係，故須遵守法律優位原則及法律保留原則。行政規則僅係內部規定，與一般人民無關，故不受法律保留原則之支配，惟其仍為行政作用之一種，亦須受法律優越原則之拘束。

四、法規命令依中央法規標準法第 3 條之規定，有規程、規則、細則、辦法、綱要、標準或準則。行政規則係機關內部規定不受名稱之支配，可使用須知、要點、注意事項、規範、程序、守則、作業規定、基準等名稱。

五、法規命令須發布，即應刊登在特定機關公報或新聞紙始生效力。行政規則無須對外公布，只須有關機關瞭解即可，故以下達、通報，使機關內部人員瞭解為原則。

六、法規命令須送立法機關查照。行政規則理論上無須送立法院查照。

貳 法規命令之名稱

依中央法規標準法第 3 條，即行政機關法制作業應注意事項之規定，此類法規命令之名稱共有七種，分述如下：

一、規　程

屬於規定機關組織、處務準據者稱之。例如法務部處務規程。

二、規　則

屬於規定應行遵守或應行照辦之事項者稱之。例如道路交通安全規則、專利代理人規則等。

三、細　則

屬於規定法規之施行事項或就法規另作補充解釋者稱之。例如勞動基準法施行細則。

四、辦　法

屬於規定辦理事務之方法、時限或權責者稱之。例如印鑑登記辦法、勞工退休基金收支保管及運用辦法。

五、綱　要

屬於規定一定原則或要項者稱之。例如社區發展工作綱要、僑生輔導實施綱要等。

六、標　準

屬於規定一定程度、規格或條件者稱之。例如公務員兼具勞工身分者之認定標準、土地複丈費及建築改良物測量費之收費標準等。

七、準　則

屬於規定作為之準據、範式或程序者稱之。例如經濟事務財團法人設立許可及監督準則。

參 法規命令訂定之程序

一、程序之遵守

原則上行政機關訂定法規命令應依行政程序法所定之程序為主，但關於軍事、外交及其他重大事項而涉及國家機密或安全及法律另有規定者為例外。

二、草擬、提議

㈠行政機關自行草擬。

㈡人民或團體提議　提議以書面敘明法規命令訂定之目的、依據及理由，並附具相關資料。

㈢機關之處理

1. 非主管之事項，依行政程序法第 17 條之規定予以移送。
2. 依法不得以法規命令規定之事項，附述理由通知原提議者。
3. 無須訂定法規命令之事項，附述理由通知原提議者。
4. 有訂定法規命令之必要者，著手研擬草案。

三、公告（預定程序）

㈠原則　公告並載明下列事項：

1. 訂定機關之名稱，其依法應由數機關會同訂定者，各該機關名稱。
2. 訂定之依據。
3. 草案全文或其主要內容。
4. 任何人得於所定期間內向指定機關陳述意見之旨意。

㈡例外　不公告：情況急迫，顯然無法事先公告周知。

四、聽　證

舉行聽證時，於政府公報或新聞紙公告，載明下列事項：

㈠訂定機關之名稱，其依法應由數機關會同訂定者，各該機關之名稱。

㈡訂定之依據。

㈢草案全文或主要內容。

㈣聽證之日期及場所。

㈤聽證之主要程序。

五、核　定

如依法應經上級機關核定者，應經核定。

六、發　布

有權責機關發布或會銜發布（數機關會同訂定者），並刊登政府公報或新聞紙。

第三節　行政規則

壹 行政規則之種類

一、組織性行政規則

規定機關內部之組織結構及職掌，包括分設之單位、業務分配，例如處務規程、辦事細則、設置要點。

二、作業性行政規則

規定處理業務的規則，例如建築物及土地登記須知。

三、解釋性行政規則

解釋法規之解釋令（函令、釋示）。行政機關就主管所為有關法規之解釋，以闡明統一其涵義，例如財政部就財稅法規所為釋示即是。

四、裁量性行政規則

即裁量基準。規定行政機關行使裁量權之方式及標準，以確保裁量品質，例如經濟部有關商標近似審查基準是。

貳 行政規則訂定之程序

一、基於法律授權或基於職權

如法律授權行政機關制定規範機關內部行為之法規，行政機關固得發布行政規則，例如經法律授權訂定之辦事細則；但依中央法規標準法第 7 條，各機關依其職權亦得訂定命令，即包括行政規則。

二、踐行法定手續

行政規則之制定，原則上並無應遵守之程序。惟有關之法規得設定一定之程序。例如行政院訂頒之「行政機關法制作業應行注意事項」。

參 下達或發布

一、一般行政規則

下達下級機關或屬官。

二、裁量性準則

登載於政府公報發布、下達。

三、解釋函令

㈠單純對個人之覆函　不必下達及登載公報。

㈡一般解釋性函釋令　登載公報發布、下達。

肆 行政規則之效力

一、一般行政規則之效力

行政規則大多在指示行政機關及人員，應如何執行其行政任務，行政規則遂因行政機關之適用而發生「事實之外部效力」。行政規則因經常適用，形成行政實務（行政慣例）；行政機關如違背其經由行政規則之適用所形成之慣例，即違反憲法第 7 條所揭示的平等原則，亦違背「行政自律（自我拘束）原則」。因之，行政規則乃經由「行政實務」及「平等原則」，產生對外效力。

二、解釋函令之效力

解釋函令指在闡明法規之涵義，原無法律效力可言，惟解釋函令為機關內部規則，對機關所屬單位及人員，應自該函令通知或依規定方式周知時起，發生拘束力。至於產生間接之對外效力，則視是否形成經常性行政實務為斷。而對特定人民所為之法規函示，於成為人民之信賴基礎時，配合其信賴之行為而產生拘束力。

第四節　地方自治命令

地方自治命令，其命名雖與法規命令及行政規則類似，但依地方制度法規定卻另成一系統，茲分述如下：

壹 地方自治命令之種類

一、自治條例

依地方制度法第 28 條之規定，依法規應經地方議會議決者、與地方居民權利義務有關事項、地方團體及其事業機構之組織以及其他重要事項，必須經地方議會以自治條例規定之。自治條例在直轄市稱某直轄市法規；在縣（市）稱某縣（市）規章；在鄉（鎮、市）稱某鄉（鎮、市）規約。

二、自治規則

由地方行政機關發布，名稱適用中央法規標準法第 3 條所定之命令七種名稱，如規程、規則、細則、辦法、綱要、標準或準則。各級地方行政機關就其地方自治事項，得依其法定職權或基於法律、自治條例之授權，訂定自治規章。

三、委辦規則

地方行政機關為辦理上級機關委辦事項，得依其法定職權或基於法律、中央法規之授權，訂定委辦規則。其名稱準用前述自治規則之規定。

四、自律規則

即地方立法機關之內部規範，由地方立法機關自行訂定。

貳　地方自治命令之制定程序

一、自治條例

地方自治條例經各該地方立法機關議決後，如有罰則（罰鍰最高以十萬元為限，得連續處罰之；其行政罰限於勒令停工、停止營業、吊扣執照或其他一定期限內限制禁止為一定行為）時，應分別報經行政院、中央各該主管機關、縣政府核定後發布。其餘除法律或縣規章另有規定時，直轄市法規發布後，應報中央各該主管機關轉行政院備查；縣（市）規章發布後，應報中央各該主管機關備查，鄉（鎮、市）規約發布後，應報縣政府備查。

二、自治規則

地方行政機關所訂定之自治規則，除法律或自治條例另有規定外，應於發布後依以下程序處理：

㈠其屬法律授權訂定者，函報各該法律所定中央主管機關備查。

㈡其屬依法定職權或自治條例授權訂定者，分別函送上級政府及各該地方立法機關備查或查照。

三、委辦規則

地方委辦規則應函報委辦機關核定後發布之。

四、自律規則

地方立法機關之自律規則，由各該地方立法機關發布，並報各該上級政府備查。

參 地方自治命令之公布或發布

地方法規經地方立法機關議決後，函送各該地方行政機關，地方行政機關收文後，除要求覆議等情形外，應於三十日內公布。自治法規、委辦規則經核定後，應於核定文送達各該行政機關三十日內公布。逾期未發布者，自該自治法規、委辦規則期限屆滿之日起算至第三日起發生效力，並由地方立法機關代為發布。但經上級政府或委辦機關核准定者，由核定機關代為發布。

地方行政命令結構系統圖示如下：

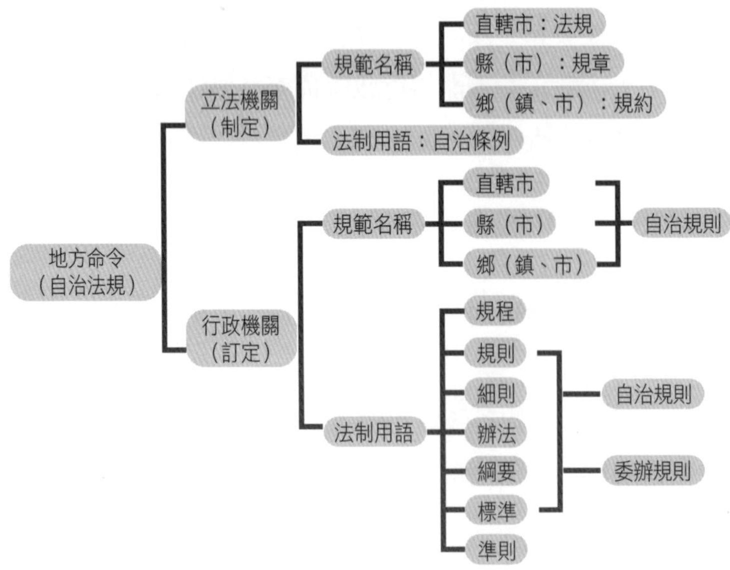

第十章
行政計畫

第一節　行政計畫之概念

壹 行政計畫之意義

行政計畫，即指行政機關為將來一定期限內達成特定之目的或實現一定之構想，事前就達成該目的或實現該構想有關之方法、步驟或措施等所為之設計與規劃。

貳 行政計畫之種類

計畫可依其不同區分標準而有不同分類：

一、依計畫之內容分類

可分為預算與財政計畫、專業計畫（例如區域都市計畫、教育發展計畫等）、實施計畫（例如鋪設道路、水道等之具體性計畫）等。

二、依拘束力分類

可分為強制性計畫、影響性計畫、資訊性計畫。

㈠所謂強制性計畫　指對人民亦有拘束力或僅對特定機關有拘束力之計畫。

㈡所謂影響性計畫　指雖無拘束力而不能創設權利義務，但透過其他方式之鼓勵（例如稅捐優惠、補助金等），間接引導並影響相對人之行為之計畫。

㈢所謂資訊性計畫　指並無特定目的，單純提供發展趨勢、資料與預測等消息，藉以獲得更好的合作，並使相對人取得更可靠之資訊以利其自己發展計畫。

參 行政計畫之法律性質

行政計畫並非固定之概念，而是有多重態樣，其法律性質因計畫之形式呈現而有如下不同之見解，故此點應就每個計畫而為確定：

一、措施性法律說

以預算案呈現者，根據大法官之解釋，預算案為措施性法律。

二、法規說

都市計畫之擬定、發布及擬定計畫機關依規定，五年定期通盤檢討所作必要之變更，並非直接限制一定區域內人民之權益或增加其負擔者，依大法官之解釋，屬法規性質。

三、一般處分說

主管機關變更都市計畫，係公法上之單方行政行為，如直接限制一定區域內人民之權利、利益或增加其負擔，即具有行政處分之性質。

四、行政作用制度說

行政計畫具有一般抽象性質，且具有多層次性、複合性及彈性者，其整體可稱為一種行政作用之制度。

肆 行政計畫之功能

一、政策目標之設定與達成

為了實現福利行政，空有理想難以達成目的，更須正確地把握社會發展現況及行政需求之動向，預測將來作妥善準備，並合理地分配可利用的人力、物力等資源，故以行政計畫形式推動，較具彈性而可適時修正，以符合設定之政策目標。

二、作為行政發展之指導與協調手段

由於現代社會所引起之諸種多樣化之行政需求，行政機關如各自為政，不僅容易產生本位主義、行政措施不協調，及缺乏行政效率之缺陷，故科技整合規劃，促進計畫周延性之要求愈顯重要。

三、提高人民之預期可能性與誘導民間活動

行政計畫，消極地說，可使人民得以估量其未來的行為活動，以提高預測之可能性、減少意外的法律秩序風險；積極地說，國家或行政主體得透過行政計畫履行其生存照顧之義務，並形成一種制度保障。此外，亦提供民間各種活動之資訊，發揮規制國民權利自由之效果。

第二節　確定行政計畫之裁決程序與效力

壹 計畫確定程序之概念

「行政計畫」相對於「計畫確定程序」係屬上位概念，適用「計畫確定程序」之計畫，當然屬於行政程序法第 163 條所稱之「行政計畫」之一種，然並非所有的行政計畫均須經過「計畫確定程序」，而是必須符合本法第 164 條第 1 項所定適用範圍之三個要件者，才應適用計畫確定程序。

貳 計畫確定程序之適用範圍

一、計畫內容係有關「一定地區土地之特定利用」（例如工業區之規劃）或「重大公共設施之設置」（例如道路之設置）之具體規劃。

二、計畫內容涉及多數不同利益之人；即計畫之執行將影響多數不同利益人之權益。

三、計畫內容涉及多數不同行政機關之權限；即依計畫執行之過程，依法須經多數不同行政機關之核准、許可、同意等行使權限行為之配合，始能順利完成。

參 計畫確定程序之步驟

一、擬定計畫之提出

一般而言，計畫之擬定多數由行政機關為之。

二、擬定計畫之公開與異議之提出

㈠計畫書公告　擬定計畫機關或主體之直接上級機關接到前述之計畫書後，應將計畫之內容載於政府公報或新聞紙。並指示有意見之人，得以書面提起異議。

㈡書面通知　對於已知其權益受影響人，應以書面個別通知其得提出異議之意旨及提出之期間。

㈢徵詢有關機關意見　計畫之事務涉及其他機關之職權者，須主動徵詢其意見。

三、聽證之預告

負責聽證之單位或人員於前述異議期間經過後，應公告聽證之期日與場所，並以書面通知擬定計畫之機關、計畫之事務及其執掌權限之其他機關，權利或利益受計畫影響之人及提出異議之人於聽證日期到場表示意見及討論。

四、公開聽證之舉行

依本法總則有關聽證程序進行。計畫確定程序聽證之目的，在對未來之事項為預先之規劃，且由於其客體涉及多數行政機關之權限及多數利害關係人之利益，因此聽證著重在彙整、溝通及協調各種不同意見，並調和利益衝突。

五、確定計畫之裁決

㈠**駁回**　認為擬定之計畫違法、無需要或不妥當時，應予駁回。

㈡**計畫確定裁決**　認為擬定計畫適法、需要、妥當而可行時，予以確定之裁決。

肆 確定計畫裁決之效力

一、核准作用

裁決即為核准實施該計畫。

二、集中事權作用

可免除有關機關之核准或經其他主管機關同意程序，以免再節外生枝，而提高行政效能。

三、形成作用

計畫經確定後即產生或變動擬定計畫機關與權利或利益受影響之人間之公法關係。申言之，確定計畫裁決是一種行政處分，不服者得依法提起行政救濟。

第十一章
行政指導

第一節　行政指導之概念

壹 行政指導之意義

行政指導，指行政機關在其職權或所掌事務範圍內，為實現一定之行政目的，以輔導、協助、勸告、建議或其他不具法律上強制力之方法，促請特定人為一定作為或不作為之行為。例如輔導、協助、勸導、說服、建議、商討、協商、表揚、提倡、宣傳、推薦、示範、推廣、獎勵、調解、發布新聞資訊等。析言之，行政指導之要素如下：

一、行政指導為一種事實行為。

二、行政指導為不具強制力之行政行為。

三、行政指導乃屬行政機關在其職權或所掌事務範圍內之行政行為。

四、行政指導係出於為實現一定之行政目的。

貳 行政指導之性質

一、任意性

(一)行政指導係非權力之行政活動，與權力行為之行政處分、行政立法、行政強制等有別，故不得對不服從行政指導者，課予行政罰或對之為行政上強制執行。

(二)相對人明確拒絕指導時，行政機關應即停止，並不得據此對相對人為不利之處置，否則即有濫用權力之嫌。

二、裁量性

㈠行政機關為行政指導時，所須考慮者，僅為達成行政目的的手段適當性，不必受相對人意思之拘束，故行政指導具有裁量性。如果該行政行為是一種「羈束處分」，就不得進行行政指導。

㈡又進行行政指導時，仍不得濫用，亦應遵守平等原則與比例原則。

三、明示性

行政機關於行政指導時，應明確使人民知悉該行政指導之目的與該行政指導的界線或其他相關事項。

四、事實行為性

行政指導雖可能具有法律上之依據，惟非法律行為，並不具有拘束力，屬不具有法律效果之單純事實行為，故其與行政契約或其他法律行為均不相同，不足以直接使權利義務發生得喪變更之效果，故無法以行政指導作為訴願與行政訴訟之標的。

參 行政指導之功能

一、增進行政機動

行政指導係相對人任意服從之非權力行為，不須有法律依據亦可為之，遇有緊急行政需要，無法律依據而不能以公權力行為處理時，行政指導即可發揮其機動應急之效用。

二、簡化行政程序

行政指導並非要式行為，原則上無須遵守繁複之行政程序，且可以口頭為之，故極具簡便性。

三、緩和依法行政的嚴格

行政指導之內容不受法規拘束，且能考量相對人立場而於對方同意協力下進行，故為一種柔軟之行政手段，可降低人民與行政機關間較為嚴格的依法行政關係。

四、減少行政爭訟

由於行政指導係任意行為，不具強制力，以人民服從為前提，人民對之不得提起行政爭訟，故無訴願的問題。

肆 行政指導之種類

一、依指導機能之區分

㈠規制性之行政指導　係以規制或抑制相對人之行為目的，乃對危害公益、妨礙秩序之行為促使採行預防性或抑制性措施之指導，例如犯罪預防警告、公平交易行業導正、違建之抑制、物品價格之抑制、環境保護措施、遷建、青少年之輔導、申請廣播電臺之輔導、企業合併或分割之指導等。

㈡助成性或輔導性之行政指導　係提供私人資訊並助成私人活動，旨在幫助、保護相對人利益之指導，例如對農業改良、家畜飼養所為之指導、農業經營技術之指導、稻米生產過剩之轉作獎勵、職業安定或訓練之指導、鼓勵轉業及就業輔導等。

㈢調整性之行政指導　係以解決私人間紛爭為目的，主管機關介入其中所為調整與妥協之行政指導，例如對起造人與附近居民建築紛爭之指導、公共汽車公司間之摩擦之指導、建議企業與當地居民簽訂公害防止協定等。

二、依指導對象為標準之區分

㈠行政主體相互間之行政指導　係指上級行政機關對下級行政機關在指揮監督權行使以外，就下級機關職權範圍內之事項，所為之提供意見、勸告等指導而言。

㈡行政機關對特定個人、法人或非法人團體之行政指導　即行政主體對個人、法人或非法人團體等之指導。

第二節　行政指導之一般程序

行政指導之方式具多樣化，故仍有不完全定型化之情形，惟如下程序規定和實際做法則是比較普遍存在的：

一、行政指導以行政機關依職權主動發動為主，但也可例外由人民申請而發動，申請者無須是當事人。

二、進行調查瞭解真實情況，確定有無進行該指導行為之必要性。

三、在進行專業技術類行政指導時，先向學者、專家或專業部門諮詢論證，以確定該指導行為的適當方式和配套措施。

四、與有關相對人進行研討、協商或其他方式之溝通，以取得理解、諒解和配合。

五、選擇進行指導之適當時機，如在正式行政行為前實施行政指導，使指導作為前置程序。

六、通知和說明關於指導行為之目的、內容、負責人員等。通知分為書面和口頭方式。如相對人要求書面通知，而此前尚未以書面通知者，則應滿足其要求。如指導對象為多數，只要無行政上的特別障礙，則應將指導目的、內容和負責人員等予以通告。

七、依職權主動或應請求提供與該指導行為有關之文件、資料、數據供利害關係人和有關監督部門參考。

八、主動聽取利害關係人和其他相對人之意見。

九、留出足夠時間由利害關係人辯明理由、提出意見，或作書面紀錄。

第三節　行政指導之方式及限制原則

壹 行政指導之方式

一、行政指導原則上不採書面要式主義

行政指導之方法，有勸告、希望、協助、輔導、指示等，並得以書面、言詞或其他方式表現，以適應各種現實狀況及需要，但不以書面方式為必要，由行政機關逕行裁量為之。

二、相對人得請求交付文書

即要求交付書面之指導。由於現代社會專業化、科技化，行政指導必然繁複或涉及多數人，因而允許人民得請求以交付書面為行政指導。如相對人提出此項要求而行政機關不回應，在無法證明行政指導存在的情況下，推定行政指導不存在（翁岳生主編，2000：779）。同時，交付之書面指導，亦得作為日後行政機關有無越權或違背法令之憑證。

貳 行政指導之限制原則

一、濫用禁止原則

行政指導不得逾越組織法及行政作用法中規定該機關得行使權限之範圍。此外，亦應遵守法律優越原則及考量信賴保護原則。

二、拒絕接受指導應行停止原則

相對人有權對行政指導聲明異議、或表達意見，若已明確表示拒絕或不服從時，即應停止。

三、事後不利處置禁止原則

停止後如採取行政處分或其他公權力措施時，不得導致相對人受到不利益。

第四節　行政指導之救濟途徑

壹 請求上級機關、民意及監察機關控制

行政指導之內容如有不當及違法，相對人得向該指導機關之上級機關、民意機關、監察機關請求注意控制，進而防止之。

貳 提起行政訴訟或請求國家賠償

舉凡公法上爭議或公權力措施，除法律另有規定外，均得提起行政訴訟。如指導不當、違法或錯誤，致相對人於遵循該指導而權利遭受損害，應允許其請求國家賠償。

參 請求損失補償

如行政指導之相對人實質上因信賴該處分而遭受損害，應視同公權力之行使，構成信賴保護而給予補償。

第十二章
陳 情

第一節 陳情之概念

壹 陳情之意義

人民對於行政興革之建議、行政法令之查詢、行政違失之舉發或行政上權益之維護，得向主管機關陳情。即採取從寬之原則。

貳 陳情之方式

陳情之方式以言詞或書面均可，但以言詞為之者，受理機關應作成紀錄，並向陳情人朗讀或使閱覽後命其簽名或蓋章，以示審慎，並作成日後處理之依據。陳情人若對紀錄有異議者，應更正之。

參 陳情與請願之區別

請願，依請願法第 2 條規定：人民對國家政策、公共利害或其權益之維護，得向職權所屬之民意機關或主管行政機關請願。陳情與請願之異同點如下：

一、相同點

㈠主體相同　兩種皆以人民為主體。

㈡標的相同　以機關的措施為其提起之對象。

㈢性質相同　對受理機關無強制之拘束力，僅陳述希望或瞭解實情。

㈣目的相同　對權益之維護陳述希望。

㈤法定期間相同　均無期間之限制。

㈥次數相同　兩種均無次數之限制。

二、相異點

㈠法律依據不同

1. 陳情：依行政程序法及行政院暨所屬各機關處理人民陳情案件要點。

2. 請願：憲法第 16 條及請願法之規定。

㈡範圍不同

1. 陳情：行政興革之建議、行政法令之查詢、行政違失之舉發或行政上權益之維護。

2. 請願：國家政策、公共利害、權益之維護，故請願範圍較廣（請願法第 2 條）。

㈢方式不同

1. 陳情：得以書面或言詞為之。

2. 請願：應備請願書，並有法定記載事項（請願法第 5 條）。

㈣時點不同

1. 陳情：係行政機關現在或過去之行政措施予以陳情。

2. 請願：對現在、過去與未來之事項均得請願。

㈤受理機關不同

1. 陳情：向主管之行政機關陳情，不包括職權所屬之民意機關。

2. 請願：含行政機關與民意機關。

㈥拘束力不同

1. 陳情：受理機關對人民陳情事項有處理或告知之義務，有一定程度之拘束力。

2. 請願：僅係陳述希望之行為，故無拘束力。

第二節　行政機關對陳情之處理

壹 迅速及保密之必要

一、行政機關對人民之陳情，應訂定作業規定，指派人員迅速、確實處理之。

二、人民之陳情有保密必要者，受理機關處理時，應不予公開。

貳 採取適當措施

受理機關認為人民之陳情有理由者，應採取適當之措施；認為無理由者，應通知陳情人，並說明其意旨。受理機關認為陳情之重要內容不明確或有疑義者，得通知陳情人補陳之。

參 無法受理時之告知及移送

人民之陳情應向其他機關為之者，受理機關應告知陳情人。但受理機關認為適當時，應即移送其他機關處理，並通知陳情人。陳情之事項，依法得提起訴願、訴訟或請求國家賠償者，受理機關應告知陳情人。

肆 得不予處理之情形

一、無具體之內容或未具真實姓名或住址者。

二、同一事由，經予適當處理，並已明確答覆後，而仍一再陳情者。

三、非主管陳情內容之機關，接獲陳情人以同一事由分向各機關陳情者。

第十三章
行政秩序罰

第一節　行政秩序罰之概念

壹 行政秩序罰之意義

行政秩序罰，又稱為行政罰，指為維持行政上之秩序，達成行政目的，對違反行政上義務者，所科之制裁。科處行政罰之機關，通常為行政機關，由法院裁定科罰則屬例外，如依社會秩序維護法，有關拘留及勒令歇業之制裁，即由地方法院簡易法庭裁罰。

我國行政罰法於民國 94 年 2 月 5 日由總統公布，為行政秩序罰共通適用之法典，並明定一年後施行。

貳 行政秩序罰之性質

行政秩序罰一般係由行政機關單方作成，且針對相對人具體違法事件，發生處罰效果之公權力措施，故性質為一種行政處分，除優先適用行政罰法外，如未規定者，即可適用行政程序法。

參 行政秩序罰之種類

一、拘　留

人身自由罰，僅規定於社會秩序維護法。

二、罰　鍰

金錢罰。

三、沒　入

處置物品之處罰。

四、其他裁罰性之不利處分

又分以下四種：

㈠限制或禁止行為之處分　限制或停止營業、吊扣證照、命令停工或停止使用、禁止行使、禁止出入港口、機場或特定場所、禁止製造、販賣、輸出入、禁止申請或其他限制或禁止為一定行為之處分。

㈡剝奪或消滅資格、權利之處分　命令歇業、命令解散、撤銷或廢止許可或登記、吊銷證照、強制拆除或其他剝奪或消滅一定資格或權利之處分。

㈢影響名譽之處分　公布姓名或名稱、公布照片或其他相類似之處分。

㈣警告性處分　警告、告誡、記點、記次、講習、輔導教育或其他相類似之處分。

第二節　行政秩序罰與其他具制裁性行為之區別

壹 懲戒罰

以處罰對象之內外區分為懲戒罰與行政秩序罰。懲戒罰指公務員或從事專門職業之執業人員（例如律師、會計師等），因為違背職務上義務之行為，所受之制裁。其與為一般人民違反行政上義務而設之行政罰不同。

貳 行政執行罰

執行罰，乃對於違反行政法上義務者，為督促其將來履行義務，所科予之處置。其與行政秩序罰之比較如下：

一、處罰目的不同

㈠行政執行罰　乃對於行政上義務之違反者，以強制其履行為目的。

㈡行政秩序罰　係對於行政上義務之違反者，予以制裁已足，並不以義務人履行其義務為目的，既經處罰，違反義務之事件，即告結束。

二、處罰依據不同

㈠行政執行罰　其科處以義務人違反他人不得代為之作為義務，或違反其不作為義務為處罰之要件，僅以行政執行法為依據。

㈡行政秩序罰　以各個行政法規所規定之要件為依據，其違反作為義務，無論他人得否代為之，以及違反其不作為義務，必須符合構成要件，始得據以處罰。

三、處罰種類不同

㈠行政執行罰　依據行政執行法之規定，僅有怠金一種。

㈡行政秩序罰　所得科處之罰則，以各行政法規之規定為依據，種類不一，且不以行政機關之等級有所差別，例如申誡、拘留、罰鍰、罰役、沒入、勒令歇業……。

四、可否再予以處罰不同

㈠行政執行罰　因其以強制實現義務為目的，在處罰後，仍不履行時，自得再行處罰，直至義務人履行其義務為止，不適用「一事不兩罰」之原則。

㈡行政秩序罰　不能對同一行為重複處罰，故有「一事不兩罰」原則之適用。

五、處罰程序不同

㈠行政執行罰　除法律有特別規定外，依行政執行法科處執行罰之罰鍰，非以書面預為告戒，不得為之。

㈡行政秩序罰 其科處依據個別行政法規之規定，凡構成其處罰要件者，即逕予科處，毋須經過預為告戒程序。

六、救濟程序不同

㈠行政執行罰 係行政處分確定後之執行，對其不服，應依行政執行法向執行機關聲明異議。

㈡行政秩序罰 係典型的行政處分，其救濟依一般訴願與行政訴訟程序為之。

參 行政刑罰

行政秩序罰與行政刑罰本質上皆屬制裁行政不法行為，然後者是科以刑法上所定刑名之制裁，並依刑事不法處罰程序為之。而前者則係科以刑罰刑名以外之制裁，並由行政主管機關處罰為原則。目前立法體制二者得予併存。前者是制裁行為後果所造成之損害或危險程度較重者，後者則規定損害或危險程度較量低者。

第三節　行政秩序罰之處罰主體及對象

壹 行政秩序罰之處罰主體

一、行政機關

除少數情形外，目前行政秩序罰之處罰主體，原則上多為行政機關。

二、地方自治團體

地方制度法第 26 條中，賦予地方自治團體之一般行政秩序罰之立法權。

三、法院管轄

目前行政秩序罰由法院管轄者，已較為少見，在社會秩序維護法尚有相關規定，即地方法院或其分院有管轄權，因此，有關拘留、勒令停業、停止營業三種處罰，由法院之簡易庭以裁定處罰之。

四、其　他

監察院有時亦得為行政秩序罰之主體。如公職人員財產申報法第 12 條第 1 款之規定。

貳 行政秩序罰之處罰對象

一、自然人

㈠行為人本身。

㈡對他人之行為應負責之人。

㈢對事物之狀況應負責之人。

二、法人。

三、其　他

㈠**行政機關**　中央或地方機關。

㈡設有代表人或管理人之非法人團體。

㈢**營利事業**　在稅法處罰營利事業。

㈣人民團體。

第四節　行政秩序罰之責任條件及能力

壹 責任條件

現代國家基於「有責任始有處罰」之原則，對於違反行政法上義務之處罰，應以行為人主觀上有可非難性及可歸責任為前提，如行為人主觀上並非出於故意或過失情形，應無可非難性及可歸責任。

責任條件有二種，如下：

一、故意或過失。

二、推定為組織之故意或過失

法人、設有代表人或管理人之非法人團體、中央或地方機關或其他組織違反行政法上義務者，其代表人、管理人、其他有代表權之人或實際行為之職員、受僱人或從業人員之故意、過失，推定為該等組織之故意、過失。

貳 責任能力

依年齡或精神狀態健全與否決定應負擔違法行為之責任如下：

一、絕無責任能力人

下列之人因無辨識事理能力，故其行為不予處罰：

(一)未滿十四歲人。

(二)行為時因精神障礙或其他心智缺陷，致不能辨識其行為違法或欠缺依其辨識而行為之能力者。例如心神喪失人。

二、限制責任能力人

下列之人因辨識事理能力不完全，故其行為得減輕處罰：

(一)十四歲以上未滿十八歲人。

(二)行為時因前項之原因，致其辨識行為違法或依其辨識而行為之能力，顯著減低者。例如精神耗弱或瘖啞人。

參 行政處罰之違法性

具有下列阻卻違法之事由，即因欠缺違法性而不予處罰：

一、依法令之行為

依法令之行為，不予處罰。依所屬上級公務員職務命令之行為，不予處罰。但明知職務命令違法，而未依法定程序向該上級公務員陳述意見者，不在此限。

二、正當防衛行為

對於現在不法之侵害，而出於防衛自己或他人權利之行為，不予處罰。但防衛行為過當者，得減輕或免除其處罰。

三、緊急避難行為

因避免自己或他人生命、身體、自由、名譽或財產之緊急危難而出於不得已之行為，不予處罰。但避難行為過當者，得減輕或免除其處罰。

第五節　行政處罰的主要法律原則

壹 處罰法定原則

行政罰法第 4 條：「違反行政法上義務之處罰，以行為時之法律或自治條例有明文規定者為限。」

此之「法律」，依大法官解釋意旨，應包括經法律就處罰之構成要件與法律效果為具體明確授權所訂定之法規命令。

貳 從新從輕原則（時間的例外）

為明定法律或自治條例有變更時之適用原則，行政罰法第 5 條規定：「行為後法律或自治條例有變更者，適用行政機關最初裁處時之法律或自治條例。但裁處前之法律或自治條例有利於受處罰者，適用最有利於受處罰者之規定。」

參 便宜原則（情節輕微的例外）

行政罰法第 19 條：「違反行政法上義務應受法定最高額新台幣三千元以下罰鍰之處罰，其情節輕微，認以不處罰為適當者，得免予處罰。」

「前項情形，得對違反行政法上義務者施以糾正或勸導，並作成紀錄，命其簽名。」

肆 一事不二罰原則

處罰種類相同，如從一重處罰已足以達成行政目的者，不得重複裁處。

第六節　行政秩序罰競合之處理

壹 一行為觸犯刑事刑罰和行政秩序罰規定

一、刑罰與秩序罰各異其性質

不生從一重處斷問題，發生競合時，對於刑罰所未規定之處罰類型，例如勒令歇業、停止營業等，並非不能併科。

二、依刑法優先原則處理

其處理程序，刑法優先及其例外，依行政罰法分別規定如下：

㈠程序規定

1. 一行為同時觸犯刑事法律及違反行政法上義務規定者，應將涉及刑事部分移送該管司法機關。

2. 前項移送案件，司法機關就刑事案件為不起訴處分或為無罪、免訴、不理、不付審理之裁判確定者，應通知原移送之行政機關。

㈡刑法優先及其例外

1. 一行為同時觸犯刑事法律及違反行政法上義務規定者，依刑事法律處罰之。但其行為應處以其他種類行政罰或得沒入之物而未經法院宣告沒收者，亦得裁處之。

2. 前項行為如經不起訴處分或為無罪、免訴、不受理、不付審理之裁判確定者，得依違反行政法上義務規定裁處之。

貳 一行為觸犯數個行政秩序罰規定

行政罰為行政上制裁，應依一事不二罰原則為之，以符合法治及人權保障之理想。依行政罰法之規定，如多種法律所規定之處罰方法相同時，自應「從一重處斷」為原則。其選擇標準如下：

一、相競合之規定皆科處罰鍰，擇其金額較高者科處

一行為違反數個行政法上義務規定而應處罰鍰者，依法定罰鍰額最高之規定裁處。但裁處之額度，不得低於各該規定之罰鍰最低額。例如在防制區內之道路兩旁附近燃燒物品，產生明顯濃煙，足以妨礙行車視線者，除違反空氣污染防制法外，亦符合道路交通管理處罰條例應科處罰鍰之規定，因行為單一，且違反數個規定之效果均應罰鍰，處罰種類相同，從其一重處罰已足達成行政目的。

二、如另有沒入或其他種類行政罰者，以得併為處罰為原則

前項違反行政法上義務行為，除應處罰鍰外，另有沒入或其他種類行政罰之處罰者，得依該規定併為裁處。但其處罰種類相同，如從一重處罰已足以達成行政目的者，不得重複裁處。

三、如已裁處拘留者，不得再處罰

一行為違反社會秩序維護法及其他行政法上義務規定而應受處罰，如已裁處拘留者，不再受罰鍰之處罰。

參 一行為觸犯行政刑罰與刑事刑罰

行政刑罰之行為，其處罰要件有刑法總則之適用，若一行為同時觸犯行政刑罰與刑事刑罰，應依刑法第55條，從一重處斷。

肆 數行為違反同一或不同行政法上義務之規定

若數行為違反同一或不同行政法規定者，依行政罰法第25條規定，應分別處罰之。因連續行為亦被承認為法律上的單一行為，故連續處罰連續違反行政義務行為亦無違一事不二罰之原則。行為人所為數個違反行政法上義務之行為，若違反數個不同之規定，或數行為違反同一之規定時，與前述單一行為之情形不同，為貫徹個別行政法規之制裁目的，自應分別處罰，此與司法院釋第503號解釋「一事不二罰」之意旨並不相違。例如原申請經營開設之租賃仲介行，經查獲其經營旅館業務，該行為本係違反商業登記法第8條第3項及第33條第1項之規定；又因該租賃仲介行另將建築物隔間裝潢改為套房，掛出套房出租招牌，並置有「敬請顧客先行付房租」告示，顯然已達變更建築物使用之程度，其行為另違反建築法第73條及第90條之規定。按依商業登記法第8條第3項及第33條第1項規定之處罰要件為經營商業登記範圍以外之業務，而建築法第73條及第90條則以變更建築物使用執照之用途為構成處罰之要件，二者處罰之違法行為並非相同，故應分別依商業登記法第8條第3項、第33條第1項及建築法第73條、第90條規定予以處罰。

第七節　時效

壹 時效規定

一、行政罰之裁處權，因三年期間之經過而消滅。

二、前項期間，自違反行政法上義務之行為終了時起算。但行為之結果發生在後者，自該結果發生時起算。

三、同時觸犯刑事罰與行政罰之情形，關於其行政罰之裁處時效，自不起訴處分或無罪、免訴、不受理、不付審理之裁判確定日起算。

四、行政罰之裁處，因訴願、行政訴訟或其他救濟程序經撤銷而須另為裁處者，第一項期間自原裁處被撤銷確定之日起算。

貳 時效停止

裁處權時效，因天災、事變或依法律規定不能開始或進行裁處時，停止其進行。前項時效停止，自停止原因消滅之翌日起，與停止前已經過之期間一併計算。

第八節　管轄機關

壹 主管機關

一、違反行政法上義務之行為，由行為地、結果地、行為人之住所、居所或營業所、事務所或公務所所在地之主管機關管轄。

二、在中華民國領域外之中華民國船艦或航空器內違反行政法上義務者，得由船艦本籍地、航空器出發地或行為後在中華民國領域內最初停泊地或降落地之主管機關管轄。

三、在中華民國領域外之外國船艦或航空器於依法得由中華民國行使管轄權之區域內違反行政法上義務者，得由行為後其船艦或航空器在中華民國領域內最初停泊地或降落地之主管機關管轄。

貳 複數管轄

故意共同實施違反行政法上義務之行為，其行為地、行為人之住所、居所或營業所、事務所或公務所所在地不在同一管轄區內者，各該行為地、住所、居所或所在地之主管機關均有管轄權。

參 管轄競合之處理方式

一、一行為違反同一行政法上義務，數機關均有管轄權者，由處理在先之機關管轄。不能分別處理之先後者，由各該機關協議定之；不能協議或有統一管轄之必要者，由其共同上級機關指定之。

二、一行為違反數個行政法上義務而應處罰鍰，數機關均有管轄權者，由法定罰鍰額最高之主管機關管轄。法定罰鍰額相同者，依前項規定定其管轄。

三、一行為違反數個行政法上義務，應受沒入或其他種類行政罰者，由各該主管機關分別裁處。但其處罰種類相同者，如從一重處罰已足以達成行政目的者，不得重複裁處。

四、第一項及第二項情形，原有管轄權之其他機關於必要之情形時，應為必要之職務行為，並將有關資料移送為裁處之機關；為裁處之機關應於調查終結前，通知原有管轄權之其他機關。

第九節　行政秩序罰之裁處程序

依行政罰法第 8 章之規定，裁處程序如下：

壹 執法人員出示證明及告知違反之法規

行政機關執行職務之人員，應向行為人出示有關執行職務之證明文件或顯示足資辨別之標誌，並告知其所違反之法規。

貳 對現行違法者之處置

行政機關對現行違反行政法上義務之行為人，得為下列之處置：

一、即時制止其行為。

二、製作書面紀錄。

三、為保全證據之措施，遇有抗拒保全證據之行為且情況急迫者，得使用強制力排除其抗拒。

四、確認其身分。其拒絕或規避身分之查證，經勸導無效，致確實無法辨認其身分且情況急迫者，得令其隨同到指定處所查證身分；其不隨同到指定處所接受身分查證者，得會同警察人員強制為之。

前項強制，不得逾越保全證據或確認身分目的之必要程度。

參 對物之扣留及強制

一、得沒入或可為證據之物，得扣留之。前述可為證據之物之扣留範圍及期間，以供檢查、檢驗、鑑定或其他為保全證據之目的所必要者為限。

二、對於應扣留物之所有人、持有人或保管人，得要求其提出或交付；無正當理由拒絕提出、交付或抗拒扣留者，得用強制力扣留之。

三、扣留，應作成紀錄，記載實施之時間、處所、扣留物之名目或其他必要之事項，並由在場之人簽名、蓋章或按指印；其拒絕簽名、蓋章或按指印者，應記明其事由。

四、扣留物之所有人、持有人或保管人在場或請求時，應製作收據，記載扣留物之名目，交付之。

五、扣留物，應加封緘或其他標識，並為適當之處置；其不便搬運或保管者，得命人看守或交由所有人或其他適當之人保管。得沒入之物，有毀損之虞易生危險之扣留物，得毀棄之。

肆 裁處前給予陳述意見之機會及其例外

行政機關於裁處前，應給予受處罰者陳述意見之機會。但有下列情形之一者，不在此限：

一、已依行政程序法第 39 條規定，通知受處罰者陳述意見。

二、已依職權或依第 43 條規定，舉行聽證。

三、大量作成同種類之裁處。

四、情況急迫，如給予陳述意見之機會，顯然違背公益。

五、受法定期間之限制，如給予陳述意見之機會，顯然不能遵行。

六、裁處所根據之事實，客觀上明白足以確認。

七、法律有特別規定。

伍 裁處前應依申請舉行聽證及其例外

行政機關為第 2 條第 1 款及第 2 款（限制或禁止行為之處分及剝奪或消滅資格、權利之處分）之裁處前，應依受處罰者之申請，舉行聽證。但有下列情形之一者，不在此限：

一、有前條但書各款情形之一。

二、影響自由或權利之內容及程度顯屬輕微。

三、經依行政程序法第 104 條規定，通知受處罰者陳述意見，而未於期限內陳述意見。

陸 作成裁處書及送達

行政機關裁處行政罰時，應作成裁處書，並為送達。

第十四章
行政執行法

第一節　行政執行之概念

壹 行政執行之意義

行政執行，即行政上強制執行，是指行政機關以自己的強制方法，對不履行行政上義務的相對人，強迫其履行，使其實現與已履行義務同一狀態之行政權作用。依行政執行法第 2 條之規定，其強制方法，包括公法上金錢給付義務、行為或不行為義務之強制執行，以及即時強制。

貳 行政執行之特質

一、行政執行係以執行相對人因行政處分所負擔之義務為原則。

二、行政執行係行政機關以行政法關係當事人一方之資格自行採取強制措施，以貫徹行政目的。

三、行政執行除強制相對人（即義務人）履行其義務外，亦包括以其他方法產生與履行義務同一事實狀態在內。

參 行政執行之種類

一、本於法令之行政處分、法院裁定或契約之強制

即依已存在之行政處分、法院之裁定或契約應履行義務。此種情形又可分為二種類型：

㈠公法上金錢給付義務之強制執行　例如罰鍰處分之執行。

㈡行為或不行為義務之強制執行　例如拆除違建處分之執行。

二、直接依法令規定之強制

即尚無履行義務之行政處分、法院之裁定或契約存在。

㈠即時強制　大多係於情況急迫或不必以行政處分為前提。

㈡直接執行　義務人不在場，於狀況急迫時之直接執行措施。

從上所述，茲以簡表表示如下：

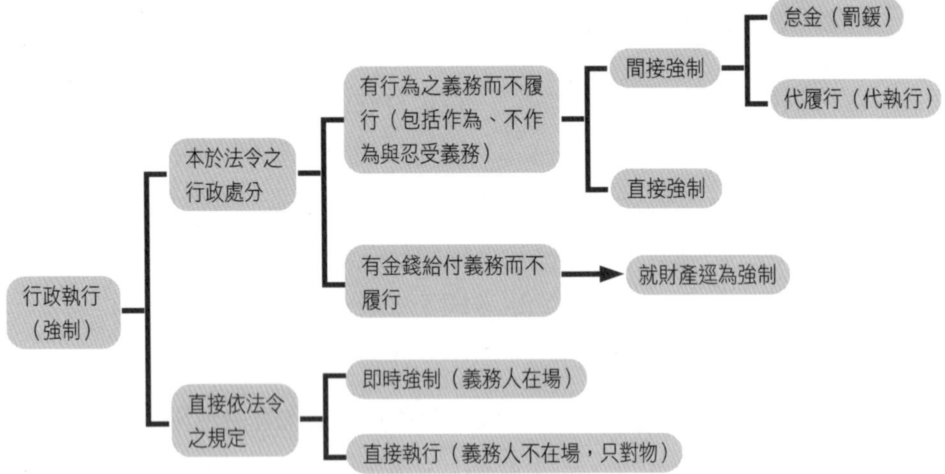

肆 行政執行之開始

行政執行之開始，係指執行機關依執行名義（行政處分或法院之裁定）或對其他依法令負有義務者，開始進行執行程序。行政執行採職權進行主義，行為或不行為義務之執行，應由執行機關依職權發動，而公法上金錢給付義務之執行，則由專設之各行政執行處為執行機關，各行政執行處亦須俟原處分機關或其他權責機關移送後，始得為之。該移送執行除不合法定要件，經執行機關不予受理外，應認為執行開始。

伍 行政執行之終止

行政執行之目的在於強制義務人履行義務，如義務人已全部履行義務，或其應履行之義務經執行完畢，或行政處分、裁定因全部、一部撤銷、變更致其義務全部、一部消滅、變更，或其義務經證明為執行不可能者，例如義務人死亡、執行標的物已滅失者，因行政目的已達成或已無執行的原因，自無繼續執行之必要。

第二節　本於行政處分之行為或不行為義務不履行之強制

壹 強制之前提

以行政強制手段貫徹公法上之義務，除有急迫之情形，得直接依據法令外，應以行政處分作為過渡（以法院裁定或行政契約情形較少），以之將義務人之義務內容，予以具體的確定，再據以執行，方不致影響人民之權益過鉅。

貳 執行程序

一、告　戒

須先踐行以書面為告戒程序，即以處分書或另以書面限定相當期間履行。不依限履行時將予強制執行。

二、強制方法之確定

告戒後，義務人如未依限履行其義務時，所為決定施以強制方法之表示。

三、強制方法之實施

執行機關依所確定之強制方法，實施強制執行措施。

參 執行方法

執行方法分間接強制與直接強制兩種：

一、間接強制

係指行政機關非以直接強制之方式，而以「代履行」和「怠金」等間接之方式，以迫使義務人履行其行政法上之義務。其方法有二，如下：

㈠怠　金

1. 怠金是對於依法令或行政處分，負有不可代替之行為義務而不為，或負有不行為義務而為之者，科以金錢之負擔，強迫義務人履行法定義務，又稱為「強制金」。此外，又以義務人所違反的是不可替代之義務，或不作為義務，故此種強制金又稱為「執行罰」。

2. 依現行行政執行法之規定，負有行為義務而不為，其行為不能由他人代為履行者，依其情節輕重處新臺幣五千元以上三十萬元以下怠金。依法令或本於法令之行政處分，負有不行為義務而為之者，亦同（本法第30條）。

3. 此外，處以怠金仍不履行義務者，得連續處以怠金。連續處以怠金前，原則上仍應以書面限期履行。

4. 怠金與罰鍰之區別：怠金和罰鍰雖然都是國家對違反行政義務者所為之制裁，但二者本質上仍有不同。前者性質上係對違反行政法上不行為義務或不可代替的行為義務者處以一定數額的金錢，使其心理上發生強制作用，間接督促其自動履行的強制執行手段，其目的在於促使人民未來履行其義務，本質上並非處罰，故無「一事不二罰」原則之適用；後者則係針對義務人過去違反其行政法上的義務所為的處罰，而有「一事不二罰」

原則之適用。

㈡代履行

1. 代履行之要件

⑴負有行為義務而不為，其行為能由他人代為履行者，執行機關得委託第三人或指定人員代履行之。例如義務人不履行拆除違建之義務時之代履行是。又代履行之費用，由執行機關估計其數額，命義務人繳納；其繳納數額與實支不一致時，退還其餘額或追繳其差額。

⑵代履行以義務由第三人代為履行，再由義務人負擔費用為特徵，而在行政機關為代履行前，應先「告戒」義務人應履行之義務，以促使其履行；及至採取代履行之行動前，須再發一次書面「通知」。此為典型的要式行為。

2. 代履行與直接強制之區別：代履行與直接強制，雖同為行為或不行為義務之執行方法，但二者意義不同。前者是由第三人代義務人履行其可代替之行為義務，並非代替行政機關對義務人為執行；後者則是由行政機關運用公權力，以實力（公權力）直接實現與履行義務同一內容狀態之方法。

代履行費用，同樣為公法上金錢給付義務之一種，義務人逾期未繳納者，移送法務部行政執行署所屬行政執行處執行之。代履行費用現已改採預繳制，使執行機關得於事前判斷，以代履行達成執行目的之可能性，而於義務人事前無力繳納或拒絕繳納時，得斟酌情況轉換執行方法，依本法第 32 條規定實施直接強制，以便迅速達成執行目的。

舉例說明之，搭建違章建築者，經主管機關通知限期自行拆除並預為告戒，義務人逾期仍不履行時，此項義務係屬可代替之行為義務，如執行機關委託第三人拆除則屬代履行，僱工拆除費用則應向義務人徵收。如執行機關命其所屬拆除隊執行則為直接強制，不生繳納費用之問題；惟建築法等其他相關法規有特別規定者，自應依該規定辦理。

二、直接強制

直接強制，係直接以實力加諸義務人之身體或財物，迫使義務人履行其行政法上之義務。其實施前提及強制方法如下：

㈠實施前提 間接強制優先於直接強制原則。按直接強制方法係行政機關以實力直接強制義務人實現與履行義務同一內容狀態的最後手段，為充分保障義務人之權益，行為或不行為義務之執行，原則上須經間接強制不能達成執行目的，或因情況急迫，如不及時執行，顯難達成執行目的時，執行機關始得依直接強制方法執行之。但執行時須特別注意比例原則，選擇對義務人損害最少之方法為之。

㈡直接強制方法

1. 扣留、收取交付、解除占有、處置、使用或限制使用動產、不動產。
2. 進入、封閉、拆除住宅、建築物或其他處所。
3. 收繳、註銷證照。
4. 斷絕營業所必須之自來水、電力或其他能源。
5. 其他以實力直接實現與履行義務同一內容狀態之方法。

第三節　公法上金錢給付義務不履行之強制

壹 執行要件

一、義務人負有公法上金錢給付之義務

此項義務來自：

㈠依法令。

㈡或本於法令之行政處分。

㈢或法院之裁定。

㈣法院依法律就公法上義務所為之假扣押、假處分之裁定經主管機關移送者。

二、須義務人之給付義務已屆履行期間

其逾期情形包括：

㈠其處分文書或裁定書定有履行期間或有法定履行期間者。

㈡其處分文書或裁定書未定履行期間，經以書面限期催告履行者。

㈢依法令負有義務，經以書面通知限期履行者。

三、須經限期催告後，義務人逾期不履行

公法上金錢給付義務事件在移送執行機關前，除法令另有規定或以執行憑證移送執行外，主管機關應對義務人「儘量催繳」，並允許義務人視其能力決定繳納方式。

四、須經主管機關移送

須經主管機關移送至執行機關。

貳 執行機關

公法上金錢給付義務之執行事件，由法務部行政執行署及其所屬行政執行處之行政執行官辦理之，不受非法或不當之干涉。

參 執行方法與程序

一、通知義務人到場或報告財產狀況。

二、查封、拍賣、變賣、強制管理、參與分配

㈠**查　封**　亦稱扣押，乃為保全金錢給付義務得以實施，而限制義務人對於執行標的物為處分之執行行為。查封之財產須為義務人所有且非禁止查封之物。

㈡拍　賣　係指將查封之動產與不動產，以公開競爭之方式售賣，以拍定之價金清償義務人之金錢給付。

㈢變　賣　僅適用於動產，係指查封之物因特別原因，例如易腐蝕性或保管困難，不經拍賣程序，而以相當之價格賣出之執行方法。

㈣強制管理　是指執行機關對於已查封之不動產，選任管理人實施管理，以其所得收益，清償金錢給付義務之執行行為。

㈤參與分配　指債權公平分配原則，即指行政執行處實施強制執行義務人之財產，其所得之金額，相關債權人亦得聲請平均受償之謂。

三、提供擔保、限制住居

義務人有下列情形之一者，得命其提供相當擔保，限期履行，並得限制其住居：

㈠顯有履行義務之可能，故不履行者。

㈡顯有逃匿之虞。

㈢就應供強制執行之財產有隱匿或處分之情事者。

㈣於調查執行標的物時，對於執行人員拒絕陳述者。

㈤經命其報告財產狀況，不為報告或為虛偽之報告者。

㈥經合法通知，無正當理由而不到場者。

四、拘提、管收

㈠拘提、管收之意義　拘提、管收係以拘束人身自由之手段所形成之壓力，藉以達成執行之目的，為實現金錢給付義務之間接強制方法。

1. 拘提是指強制義務人到場訊問之處分。

2. 管收是指對義務人或有為義務人清償金錢給付義務之人的身體自由，予以拘束之強制處分。

㈡拘提、管收之原因　義務人經行政執行處命其限期履行，卻逾期不履行，亦不提供擔保者，行政執行處得聲請該管地方法院裁定拘提管收之。

㈢拘提、管收之對象　拘提管收之對象除義務人本人外，下列情形之人亦適用之：

1. 義務人為未成年人或禁治產人者，其法定代理人。
2. 商號之經理人或清算人；合夥之執行業務合夥人。
3. 非法人團體之代表人或管理人。
4. 公司或其他法人之負責人。
5. 義務人死亡者，其繼承人、遺產管理人或遺囑執行人。

㈣管收期限　管收期限不得逾三個月。有管收新原因發生或停止管收原因消滅時，對於義務人仍得聲請該管地方法院裁定再行管收。但以一次為限。

㈤管收之禁止或停止　義務人或其他依法得管收之人有下列情形之一者，不得管收；其情形發生於管收後者，行政執行處應以書面通知管收所停止管收：

1. 因管收而其一家生計有難以維持之虞者。
2. 懷胎五月以上或生產後二月未滿者。
3. 現罹疾病，恐因管收而不能治療者。

㈥被拘提或管收之人的釋放　有下列情形之一者，行政執行處應即以書面通知管收所釋放被管收人：

1. 義務已全部履行或執行完畢者。
2. 行政處分或裁定經撤銷或變更確定致不得繼續執行者。
3. 管收期限屆滿者。
4. 義務人就義務之履行已提供確實之擔保者。

第四節　即時強制

壹 即時強制之意義

行政機關為阻止犯罪、危害之發生或避免急迫危險，而有即時處置之必要時，得為即時強制。即時強制不以義務存在為前提要件，而與上述其他強制不同。此外，即時強制通常由警察人員為之，故又稱為警察即時強制。此外，又以其為緊急處置措施，事前不必經告戒程序，皆屬其特徵。例如消防人員為救人，得拆除圍牆或鋸開鐵門。

貳 即時強制發動之要件

一、須為阻止犯罪、危害之發生或避免急迫危險。

二、須有即時處置之必要性。

三、須於法定職權範圍內為之。

參 即時強制之方法

一、對於人之管束。

二、對於物之扣留、使用、處置或限制其使用。

三、對於住宅、建築物或其他處所之進入。

四、其他依法定職權所為之必要處置。

茲分別略述如下：

一、對於人之管束

對於人之管束，以合於下列情形之一者為限：

㈠瘋狂或酗酒泥醉，非管束不能救護其生命、身體之危險，及預防他人生命、身體之危險者。

㈡意圖自殺，非管束不能救護其生命者。

㈢暴行或鬥毆，非管束不能預防其傷害者。

㈣其他認為必須救護或有害公共安全之虞，非管束不能救護或不能預防危害者。對人之管束，不得逾二十四小時。

二、對於物之扣留

軍器、凶器及其他危險物，為預防危害之必要，得扣留之。扣留之物，除依法應沒收、沒入、毀棄或應變價發還者外，其扣留期間不得逾三十日。但扣留之原因未消失時，得延長之，延長期間不得逾兩個月。扣留之物無繼續扣留必要者，應即發還；於一年內無人領取或無法發還者，其所有權歸屬國庫；其應變價發還者亦同。

三、對於物之扣留使用、處置或限制其使用

遇有天災、事變或交通上、衛生上或公共安全上有危害情形，非使用或處置其土地、住宅、建築物、物品或限制其使用，不能達防護之目的時，得使用、處置或限制其使用。

四、對於住宅、建築物或其他處所之進入

以人民之生命、身體、財產有迫切之危害，非進入不能救護者為限。

五、其　他

其他依法定職權所為之必要處置。

第五節　行政執行之救濟

壹 聲明異議

所謂異議，是指不服行政行為，向原行為之機關請求為適正之表示。義務人或利害關係人對執行命令、執行方法、應遵守之程序或其他侵害利

益之情事，得於執行程序終結前，向執行機關聲明異議。前項聲明異議，執行機關認其有理由者，應即停止執行，並撤銷或更正已為之執行行為；認其無理由者，應於十日內加具意見，送直接上級主管機關於三十日內決定之。行政執行，除法律另有規定外，不因聲明異議而停止執行。但執行機關因必要情形，得依職權或申請停止之。

貳 損失補償

一、人民因執行機關依法實施即時強制，致其生命、身體或財產遭受特別損失時，得請求補償。但因可歸責於該人民事由者，不在此限。

二、前項損失補償，應以金錢為之，並以補償實際所受之特別損失為限。

三、對於執行機關所為損失補償之決定不服者，得依法提起訴願及行政訴訟。

四、損失補償，應於知有損失後，二年內向執行機關請求之。但自損失發生後，經過五年者，不得為之。

第十五章
訴　願

第一節　行政救濟之基本概念

壹 行政救濟之意義

行政救濟又稱「行政爭訟」，包括訴願及行政訴訟兩種程序。乃指一般人民因行政機關的違法不當行為，致其權利或利益受有損害時，依法請求國家予以救濟的方法或制度。

行政爭訟程序流程圖如下：

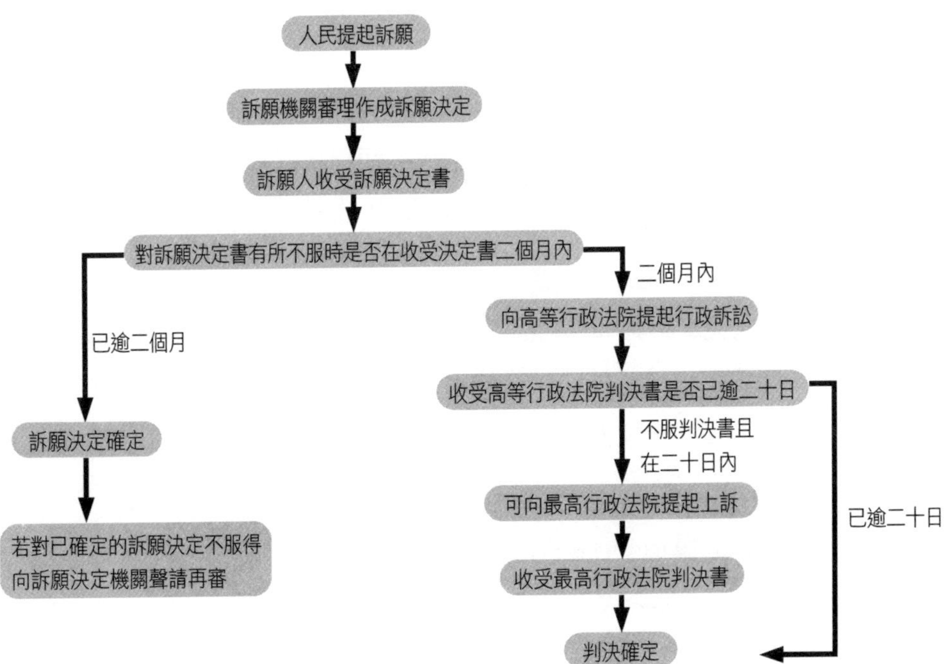

貳 行政救濟之方法

在我國現行法制下，行政院救濟之方法有正式及非正式途徑，非正式制度包括請願、陳情，正式制度除前述之行政爭訟外，尚有國家補償制度，包括國家賠償、損失補償等，茲圖示如下：

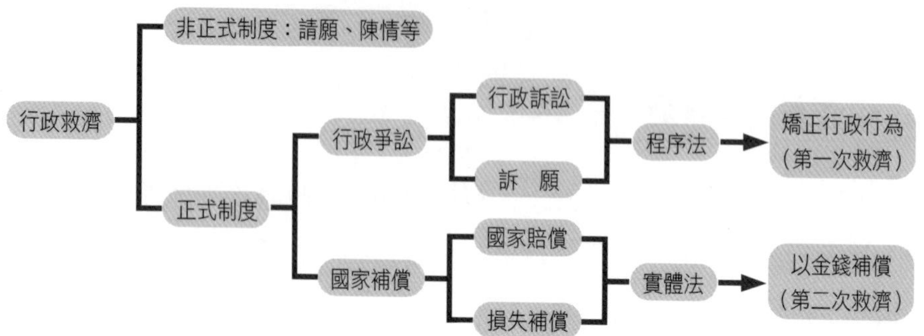

參 行政救濟之功能

一、保障人民權益

人民冀望其所受損害得以回復、補償，使違法之行政處分被撤銷或變更。行政救濟對於人民權益之保障，具有直接效用。

二、加強監督與矯正措施

授予被害人民申訴與舉發的權利，然後由有權機關對有關的爭議案件，加以審查與覆審，以確定違法不當的情事，並予以適當的矯正，足以增進行政措施的合法性與合理性，進而維護政府威信。

三、促進行政司法化

其所採程序及處理案件的方法與態度，均著重於吸收司法的精神，使行政爭訟獲得客觀公正、合法合理的裁決，故此種制度的實施，有助於促進行政司法化的發展。

四、提高行政效率

行政權作用對效率的要求極為重視，因而對行政爭訟的解決，部分管轄權歸屬行政機關，適用簡易程序審理，使爭訟問題迅速獲得解決，對雙方當事人均屬有利。

第二節　訴願之概念

壹 訴願之意義

訴願係人民因中央或地方機關，違法或不當之處分，致其權利或利益受損害時，請求該機關或其上級機關審查該處分是否合法、適當，並為決定之救濟制度。可分廣狹二義，一般皆取狹義之概念。

一、廣義之訴願

亦稱為「任意訴願」，即人民因行政機關違法或不當之行政處分，致其權利或利益受到損害時，依訴願法向原處分機關或該機關之上級機關請求救濟之措施，如申訴、申請復查、聲明異議、復核等訴願之行政程序均包括在內。

二、狹義之訴願

㈠亦稱「正式訴願」，即人民因行政機關違法或不當之行政處分，使其權利或利益受到損害時，依訴願法向原處分機關或該機關之上級機關請求審查該處分，以訴願決定予以救濟之方法。

㈡受理訴願機關負有受理及審查之義務。經審查後，若認為原處分確屬違法或不當時，應將原處分撤銷或變更，原處分機關亦有遵守之義務。

貳 訴願先行程序

一、意　義

訴願先行程序，乃人民對於行政機關之行政處分表示不服，基於法律規定，於提起訴願前，須依法定程序先向原處分機關表示不服，使行政機關有機會自我審查原行政處分是否違法或不當之稱。

二、名　稱

名稱頗不一致，約有如下：

㈠異議（商標法）。

㈡聲明異議（海關緝私條例）。

㈢申復（集會遊行法）。

㈣申請復查（稅捐稽徵法）。

㈤申請復核（藥事法）。

三、功　能

給行政機關一個自省的機會，減少上級機關負荷，以簡易快速的程序及增進行政功能為目標。

參 訴願前置主義

一、意　義

㈠訴願前置主義，係指提起行政訴訟之前，必須經由訴願之程序。

㈡由於採取訴願前置之故，行政法院行使者乃「後續管轄權」，與民、刑事法院之「原始管轄權」不同。

二、功　能

此種制度旨在給予行政機關內部自省救濟，併減輕行政法院之負擔。

肆 訴願之功能

一、維護人民權益免於受公權力侵害

透過訴願決定撤銷違法不當之行政處分，藉以確保人民權益。

二、確保行政合法行使

藉由訴願程序審查被訴行政處分之合法性，因而維持相關法規尊嚴，實現依法行政原則。

三、行政妥當性之確保

訴願程序除可就系爭行政處分為合法性審查外，尚可就其妥當性加以審查。

四、統一行政步調、作法或措施

不論訴願管轄機關係原處分或上級機關，均可藉由訴願案件之審議，而瞭解行政措施是否前後一致，違反法安定性或平等原則之處，以訴願決定促使行政措施齊一標準或步調。

五、減輕行政法院之負擔

若允許直接訴訟，則行政法院之案件必大增，負擔自然相對加重。

伍 特殊訴願程序

一、公務員復審程序

㈠公務人員保障法規定，公務人員對於服務機關或人事主管機關所為之行政處分，認為違法或顯然不當，致損害其權利或利益者，得提起復審，由原處分機關轉送公務人員保障暨培訓委員會審理。

㈡惟提起復審之理由，須足以改變公務人員身分，對於公務人員權利有重大影響，或基於公務人員身分所生之公法上財產請求權遭受侵害等。

例如俸級、任用之審查或免職、停職處分。

㈢公務員復審程序等同於訴願程序。不服復審結果，可提起行政訴訟。

二、教師申訴程序

㈠教師法第 16 條第 5 款規定：對「主管教育行政機關或學校有關其個人之措施，認為違法或不當致損害其權益者，得依法提出申訴。」

㈡教師若對各校措施認為其有違法或不當，須先向所屬學校教師申訴評議委員會提起申訴，對其決定再有不服，則可向教育部提出再申訴。若對再申訴結果不滿意，以原決定違法者為限，則可向行政法院提起行政訴訟。

三、學生申訴程序

依大法官會議釋字第 382 號解釋：「各級學校依有關學籍規則或懲處規定，對學生所為退學或類此之處分行為，足以改變其學生身分並損及其受教育之機會，自屬對人民憲法上受教育之權利有重大影響，此種處分行為應為訴願法及行政訴訟法上之行政處分。受處分之學生於用盡校內申訴途徑，未獲救濟者，自得依法提起訴願及行政訴訟。」為此教育部訓令各級學校訂定「處理學生申訴案件實施要點」，以資學生得以提起申訴。此種申訴，相當於訴願先行程序。

四、會計師懲戒覆審程序

大法官會議釋字第 295 號認為：「財政部會計師懲戒覆審委員會對會計師所為懲戒處分之覆審決議，實質上相當於最終之訴願決定，不得再對之提起訴願、再訴願。被懲戒人如因該項決議違法，認為損害其權利者，應許其逕行提起行政訴訟，以符憲法保障人民訴訟權之意旨。」是以，財政部會計師懲戒覆審委員會對會計師所為懲戒處分之覆審，相當於最後一次訴願。

五、不服經聽證作成行政處分之救濟

㈠行政程序法第 109 條規定：「不服依前條作成之行政處分者，其行政救濟程序，免除訴願及其先行程序。」

㈡鑑於對經聽證作成之行政處分不服者，倘若仍率由舊章，必須踐行訴願或訴願先行程序，始得提起行政訴訟，則不符程序經濟及提高行政效能之目的，故行政程序法之行政處分聽證程序相當於訴願。

第三節 訴願之類型

壹 撤銷訴願

㈠撤銷訴願，係指訴願法第 1 條第 1 項規定，人民對於中央或地方機關之行政處分，認為違法或不當，致損害其權利或利益者，得依本法提起訴願。

㈡此種類型主要作用在於除去違法或不當行政處分，但無法積極請求行政機關為一定之處分。

貳 課予義務訴願

㈠課予義務訴願，又稱給付訴願，係訴願法第 2 條，准許人民對行政機關消極不作為，即拒絕處分，提起撤銷訴願，由訴願機關或行政法院撤銷違法之拒絕處分，命原處分機關另為適法之處分，並於決定或裁判理由中，就行政機關應否為一定處分作必要之說明或諭示，藉以達行政救濟之目的。

㈡又可依行政機關是否曾作成駁回處分，而將課予義務訴願分成：

1. 駁回處分之訴願（拒絕處分之訴願、拒絕申請之訴願）。

2. 怠為處分之訴願。

第四節　訴願之提起

壹 訴願之主體

一、人　民

所謂人民包括本國人及外國人，除自然人之外，法人或非法人團體均得提起訴願。

二、公法人

地方自治團體直轄市、縣、市、鄉、鎮或縣轄市、農田水利會均為公法人。此外，行政法人國立中正文化中心亦為公法人。

三、行政機關

實務上向來承認行政機關立於與私法人同一地位受處分而遭受侵害時之訴願主體資格。

貳 訴願之客體

一、須為違法或不當之行政處分或違反作為義務之消極行為

㈠訴願之客體為行政處分，提起訴願必須主張行政處分違法或不當，至於是否確屬違法或不當乃實體上應予審查之事項。

㈡除對積極作為之行政處分有所不服，得提起訴願外，訴願之客體尚包括消極之不作為。亦即拒絕處分，所謂拒絕，是指行政機關否定的決定。例如某人申請許可或申請免除某項義務而遭拒絕。

二、須損害相對人或第三人之權利或利益

行政處分之相對人或有利害關係之第三人，提起訴願時，須主張其權

利或利益受損害。若行政處分或消極的不作為雖屬違法或不當，但與訴願人本身之權益無關者，即欠缺訴願之權利保護要件，不得提起訴願。

參 受理訴願之機關

訴願須向有管轄權之機關提起。關於訴願管轄之規定，本有簡單原則可循，即向原處分機關之事務管轄直接上級機關訴願，如原處分機關為國家最高機關時，則以原處分機關為受理訴願機關。

肆 訴願之程式

一、須於法定期間內提起

行政處分之相對人應自處分達到或公告期滿之次日起三十日內提起訴願，若有利害關係之第三人提起訴願者，前項期間自知悉時起算。但自行政處分達到或公告期滿後，已逾三年者，不得提起。

二、須依一定程式提出

提起訴願，應依法定之訴願書程式為之。

第五節　訴願管轄機關

壹 基本管轄

	原處分機關	訴願管轄機關
1.	鄉鎮市公所	縣市政府
2.	縣市政府所屬機關	縣市政府
3.	縣市政府	中央主管部、會、行、處、局、署
4.	直轄市政府所屬機關	直轄市政府
5.	直轄市政府	中央主管部、會、行、處、局、署
6.	中央各部、會、行、處、局、署所屬機關	中央各部、會、行、處、局、署
7.	中央各部、會、行、處、局、署	中央主管院
8.	中央各院	原院

貳 比照管轄等級

人民對於前述以外機關之行政處分提起訴願時，應按其管轄等級，比照前述之規定為之。

參 共同處分之管轄

對於二以上不同隸屬或不同層級之機關共為之行政處分，應向其共同之上級機關提起訴願。其情形有三：

一、有共同直接上級機關者

例如國際貿易局和標準檢驗局之直接上級機關為經濟部。

二、不同隸屬或不同層級之機關

例如臺北市政府與臺北縣政府共為之處分，應向有事務管轄之部、會、局、署提起訴願。

三、二以上機關先後參與

例如多階段行政處分，原則上以實施行政處分時之名義為準，但上級交由下級執行者，以該上級機關為原處分機關。

肆 委託管轄

無隸屬關係之機關辦理受託事件，所為之行政處分，視為委託機關之行政處分，其訴願向原委託機關或其直接上級機關提起。

伍 委任管轄

有隸屬關係之下級機關依法辦理上級機關委任事件所為之行政處分，為受委任機關之行政處分，其訴願之管轄，比照前述基本管轄之規定，向受委任機關或其直接上級機關提起訴願。

陸 委辦管轄

直轄市政府、縣（市）、政府或其所屬機關及鄉（鎮、市公所）依法辦理上級政府或其所屬機關委辦事件，所為之行政處分，為受委辦機關之行政處分，其訴願之管轄，比照前述基本管轄之規定，向受委辦機關之直接上級機關提起訴願。

柒 委託行使公權力

依法受中央或地方機關委託行使公權力之團體或個人，以其團體或個人名義所為之行政處分，其訴願之管轄，向原委託機關提起訴願。

第六節　訴願審理程序

壹 原處分機關之答辯

一、原處分行政機關對於訴願應先行重新審查原處分是否合法妥當，其訴願為有理由者，得自行撤銷或變更原行政處分，並陳報訴願管轄機關。

二、原行政處分機關不依訴願人之請求撤銷或變更原行政處分者，應儘速附具答辯書，並將必要之關係文件，送於訴願管轄機關。

貳 書面審查原則

訴願法第 63 條第 1 項規定：「訴願就書面審查決定之。」受理訴願機關，原則上應就行政處分機關依訴願法第 58 條第 3 項送案之訴願書、關係文件及答辯書等審查決定。

參 得通知訴願人等陳述意見

訴願法第 64 條：「訴願審議委員會主任委員得指定委員聽取訴願人、參加人或利害關係人到場之陳述。」第 63 條第 2 項：「受理訴願機關必要時得通知訴願人、參加人或利害關係人到達指定處所陳述意見。」第 3 項：「訴願人或參加人請求陳述意見而有正當理由者，應予到達指定處所陳述意見之機會。」

肆 得依職權行言詞辯論

訴願審議委員會認為有必要時，得依職權行言詞辯論。

第七節　訴願決定

壹 訴願決定之時間

訴願之決定，自收受訴願書之次日起，應於三個月內為之，必要時，得予延長，並通知訴願人及參加人。延長以一次為限，最長不得逾二個月。

貳 訴願決定之種類

一、駁　回

㈠程序上不合法之駁回。

㈡實體上無理由之駁回。

二、撤銷原處分

訴願有理由，決定撤銷原行政處分之全部或一部。

三、變更原處分

訴願有理由，訴願機關得逕為變更之決定，即所謂「自為決定」。

四、命為一定處分

對拒絕處分提起之訴願認為有理由者，應指定相當期間，命應作為之機關速為一定之處分。

五、情況決定

受理訴願機關發現原行政處分雖屬違法或不當，但其撤銷或變更於公益有重大損害，經斟酌訴願人所受損害、賠償程度、防止方法及其他一切情事，認原行政處分之撤銷或變更顯與公益相違背時，得駁回其訴願。但此種情形，訴願決定應於決定主文中載明原行政處分違法或不當。亦即，違法的狀態，因維持公益的關係，而須予以容忍。

參 訴願決定之效力

一、確定力

訴願一經確定，就同一事件不得再提起訴願或行政訴訟，是為「一事不再理原則」。

二、拘束力

訴願之決定確定後，就其事件，有拘束各關係機關之效力；就其依第10條提起訴願之事件，對於受委託行使公權力之團體或個人，亦有拘束力。

三、執行力

訴願決定維持原行政處分者，並無訴願決定本身之執行力問題。受理訴願機關撤銷原行政處分，並自為決定時，始有訴願決定執行力之問題。惟依訴願法第 81 條，不得為更不利之變更決定。

第十六章
行政訴訟

第一節　行政訴訟之概念

壹 行政訴訟之意義

一、行政訴訟係指人民因行政機關的處分，而向行政法院提起訴訟，請求救濟的訴訟行為。

二、行政訴訟法除於第 2 條明文規定：「公法上之爭議，除法律別有規定外，得依本法提起行政訴訟。」同法第 3 條並規定：「前條所稱之行政訴訟，指撤銷訴訟、確認訴訟及給付訴訟。」再者，行政訴訟法第 5 條所規定之課予義務訴訟，就內容而言，亦屬給付訴訟。

貳 行政訴訟與訴願之區別

一、相同點

皆屬憲法所賦予人民之基本權利，人民得主張該權利，作為對瑕疵行政處分救濟之方法。

二、相異點

㈠審理機關不同　訴願由原處分機關之上級機關，或該機關本身審理，行政訴訟則由行政法院審理。

㈡作用性質不同　訴願屬行政權作用；行政訴訟則屬於司法權作用。

㈢爭訟原因不同　訴願係因行政處分違法或不當，致損害人民之權益；行政訴訟除撤銷訴訟限於行政處分違法外，其他訴訟則必然以行政處分為限。

㈣法定期間限制不同　訴願除法令有特別規定外，自行政處分書到達之次日起三十日內為之；行政訴訟則自訴願決定書到達之次日起兩個月內為之。

㈤審級多寡不同　訴願僅有一級；行政訴訟則採二審二級。

㈥審理範圍不同　訴願之審理範圍主要為行政處分之違法或不當，不得請求損害賠償；行政訴訟則為行政處分之違法及其他公法爭議，並得附帶請求損害賠償。

第二節　行政訴訟裁判權

壹 行政訴訟裁判制度

我國係採司法二元化制度，基於公法與私法之區分，就行政事件所生之公法上爭議，承認其異於民、刑事件之處理法則，並交由特設機關，即行政法院處理為原則。此有別於英美法系之國家及日本，實施司法一元化，凡屬爭訟事件，不論私法抑公法性質，悉由普通法院審理。

貳 行政訴訟裁判權之範圍

我國行政法院係以掌理行政事件之公法上爭訟為原則，但也有例外。即依據法律特別規定，以下行政事件爭訟之審判權，被劃歸由普通法院管轄：

一、公職人員選舉罷免訴訟。

二、違反道路交通管理處罰條例事件。

三、違反社會秩序維護法事件涉及人身自由之處罰（拘留）。

四、國家賠償事件。

五、冤獄賠償事件。

第三節　行政訴訟之審級

壹 行政訴訟審級之意義

依我國法制，行政訴訟由行政法院審理，係二級二審體制。依行政訴訟之程序或種類，由不同之審判機關採不同之審理等級，其情形如下：

一、如為「訴願前置程序」之一般行政訴訟案件，即過去多年所採行的提起撤銷之訴，訴願人對於訴願之決定不服，向高等行政法院提起行政訴訟，當事人可獲二級二審之救濟，由高等行政法院與最高行政法院先後審理行政訴訟。

二、如為請求應為行政處分之訴訟，由於必須經過訴願程序，故仍採行一級一審制，向高等行政法院提出。

三、如為確認之訴，以高等行政法院為第一審之初級法院，最高行政法院為第二審之上級法院。亦即採二級二審制。

四、公法財產的給付之訴，採二級二審制。

五、民眾公益之訴訟（民眾訴訟），亦採二級二審制。

貳 二級二審制

一、高等行政法院

是行政訴訟之初審法院，其管轄事項如下：

(一)不服訴願決定，或法律規定視同訴願決定，提起之訴訟事件。

(二)其他依法律規定，由高等行政法院管轄之事件。前者乃適用「訴願前置程序」之訴訟，例如撤銷之訴。後者例如確認之訴、公法財產給付之訴等是。

二、最高行政法院

是行政訴訟之終審法院，其管轄事項如下：

㈠不服高等行政法院裁判而上訴或抗告之事件。

㈡其他依法律規定由最高行政法院管轄之事件。例如對於行政機關請求應為行政處分之訴訟，既須經訴願程序，故僅由最高行政法院審理。

第四節　行政訴訟之種類

壹 撤銷之訴

一、須有行政處分存在。

二、原告須主張行政處分違法並損害其權利或法律上利益。

三、須經訴願程序而未獲救濟。

四、須於法定期間內提起。

貳 確認之訴

確認判決不具有創設、變更或撤銷之法律效果，僅係在確認一當事人間法律關係之爭議狀況。其又分以下三種：

一、無效確認之訴

無效確認之訴，指給予處分相對人，請求行政法院確認行政處分之自始無效。

二、追加確認之訴

追加確認之訴，指人民原提起撤銷訴訟，而於審理中，發現作為訴訟標的之行政處分為無效，或已執行完畢時，應轉換為請求確認其為無效或違法之追加訴訟。

三、一般確認之訴

一般確認之訴，指確認公法上法律關係成立與不成立之訴訟。

參　給付之訴

一、課以義務之訴

課以義務訴訟包含「怠為處分之訴」與「拒絕申請之訴」，均規定於行政訴訟法第 5 條，茲敘述如下：

㈠怠為處分之訴

1. 原告所申請作為者，須屬行政處分或特定內容之行政處分。

2. 須該管機關於法定期間內應作為而不作為。

3. 須先經訴願程序。

4. 原告須主張損害其權利或法律上利益。

5. 須未逾越起訴之期間。

㈡拒絕申請之訴　拒絕申請之訴與怠為處分之訴實體判決要件之差別，僅在起訴前該管行政機關有無處分行為而已，其餘之要件與怠為處分之訴相同。

二、一般給付之訴

係指基於公法上原因，請求行政法院命對造為一定作為、不作為或容忍給付之訴訟，以積極實現其請求權或消極排除違法狀況。

㈠其要件如下

1. 須因公法上原因發生之給付：有基於法規規定、基於公法契約之約定或因事實行為而生者，其發生之原因不一。

2. 須限於財產上之給付或請求作成行政處分以外之其他非財產上之給付。

3. 須主張給付義務之違反損害原告之權利。

4. 須不屬於得在撤銷訴訟中併為請求之給付。

㈡一般給付訴訟之類型

1. 財產上給付訴訟：係指基於公法債權關係，所產生之公法上財產給付請求權。包括金錢或物品之交付，例如公保、勞保等。

2. 非財產上給付訴訟：係指不屬於行政處分之其他高權性質之作為或不作為而言。

⑴請求積極作為之給付訴訟：諸如人民訴請締結公法契約、請求有關機關提供資訊、服務紀錄之塗銷、忠誠資料之塗銷；請求行政機關提供資訊、容許閱覽卷宗、對請願或陳請為處置；請求行政機關為公法上回復名譽之表示；請求發還違法吊銷之駕駛執照或行車執照。

⑵請求消極不作為之給付訴訟：對於行政機關透過新聞媒體報導不利消息之行為，請求不得再為之。

3. 公法上契約之給付訴訟：公法上契約即行政程序法第 135 條以下所稱之行政契約。得依行政契約請求給付者，包括請求行政機關締結行政契約之權以及因公法上契約所發生之給付者，均得提起給付訴訟。

4. 公法上不法結果除去訴訟：係指對於因違法行政處分之執行或其他行政行為所直接產生侵害，在該行政處分或行政行為被廢棄時，得請求予以排除損害，使其恢復原狀之權利，此種權利係屬公法上權利。

5. 預防的不作為訴訟：係指人民訴請行政法院，判命行政機關未來不得對之作成可能損害其權益之行政處分或其他高權行為（職務行為）。例如環保署擬在某處興建垃圾掩埋場，一旦該案（經公聽會或核准）許可後，處於該垃圾場之地主之土地必然被徵收或設於該地點旁之遊樂場生意必將大受影響，則將來再事爭執，已屬為時已晚，而有不可回復之損害，故允許該地主可以提起預防的不作為訴訟。

肆 其他特種訴訟

一、公眾訴訟

㈠行政訴訟法第 9 條規定　「人民為維護公益，就無關自己權利及法律上利益之事項，對於行政機關之違法行為，得提起行政訴訟。但以法律有特別規定為限。」

㈡所謂法律有特別規定者　現行法制中，多集中在環保法規上，例如空氣污染防制法第 81 條、土壤及地下水污染整治法第 49 條等。

二、選舉訴訟

㈠選舉罷免事件　本質上係公法關係之事件。應屬行政訴訟，但現行法制將之列為普通法院職權，係因臺灣公法法制最初的建置不健全，故由普通法院審理。

㈡行政訴訟法第 10 條規定　「選舉罷免事件之爭議，除法律別有規定外，得依本法提起行政訴訟。」似有意思漸漸將本質上公法案件之選舉罷免事件回歸正常法制之意，此之法律別有規定，指公職人員選舉罷免法、總統副總統選舉罷免法之相關規定。是以在選罷法未修正前，此類案件仍由普通法院審理。

第五節　情況判決制度

壹 情況判決之意義

情況判決，乃因公益而允許違法處分存續，行政法院不予撤銷或變更，以保護公益之裁判制度。

貳 情況判決之要件

一、限於撤銷訴訟，發現原處分或決定違法。

二、原處分或決定之撤銷或變更於公益有更重大損害。

三、經斟酌原告所受損害、賠償程度、防止方法及其他一切情事，得駁回原告之訴，以免撤銷或變更原處分致與公益相違背。

參 情況判決之效力

應依原告之聲明，命被告機關賠償原告因違法處分或決定所受之損害。

第十七章
國家責任

第一節　國家責任之概念

壹 國家責任之意義

國家責任，指國家對人民所負之法律責任。而「責任」，即指國家所承擔之各種以彌補所失為目的之給付義務。依憲法第 24 條規定：「凡公務員違法侵害人民之自由或權利者，除依法律受懲戒外，應負刑事及民事責任。被害人民就其所受損害，並得依法律向國家請求賠償。」此外，又依據憲法第 15 條，「人民之財產權應予保障」之精神，國家亦有損失補償及其他財產權受侵害之填補責任，一併構成國家責任。

貳 損害賠償與損失補償之意義

一、損害賠償之意義

所謂行政上的損害賠償，係指人民因行政機關的「違法行為」，致使其權益受到損害，由受害人向國家請求賠償，從而使國家對其負擔損害賠償的責任而言。

二、損失補償之意義

所謂行政上的損失補償，係指人民因行政機關行使職權所作「適法行為」，致使其權益受到損害，由受害人向國家請求救濟，從而使國家對其所受損失設法予以補償；或由主管機關主動本於職權對其提供補償而言。

參 損害賠償與損失補償之區別

一、相同點

皆係公權力的侵權責任。

二、相異點

㈠原因不同　損害賠償責任係因違法行為所引起；損失補償則係合法行為所引起。

㈡條件不同　損害賠償以有故意或過失的情形為條件；損失補償則不以故意或過失為條件。

㈢範圍不同　損害賠償，除法令或契約有特別規定外，應以填補受害人所受損害及所失利益為範圍；損失補償則僅限於填補人民現實直接所受之損失，故損失補償範圍較小。

㈣管轄機關不同　損害賠償本屬民事範圍，除在行政訴訟中附帶請求賠償應由行政法院判決外，由普通法院管轄；損失補償則全屬行政範圍，原則上均由行政機關管轄，以雙方協議，或由行政法院審理之。

第二節　國家賠償

壹 國家賠償之法源與意義

一、國家賠償法之法源

係依據憲法第 24 條制定。

二、國家賠償之概念

國家賠償者，即公務員於執行職務行使公權力時，因故意或過失不法侵害人民之自由或權利，或公有之公共設施因設置或管理有欠缺，致人民之生命、身體或財產受損害，而由國家負賠償損害責任之一種制度。其性質應屬民法之特別法。

貳 國家賠償制度之功能

一、保障人民權利

在法制主義前提下，人民之權利如遭受侵害，依一般行政救濟制度言之，雖然有聲明不服、提起訴願、行政訴訟等途徑可循，但是行政爭訟僅能對違法或不當之行政行為，以撤銷、變更或確認無效等方法，除去其法律效果，卻不能回復其現實上所受損害之權益。國家賠償制度則以國家賠償義務人，對公務員執行職務行使公職力致人民權利遭受損害者，獲得適當之救濟。

二、制裁違法行為

國家賠償制度具有制裁違法之功能，因國家賠償責任，以民事上損害賠償理論為基礎，為確保人民權利，由國家出面負起全體公務員侵權行為之賠償責任，至於對公務員不法行為之制度，由國家事後向該公務員求償。

三、調整公私利益

因國家公權利所為之行政活動，乃為實現公益目的之國家作用，行政活動使個人發生損害，以公的財產填補其損害，則為國家賠償制度上所發揮之調整功能。由於國家依租稅課徵方式，取自人民之財產，用之於填補個人在國家作用下之特別犧牲，不但謀求公用負擔之平等，且能調節公益與私益。

四、貫徹法治目的

現代民主法治國家，為保障民權，增進福利，有保證其行政作用不侵害人民權利之責任。為貫徹此項責任，國家即全面地負擔損害賠償，從而督促各級公務員於執行職務時，認真、謹慎與奉公守法。否則，該公務員對於國家在民事上有償還責任，在行政上有懲戒責任，甚至還須負刑事責任。

五、加強行政監督

現代國家基於社會情勢需要，其行政範圍日益擴大，公務員執行職務之範圍亦逐漸複雜，世界各國於加強行政機關權利之後，又致力於行政控制，對所屬機關及公務員嚴加監督，促使提高警覺，防止濫權，以維護民主體制的完整。

參 國家賠償之理論基礎

一、國家無責任論

公務員違法執行職務，屬於違反職務授權，該行為自應視為個人行為，故國家無必要負擔責任。

二、國家代位責任論

國家對於被害人雖直接負賠償責任，但該賠償責任本質上是公務員個人賠償責任之替代，故國家賠償責任之成立，須該行為亦構成公務員個人賠償責任為必要，即公務員因該行為而須負起損害賠償責任時，國家始負賠償責任。

三、國家自己責任論

亦稱為危險責任說或無過失責任說。換言之，對人民損害之發生如果是執行公務之結果，縱令公務員並無故意或過失，國家亦應負損害賠償責任。

我國國家賠償法依前述採取綜合之立場如下：

㈠採「國家代位責任論」者　國家賠償法第 2 條第 2 項及第 3 項公務員違法行為之責任。

㈡採「國家自己責任論」之「無過失責任主義」者　國家賠償法第 3

條公共設施瑕疵之責任。

肆 國家賠償之構成要件

可區分為「公務員違法行為責任」及「公共設施瑕疵責任」二大類。分述如下：

一、公務員違法行為之國賠要件

國家賠償法第 2 條第 2 項規定：「公務員於執行職務行使公權力時，因故意或過失不法侵害人民自由或權利者，國家應負損害賠償責任。公務員怠於執行職務，致人民自由或權利遭受損害者亦同。」依此，國家或其他公法人之公務員違法行為之國家賠償責任，可分為積極作為與消極不作為兩種責任：

㈠積極作為之責任

1. 須為公務員之行為。

2. 須為執行職務行使公權力之行為。

3. 須行為違法。

4. 須行為人有故意或過失。

5. 須侵害人民之自由或權利。

6. 須違法行為與損害結果之間有因果關係。此之所謂因果關係係採相當因果關係說。

㈡消極不作為之國家賠償責任　所謂消極不作為之國家賠償責任係指公務員怠於執行職務之國賠責任，符合違法性、歸責性（故意過失）及因果關係致人民自由或權利遭受損害之要件時，與積極作為同樣成立國家賠償責任。國賠法第 2 條第 2 項後段規定「……公務員怠於執行職務，致人民自由或權利遭受損害者亦同。」即屬之。

二、公共設施瑕疵之國賠要件

國家賠償法第 3 條第 1 項：「公有公共設施因設置或管理有欠缺，致人民生命、身體或財產受損害者，國家應負損害賠償責任。」

其要件如下：

㈠**須有公有公共設施**　係指供公共目的使用之物件或設備而言，舉凡道路、橋樑、公園、停車場、政府機關之辦公房舍、校園內之遊戲設施等均屬之。

㈡**須設置或管理有欠缺**　採取無過失主義。

㈢**須人民之生命、身體或財產遭受損害**　損害之法益限於「生命、身體或財產」三項。

㈣**須公共設施之瑕疵與損害發生之間有相當因果關係**　若損害係出於天災地變等不可抗力者，即與公共設施之瑕疵無因果關係。

伍 國家賠償之方法及範圍

一、國家賠償之方法

以金錢賠償為原則，回復原狀為例外。

二、國家賠償之範圍

國家賠償之範圍，應適用民法之規定，包括積極性之所受損失及消極性之所失利益。

陸 國家賠償之請求程序

一、書面請求及協議先行程序

㈠循訴訟程序請求者，應先以書面向賠償義務機關請求，此稱為「協議先行主義」。

㈡其目的有二。一方面在便利人民並尊重賠償義務機關，使其有機會先行處理，以簡化賠償程序；另一方面，避免雙方當事人之訟累，可以疏減訟源。所以規定應以書面為之者，則在使請求之關係臻於明確。

二、提起民事訴訟

(一)賠償義務機關拒絕賠償，或自提出請求之日起逾三十日不開始協議，或自開始協議之日起逾六十日協議不成立時，請求權人得提起損害賠償之訴。

(二)損害賠償之訴，除依國家賠償法規定外，適用民事訴訟法之規定。依此規定，國家賠償之訴，係由普通法院管轄。

柒　國家之求償權

公務員違法侵害人民之自由或權利，依照憲法所定意旨及本法規定，國家固須負賠償責任，但公務員有故意或重大過失之情形時，如對其免於求償，易啟違法濫權之心，實非人民之福。故本法明文規定，賠償義務機關對其有求償權。公有公共設施有欠缺致人之生命、身體或財產受損害者，就損害原因有應負責任之人時，賠償義務機關對之有求償權。又受委託之團體或個人，其執行職務者有故意或重大過失時，賠償義務機關對之亦有求償權。

一、國家對公務員或委託行使公權力者之求償權

以執行職務之公務員或受委託執行職務之人，有故意或重大過失為限，賠償義務機關對該公務員、該個人或其隸屬團體有求償權。

二、公有公共設施因設置或管理有欠缺之損害賠償

國家或其他公法人對應負責之人者，有求償權。

捌　法律適用之順序

國家之損害賠償，本法及民法以外之其他法律有特別規定者，適用其

他法律（本法第 6 條）。此係規定國家賠償法與其他特別法之關係。關於國家之損害賠償，在國家賠償法制定前已有若干特別法予以規定，例如土地法第 68 條、第 71 條、警械使用條例第 10 條、冤獄賠償法，及核子損害賠償法等，此等規定，多以公務員特定行為侵害人民之權利，或因特定事故所生損害，為負擔損害賠償之要件，且各有其特殊之立法意旨，為貫徹各該特別法之立法意旨，自應優先於國家賠償法而適用。

玖 請求權時效

一、請求權人之消滅時效

賠償請求權，自請求權人知有損害時起，因二年間不行使而消滅；自損害發生時起，逾五年者亦同。因此，消滅時效為二年，除斥期間為五年。

二、國家求償權之時效

國家賠償法第 8 條第 2 項規定：「第 2 條第 3 項、第 3 條第 2 項及第 4 條第 2 項之求償權，自支付賠償金或回復原狀之日起，因二年間不行使而消滅。」

第三節　國家補償及其他填補責任

壹 一般損失補償責任

我國法制對於損失補償措施，並無一般性統一規定，其有關依據，分別散見於各種法規之中。適法行為之損失補償責任約可分為三類：

一、公益徵收

公益徵收，又稱公用徵收，即對人民財產或具有財產價值之其他權利（例如專利權）以徵收方式將之剝奪，並轉為公用。其需具備要件如下：

(一)需以實現公共福祉為目的。

(二)須有明確法律授權基礎。

(三)須合乎比例原則。

(四)須予以補償。

二、有徵收效力之侵害

即以社會公益為目的，限制私有財產之使用、收益，此雖非如前述公益徵收以剝奪權利手段，而以限制權利行使之手段，亦會造成與徵收相同之侵害，若該侵害是超出一般可忍受之程度，非當事人所情願，且附隨該合法行政行為而來，此時政府有依法補償之責，例如依森林法，將私有林劃編為保安林。

三、信賴利益受損

依行政程序法第 120 條規定，針對合法授益處分之廢止，以及違法授益處分之撤銷，皆屬行政上合法行為，相對人若有值得保護之信賴，因該處分致財產權受有侵害，應予補償。

貳 類似徵收侵害之損失補償

類似徵收（又稱準徵收）侵害之損失補償，指公權力之行使直接造成財產權利之不法侵害。其中侵害之直接性係指侵害所形成之損害，係該具體高權措施所引起的。譬如垃圾場之設置衍生環境污染，因此種侵害之範圍、強度可能持久，造成相對人遭受特別的、且為他人無法忍受之犧牲時，即應給予補償。

參 因公益犧牲之損失補償

因公益犧牲之損失補償，即公權力為公益之目的而侵害人民非財產上之利益者，亦應對此人民之特別犧牲加以補償。其應具備之要件如下：

一、受侵害者為非財產上之權利

例如生命、身體、健康、自由等屬於憲法或法律應予保障之法益。

二、公權力強制

係指要求或強制人民作為之高權措施，如法定之預防注射。

三、基於公共福祉

即人民被要求的作為係為謀求公共福祉。

四、特別犧牲

因公權力之侵害造成個人不平等之負擔，例如預防注射後之不適、發熱，應由當事人自己承擔，逾越此一限度例如導致麻痺、半身癱瘓、關節僵硬等，即可稱為特別犧牲。

◆形式意義之行政、實質意義之行政的區別

依中華民國憲法第53條規定，行政院爲國家最高行政機關，實則，在我國的五權憲政體制中，則只有行政院及所屬機關（及地方自治行政機關）之行爲，是行政行爲，故形式意義之行政，指行政院及所屬機關、地方自治行政機關之行政行爲而言。

然行政機關以外之其他國家機關亦有實質行政可能，例如立法院長的警察權、法院處理審判以外之事務（例如公證業務及律師登錄等）以及監察院執行財產申報法之罰鍰，則仍屬實質的行政權。甚至非國家行政主體（行政機關），亦可執行公行政，例如「受託行使公權力」。

◆立法與行政之區別

立法與行政的區別，計有下列二點：

㈠就實質作用言

立法作用在決定國家或政府的政策，行政作用乃是既定政策的執行，依英國公法學者古德諾（Frank J. Goodnow）的說法，立法是國家意志的表現，行政爲國家意志的執行。

㈡就功能應用言

立法作用在適應社會環境與時代環境之前提下制定一般的概括規律，以規定人民與公務員的行爲準則；而行政作用乃是就這一般、概括性規律的個別、特殊的應用和處理。

◆干涉行政、給付行政之區別

㈠干涉行政

又稱爲侵害行政，係指行政機關爲達成下命、禁止或確認之效果，所採取抽象或具體措施，以及必要時所使用之強制手段。例如交通管制、禁止營業、公用徵收、徵兵處分、公共安全管理、交通警察對違反交通規則者依法開處罰單及課徵租稅。

㈡給付行政

1. 意義：係對人民爲給付或授予其他之利益，以扶助、獎勵之方式所爲之行政。換言之，係有關社會保險、社會救助、生活必需品之供給、舉辦職業訓練、給予經濟補助及提供文化服務等措施。
2. 性質：憲法所標榜的福利國家原則，有賴在各個領域中推行給付行政，方有實現可能。

㈢與干涉行政區分實益

在於二者受法律羈束程度不同。

1. 給付行政只須有國會通過之預算爲依據，其措施合法即無疑義。
2. 在干涉行政範圍則應有法律明文之依據，行政機關始能作成行政處分。換言之，干涉行政受到較嚴格的法律保留原則之拘束。

◆公權力行政、私經濟行政之區別

㈠公權力行政包括以下行爲

1. 統治管理之行政行爲：即運用命令及強制等手段干預人民自由及權利之行爲。
2. 單純統治之行政行爲：即不運用命令及強制之手段，而以提供給付、服務、救濟、照顧等方法，增進公共及社會成員之利益，以達國家任務之行爲（最高法院 80 年度臺上字第 525 號民事判決參照）。

至於行使公權力所爲之決定或措施，其型態則包括核准、許可、特許、任免、登記、註銷、撤銷、廢止、罰款、駁回申請、命爲一定作爲或不作爲等不同內容。

㈡私經濟行政包括以下各項情形

1. 以私法組織型態或特設機構方式所從事之營利行爲。例如中國石油公司型態爲組織體，其所爲之行爲。
2. 爲達行政上之任務，所採取之私法型態的行爲。例如對民眾提供住宅貸款或出售國宅。
3. 私法型態之輔助行爲。例如營造、租辦公廳舍、採購用品等。
4. 參與純粹交易行爲。例如出售官股移轉民營、出售公用物品等。
5. 營造物之利用關係無特別規定者。例如公立圖書館、國父紀念館等是。

㈢公權力行政與私經濟行政區分之實益

1. 法律救濟途徑不同：公法案件原則上以行政爭訟程序加以救濟；私法事件則循民事訴訟程序之救濟途徑（釋字第 466 號、第 540 號）。
2. 國家賠償不同：國家賠償之適用限於公法行爲；私法行爲則無國家賠償法之適用。
3. 行政執行不同：行政上強制執行僅適用於公法案件。
4. 行政程序法之適用不同：公法行爲應遵行行政程序法之法定程序；私法行爲則無行政程序法之適用。

◆高權行政、單純高權行政之區別

㈠高權行政

為德國行政法學界之用語，係指行政主體為達成公共目的，立於統治權之主體地位，單方對人民發布具有拘束力之命令或以強制手段限制人民權利、課以義務之行政。故其行政非有法律之明定不可為之。例如徵收稅捐、依法徵召兵役。

㈡單純高權行政

德國學界就公權力行政的概念，亦有另行區分出所謂「單純高權行政」。即行政主體不以命令或強制力的手段，提供人民利益的行政，對於人民提供各種服務、保護、救濟、增設公共設施等行政目的。例如全民健保、農保、勞保、老人福利、兒童保育、青少年輔導、就業輔導、興建公共設施。

◆羈束行政、裁量行政之區別

㈠羈束行政

在「法律特別規定之行政」中，受有關法律之特別規範及指導。其中法律之拘束力較強，在具備法律規定之構成要件時，行政即應依其規定作成行為者稱之。在羈束行政中，法律「構成要件」如採用「不確定之法律概念」，行政因而具有「判斷餘地」時，法律之羈束因之放鬆。如稽徵機關於法定之租稅構成要件實現時，應即課徵租稅。

㈡裁量行政

在「法律特別規定之行政」中，受有關法律之特別規範及指導。其中法律之拘束力較弱，在具備法律「構成要件」之前提時，行政具有斟酌權

衡之餘地者，爲裁量行政。

在裁量行政中，法律之拘束因「法律效果」具有「裁量餘地」而放鬆。例如私立學校之設立，依私立學校法第 3 條，由主管教育行政機關依照教育政策並審查各地實際情形核定或調整之。

◆法律位階

在現代社會，任何一個國家之法律整體都已經構成了一個法律金字塔，即法律與法規之間存在著地位的差別。法律的位階就是指一部法律在一個國家整個法律體系中的縱向地位。一部法律的地位越高，其位階也就越高。如憲法最高，依次爲法律、命令、行政規則。

◆憲法與法律、命令之區別

憲法與法律、命令之區別如下：

㈠意義及命名不同

憲法者規定國家的基本組織與權限、人民的權利義務及基本國策之根本大法。法律者，依憲法第 170 條規定：「本憲法所稱之法律，謂經立法院通過，總統公布之法律。」法律得定名爲法、律、條例或通則。命令又可分二種，即國家機關基於法律之授權而對外發生拘束力之法規命令；及依其權限或職權，爲規範機關內部秩序及運作而對內部有拘束力之行政規則。各機關發布之法規命令，得依其性質稱爲規程、規則、細則、辦法、綱要、標準或準則。而行政規則不受名稱之支配，實務上使用須知、要點、注意事項、原則、程序、作業規定、基準等。

㈡制定及修改機關不同

各國通例，憲法之制定及修改機關，均與一般法律及命令不同。我國憲法由國民大會制定；一般法律由立法院制定；各機關所發布之法規命令有時須呈報上級機關核定或其他有權機關核准；行政規則應由其首長簽署。

㈢制定及修改程序不同

憲法的制定程序通常較一般法律程序爲慎重，中華民國憲法係由國民大會經三讀的程序通過，且修改較難，由立法院通過憲法修正案後，再經中華民國自由地區選舉人投票複決。一般法律則由立法院三讀通過，修改較憲法爲易。法規命令及行政規則均依行政程序法發布或下達，行政機關可依據憲法與法律在其職權範圍內隨時修改之。

㈣規定內容不同

憲法所規定者，係關係於國家根本性、原則性且較爲概括性的，使政府與人民有遵奉之依據，但無實行性。一般法律所規定者，爲：1.憲法或法律有明文規定應以法律定之者。2.有關人民之權利、義務事項者。3.關於國家各機關之組織者。4.其他重要事項應以法律定之者。故均具有實行性。命令雖亦有實行性，惟重要事項必須以法律規定者，則不得以命令定之。

㈤效力強弱不同

憲法爲根本法，效力最高；法律僅在不牴觸憲法之範圍內有其適用，效力較弱；至於命令，則不得與憲法及法律相牴觸，牴觸者無效，故效力最弱。惟例外如：總統依據憲法增修條文所發布之緊急命令，則得違反、變更或牴觸法律。

◆國家緊急權

國家緊急權（state of emergency），即當國家遇有天然災害，或遭遇內亂、外患或財政經濟上有重大變故，或其他緊急之原因，爲保障國家之存在、維持國內之安定、確保人權、維護憲政，乃發動國家權力，並停止憲法一部分之適用爲其內容。法諺云：「在緊急需要之前，即無法律之存在。」我國

憲法上之緊急權如下：

㈠戒　嚴

依憲法第 39 條規定：「總統依法宣布戒嚴，但須經立法院之通過或追認。立法院認爲必要時，得決議移請總統解嚴。」蓋戒嚴之發布係由於國家正值戰爭、內亂或特別事變，情勢緊急所引起，一旦發布，在戒嚴區域內，行政及司法權均受當地最高軍事長官指揮或掌管，並得停止或限制人民各種自由及權利。

㈡緊急命令

依憲法第 43 條規定：「國家遇有天然災害、癘疫或國家財政經濟上有重大變故，須爲急速處分時，總統於立法院休會期間，得經行政院會議之決議，依緊急命令法，發布緊急命令，爲必要之處置，但須於發布命令後一個月內提交立法院追認。如立法院不同意時，該緊急命令立即失效。」但依憲法增修條文第 2 條第 3 項規定：「總統爲避免國家或人民遭遇緊急危難或應付財政經濟上重大變故，得經行政院會議之決議發布緊急命令，爲必要之處置，不受憲法第 43 條之限制。但須於發布命令後十日內提交立法院追認，如立法院不同意時，該緊急命令立即失效。」

◆戒嚴、緊急命令之區別

戒嚴與緊急命令之區分可列表說明如下：

類　型	戒　嚴	緊　急　命　令
發布原因	國家正值戰爭、內亂或特別事變，情勢緊急時。	國家或人民遭遇緊急危難或應付財政經濟上重大變故，須為急速處分時。
發布依據	戒嚴法	憲法增修條文第 2 條

發布時期	在立法院集會或休會期間，均可發布。	任何時間均可發布
發布程序	須經行政院會議議決，並經立法院之通過或追認。	得經行政院會議之決議發布之，但須於發布後十日內提交立法院追認。
效　力	戒嚴令宣布後，在戒嚴區域內行政及司法權均受當地最高軍事長官指揮或掌管，並得停止或限制人民各種自由及權利。又戒嚴原因消滅時，總統應宣布解嚴，如總統不宣布時，立法院得決議移請總統解嚴。	緊急命令發布後足以停止或變更以前的法律，並應於發布後十日內提請立法院追認，如立法院不同意時，立即失效，同意時即變成法律。

◆法律、命令之區別

㈠意義及名稱不同

所謂法律係指經立法院通過，總統公布之法律。法律得定名為法、律、條例，或通則。

命令係國家機關，依其法定職權或基於法律之授權，而強制實行之公的意思表示。各機關發布之命令，得依其性質稱為規程、規則、細則、辦法、綱要、標準或準則。

㈡制定及修改機關不同

法律之制定及修改由立法機關負責；命令之發布及修正則由行政機關本於職權為之。

㈢制定及修改程序不同

法律須經過一定之立法程序，並由總統公布。命令則依行政程序發布，政府機關可依法在其職權範圍內修改之。

㈣公布程序不同

法律經立法機關通過後，必須由總統公布，並須經行政院院長的副署，或行政院院長及有關部會首長的副署，始能生效。命令除由總統發布者外，

無須依照上述副署之程序。

㈤規定的內容不同

法律所規定者為：1.憲法或法律有明文規定應以法律定之者。2.人民之權利義務者。3.關於國家各機關之組織者。4.其他重要事項應以法律定之者，故均具有實行性。命令雖亦有實行性，惟重要事項必須以法律規定者，則不得以命令定之。

㈥效力的強弱不同

法律僅在不牴觸憲法之範圍內有其適用，其效力較命令為強。命令不得與憲法及法律相牴觸，牴觸者無效，故效力較弱。惟例外如：總統依據憲法增修條文所發布之緊急命令，及政府依據國家總動員法所發布之命令，則得違反、變更或牴觸法律。

◆地方自治法規

直轄市、縣（市）、鄉（鎮、市）依地方制度法第 25 條規定，得就其自治事項或依法律及上級法規之授權，制定自治法規。自治法規經地方立法機關通過，並由各該行政機關公布者，稱自治條例；自治法規由地方行政機關訂定，並發布或下達者，稱自治規則。

㈠自治條例

自治條例依地方制度法第 26 條第 1 項規定，應分別冠以各該地方自治團體之名稱，在直轄市稱直轄市法規，在縣（市）稱縣（市）規章，在鄉（鎮、市）稱鄉（鎮、市）規約。另依地方制度法第 28 條規定，下列事項以自治條例定之：

1. 法律或自治條例規定應經地方立法機關議決者。
2. 創制、剝奪或限制地方自治團體居民之權利義務者。
3. 關於地方自治團體及所營事業機構之組織者。

4. 其他重要事項，經地方立法機關議決應以自治條例定之者。

㈡自治規則

直轄市政府、縣（市）政府及鄉（鎮、市）公所就其自治事項，依地方制度法第 27 條第 1 項規定，得依其法定職權或基於法律、自治條例之授權，訂定自治規則。另依同條第 2 項規定，自治規則應分別冠以各該地方自治團體之名稱，並得依其性質，定名為規程、規則、細則、辦法、綱要、標準或準則。

㈢委辦規則

直轄市政府、縣（市）政府及鄉（鎮、市）公所為辦理上級機關委辦事項，依同法第 29 條第 1 項規定，得依其法定職權或基於法律、中央法規之授權，訂定委辦規則。委辦規則依同條第 2 項，其名稱準用自治規則之規定。

㈣自律規則

依同法第 31 條第 1 項規定，地方立法機關得訂定自律規則。

地方自治法規體系圖示如下：

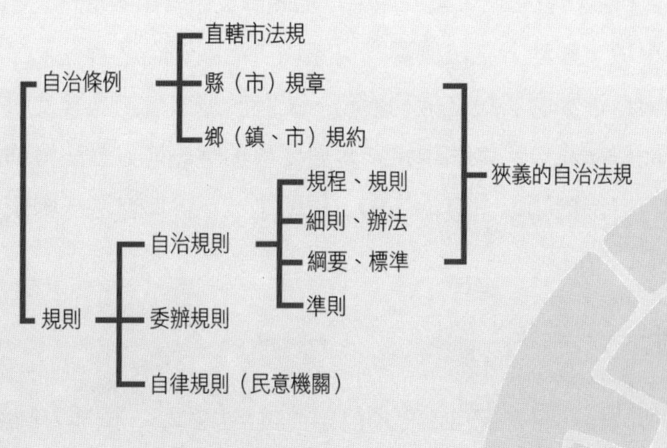

◆自治條例

自治條例是由地方立法機關，基於地方國民之主權而制定之區域性法律，只適用於特定之地方自治團體，故自治條例只對個別之特定區域的領域發生效力。而「條例」本為中央法規標準法第 2 條所規定之法律名稱之一，而且「法律」之制定機關依憲法第 170 條規定：「本憲法所稱之法律，謂經立法院通過，總統公布之法律。」故地方自治機關並無制定法律之權，然因地方制度法將地方自治法規採用與國家法律相同的法制用語，易使人認為係國家法律，故應冠以地方自治團體之名稱，以與中央法律有所區別，如有規定罰鍰之處罰，最高以新臺幣十萬元為限，並得連續處罰之，其他行政罰之種類亦受有限制，只限於行為的限制罰，而不包括權利的剝奪。而經地方立法機關議決後之自治條例，如規定有罰則時，尚應分別報經上級機關核定後發布或依層級報請上級機關備查。

應以自治條例規定之事項，依地方制度法第 28 條規定有：「一、法律或自治條例規定應經地方立法機關議決者。二、創設、剝奪或限制地方自治團體居民之權利義務者。三、關於地方自治團體及所營事業機構之組織者。四、其他重要事項，經地方立法機關議決應以自治條例定之者。」等四項，此等涉及與地方自治團體居民之權利義務，或關於地方自治團體及所營事業機構之組織，而法律或自治條例規定某些重要事項應經地方立法機關議決者，即保留由地方自治機關以「自治條例」規範之，不得以自治規則或委辦規則來規範。

◆自治規則

地方行政機關有權就自治事項訂定「自治規則」，依地方制度法第 27 條第 1 項規定：「直轄市政府、縣（市）政府、鄉（鎮、市）公所就其自治事項，得依其法定職權或基於法律、自治條例之授權，訂定自治規則。」自治規則之名稱，依同條第 2 項規定：「前項自治規則應分別冠以各該地方自治團體之名稱，並得依其性質，定名爲規程、規則、細則、辦法、綱要、標準或準則。」自治規則發布後應踐行的程序，依同條第 3 項規定：「直轄市政府、縣（市）政府及鄉（鎮、市）公所訂定之自治規則，除法律或自治條例另有規定外，應於發布後依下列規定分別函報有關機關備查：一、其屬法律授權訂定者，函報各該法律所定中央主管機關備查。二、其屬依法定職權或自治條例授權訂定者，分別函送上級政府及各該地方立法機關備查或查照。」

自治規則與憲法、法律、基於法律授權之法規、上級自治團體自治條例或該自治團體自治條例牴觸者，無效。其發生牴觸無效者分別由行政院、中央各該主管機關、縣政府予以函告（地方制度法第 30 條第 2 項、第 4 項參照）。自治法規與憲法、法律、基於法律授權之法規、上級自治團體自治條例或該自治團體自治條例有無牴觸發生疑義時，得聲請司法院解釋之（地方制度法第 30 條第 5 項）。

又依地方制度法第31條第1項規定：「地方立法機關得訂定自律規則。」其性質似不屬自治條例，而應屬自治規則。依同條第 2 項規定：「自律規則除法律或自治條例另有規定外，由各該立法機關發布，並報各該上級政府備查。」第 3 項規定：「自律規則與憲法、法律、中央法規或上級自治法規牴觸者，無效。」

◆自律規則

地方制度法除規定了自治條例、自治規則與委辦規則之外，另外還規定了所謂的自律規則。地方制度法第 31 條規定：「地方立法機關得訂定自律規則。自律規則除法律或自治條例另有規定外，由各該立法機關發布，並報各該上級政府備查。自律規則與憲法、法律、中央法規或上級自治法規牴觸者，無效。」

自律規則是議會、代表會基於自律權所訂定的規則，而所謂自律，本來是指不受他人之干預而規律自己之意。議會、代表會做為議決機關得就自己內部之問題自律處理，主要是在兩個層面，一是在排除國家之干預而自我規律之層面，另一則是排除行政首長之干預而自我規律之層面。因此，立法機關自我規律也是符合地方自治的精神。

議會、代表會自律權之主要內容，是規則的制定權，如就內部規律來看，議會、代表會的自律權主要包含：㈠議會會期的決定及其延長，議會的開閉決定。㈡議事運作。㈢紀律。㈣懲罰等。（張正修，地方制度法理論與實用，2000，頁 294-295）

◆地方自治法規與法規命令之關係

地方制度法所規定之地方法規與行政程序法所定法規之關係，因類別不同而有如下情形：

㈠按地方制度法第 25 條規定：「直轄市、縣（市）、鄉（鎮、市）得就其自治事項或依法律及上級法規之授權，制定自治法規。自治法規經地方立法機關通過，並由各該行政機關公布者，稱自治條例；……。」因自治條例之制定應經地方立法機關議決通過。故自治條例非屬行政程序法之法規命令。

㈡按地方制度法第 27 條第 1 項規定：「直轄市政府、縣（市）政府、鄉（鎮、市）公所就其自治事項，得依其法定職權或基於法律、自治條例之授權，訂定自治規則。」但行政程序法所稱法規命令，僅指行政機關基於法律授權者而言。準此，地方行政機關依其法定職權訂定之自治規則，應非行政程序法所稱之法規命令。其次，地方行政機關依法律授權訂定之自治規則，如其內容係屬對多數不特定人民就一般事項所作抽象之對外發生法律效果之規定，則為行政程序法所稱之法規命令。地方行政機關依自治條例授權訂定之自治規則，似非行政程法所稱之法規命令。

◆特別規則

特別規則係指在傳統特別權力關係範圍內所訂定之規章，例如學校校規、軍隊營規、公務員服務規章及營造物規則等。

由於特別權力關係也是一種法律關係，特別權力關係的相對人，仍具有法律上人格，並非單純只是一個特別權力的客體，因此，規律此種所謂特別權力關係的抽象的及一般性的規定（特別規則），並不僅是單純屬於機關組織內部的行政規則，而應是具有法源的性質。

◆公　法

公法是「私法」之對稱。將法律分為公法與私法乃是羅馬法以來一般法學之傳統。所謂公法係規範縱的關係，即上下垂直線之生活關係之法律體系之謂，亦即規律國家與人民關係間之法律，有公權力之作用者，屬於公法，例如憲法、選罷法、行政法、刑法、訴訟法等均屬之。所謂私法，即規範橫的關係，即水平線上左右之生活關係之法律體系之謂，亦即規範私人相互關係或私經濟行為之法律屬於私法，例如民法、商事法等均屬之。

因此，如依拉特布魯福之論說，則公法應受分配正義之支配，而私法則應受平均正義之支配也。

◆公法、私法之區別

公法與私法之區別，為法律上最基本的分類，於行政法尤為重要。蓋行

政法理論，一向係建立於公、私法區別基礎之上，行政法爲典型之公法，最具公法之特性，倘根本否定公、法與私法之區別，或認定公法與私法之間，有極多之共同性，則整個行政法之法理法則，均須重新建立，或要局部更張。關於公、私法區別的標準，又有各種學說，舉其要者如下：

㈠權力說

乃以權利關係爲區別標準，公法爲規定權力服從關係之法律，例如刑法；私法則爲規定平等關係之法律，例如民法。

㈡主體說

以法律規定之主體爲區別標準，公法爲規定國家及公共團體間之關係，或國家及公共團體與私人間之關係，例如行政法；私法爲規定私人相互間之關係，例如公司法等。

㈢利益說

以法律所保護利益之目的爲區別標準，公法以保護公益爲目的，私法則以保護私益爲目的。

㈣應用說

以法律之應用爲區別標準，凡法律所規定之權利，不許私人之意思自由拋棄者爲公法，其得自由拋棄者爲私法。

㈤新主體說

又稱爲特別法說，即依一般人是否爲法律規定之權義主體爲區分標準，依規範該行爲之法規，並非任何一般人皆可爲該行爲之權利或義務主體，而必須並且僅能由統治權主體或行政官署擔當其權利或義務主體者，該法規爲公法法規，依該法規所爲之行爲，爲公法行爲。反之，依規範該行爲之法規，一般人亦可爲該行爲之權利或義務主體，並不以統治權主體爲行政官署爲限，該法規爲私法法規，依該法規所爲之行爲，爲私法行爲。

◆實體從舊程序從新原則

法律之適用，有「實體從舊，程序從新」原則。所謂實體，係指實體事實而言，包括形成具體權利、義務內容的有關規定。例如處罰義務、罰鍰倍數的規定、公法上時效、繳納稅捐金額等規定。

◆從新從優原則、從新從輕原則

㈠從新從優原則

1. 中央法規標準法第 18 條規定：「各機關受理人民聲請許可案件適用法規時，除依其性質應適用行為時之法規外，如在處理程序終結前，據以准許之法規有變更者，適用新法規。但舊法規有利於當事人而新法規未廢除或禁止所聲請之事項者，適用舊法規。」即是所謂從新從優原則之規定。又稱為「從新從輕原則」。上述所謂「處理程序」，依行政法院判例，指主管機關處理事件之程序而言，並不包括行政救濟之程序在內。
2. 從新從優原則之適用，係以人民聲請許可案件及聲請後至處理程序終結前法規有變更（發生新法規與舊法規之比較問題）為前提。所謂「新法規」與「舊法規」，比較時，應就個案有關之法規整體作比較，因此，不僅是舊法規修正其內容而成為新法規時有比較，而且，如舊法規未規定而新法規另設規定（規定在與舊法規同一之法規，或另設新法規），或是舊法規有規定而新法規刪除其規定（甚至因特別法之刪除而改適用普通法）但未達於「廢除或禁止所聲請之事項」之程度，均生比較之問題。

㈡從新從輕原則

行政罰法第 5 條規定：「行為後法律或自治條例有變更者，適用行政機關最初裁處時之法律或自治條例。但裁處前之法律或自治條例有利於受處罰者，適用最有利於受處罰者之規定。」此即「從新從輕」處罰原則之規定，即於行爲後之法律或自治條例有變更者，原則上係「從新」，適用行政機關最初裁處時之法律或自治條例；僅於裁處前之法律或自治條例有利於受處罰者，始例外「從輕」，適用最有利於受處罰者之規定。

◆權力分立原則

㈠依英國哲學家洛克之意

國家應分爲立法權與執行權二大類，分設機關掌理，執行機關只能依據立法機關所定之法律而執行，其行動亦不能越出法律之外。

㈡依法國政治學家孟德斯鳩之意

1. 國家權力，應分爲立法權、行政權及司法權三大類，分類機關掌理。
2. 立法機關，無逕爲行政與審判之權，行政機關及審判機關，亦僅能依據立法機關制定之法律而執行，不能自行立法，以免流於專制。
3. 爲達到防止專制、保護自由之目的起見，不僅三權須分屬不同機關而已，三權相互之間，須相互牽制，互爲抗衡，以杜專制政治復活。

㈢二者之不同

洛克與孟德斯鳩之理論各有不同，但主張國家權力應予區分，並分設機關掌理，以防止專制，是爲二者所共同者。

◆法治國家原理

所謂法治國家原理，係對於專制國思想而言。凡國家政務，不應如專制國家，由君主或官吏個人意思決定，而應以法爲治。即人民之自由及權利，由法律保障之；人民之義務，由法律規定之；行政或司法機關，非根據法律，不得限制人民之權利，或漫課人民以義務。

法治國思想之主要原則如下：

㈠國家之基本組織及基本作用，均由憲法明文規定。並由憲法產生各種法律，以爲政府施政之準繩。

㈡有關人民權利義務之事項，均須以法律規定。

㈢政府之行政行爲，均須根據法律。

㈣法律對於政府行使權力之方法，設有精細之規定，俾官吏不致上下其手，以侵害人民之權利。

㈤政府之行政行爲，須具備完整之方式。

㈥如因行政行爲之違法或不當，致人民之權利受損害時，被害人得提起行政爭訟以資救濟。

◆憲法保留、國會保留、法律保留之區別

㈠憲法保留

係指某些事項只能由憲法加以決定。一般而言，涉及到國家最上層之組織與國家最基本之憲法政策的決定或基本權核心保障的部分，應由憲法規定，例如，國體與政體的決定、國家究決定爲單一國或聯邦國、中央政治究採內閣制或總統制等。我國司法院大法官會議曾著有釋字第 384 號解釋，明白引用「憲法保留」一語，該解釋稱：「故憲法第 8 條對人民身體自由之保障，特詳加規定。……係指凡限制人民身體自由之處置，在一定限度內爲憲法保留之範圍，不問是否屬於刑事被告身分，均受上開規定之保障。」釋字第 443 號亦稱：「關於人民身體之自由，憲法第 8 條規定即較爲詳盡，其中內容屬於『憲法保留』之事項者，縱令立法機關，亦不得制定法律加以限制。」

㈡國會保留或稱狹義法律保留

係指某些事項只能由形式意義的法律規定，立法者不得拋棄其責任，而委由行政機關以法規命令規範之。此種概念係從民主主義的概念出發。蓋民意代表具有「民主合法性」之基礎，相對地，行政機關則較欠缺。但究竟何種事項係屬狹義法律保留，理論上或實務上以「重要性理論」爲標準。

㈢法律保留或稱廣義法律保留

係指某事項雖應保留由法律加以規定，但仍不排除法律可以授權行政機關以法規命令規定之。但此之法律授權須符合「法律授權明確性」之原則，亦即在授權之目的、範圍、內容必須明確可預見，始符合法律保留之原則（李惠宗，2003：38）。

◆行政保留

依法治國原則，國會立法、行政執行、司法審查，一切依法而治，而且在法律保留原則下，行政機關居於法律之下，幾無自我決定之空間。尤其在我國中央法規標準法第 5 條第 1 項第 3 款屬於機關之組織須以法律定之，使得行政機關之組織權控制在立法機關，甚至因爲組織法對於員額之人數、職等均詳細規範，使得行政機關自主性甚低，再加上預算亦須送立法機關審議，行政機關之組織權、人事權與財政權法規範密度受到法律之限制，即使屬於行政機關制定施政計畫爲行政權之內部行政行爲，也因爲要落實該項施政計畫，必須以法律或預算之形式提出，亦受到立法權之規範，使行政機關幾無自我意思決定之空間。

然而就是因爲立法機關法律保留規範密度甚高，在德國學界乃提出行政保留概念，認爲行政權應有自我決定、不受干涉之空間，否則將有違權力分立原則。行政權應與立法權居於平等之地位，相互尊重與制衡，如行政權居於立法權之下，立法權可以任意介入行政行爲，顯與憲法將國家權力劃分爲不同機關分別行使，相互制衡之本質不符。因此行政保留乃是受憲法保障之行政自主地位，故行政保留乃是可以避免立法機關干預，具有憲法層次屬於行政權獨享之範圍。

我國是否有行政保留之空間，也應當從憲法之規定觀察，依憲法本文第4章至第9章，第35條至第106條分別規定總統與五院之職權，除行政院外，憲法本文皆有規定總統與其他四院之職權，憲法增修條文第3條第3項與第4項，也有規定國家組織及總員額，法律可爲準則性之規定，行政院雖無列舉之職權，但非屬於總統與其他四院所規定之職權，應屬於行政保留之領域，故有關預算提案權、文武官員任免權、外交、國防與緊急命令決定權等（總統與行政院皆屬行政權，故合併論之）屬於行政保留之範圍。

◆規範審查

廣義之規範審查係指法院或其他機關對於作爲成文法源之各種規範，審查其是否與上位規範相符合之制度，例如法律是否違憲、命令是否違憲或違法、自治規章是否牴觸法律等情形。狹義之規範審查則專指法院（或其他司法機關）之審查而言。規範審查係貫徹法治國家原則之必要措施，其作用在於維持規範層級以及保障人民憲法上之權利。

◆權利、反射利益之區別

㈠權　利

乃人民基於公法法規所賦予之法律上力量，而可爲自己之利益，請求國家機關爲特定作爲、容忍或不作爲之地位。相對地，行政機關即因此負有一定之義務之謂。權利具有二個特質：1.於法有據；2.可訴訟性。此外，在當前法制上，權利可區分爲憲法上權利與法律上權利。

㈡反射利益

其正確之涵義乃法規之反射效果，即法規之目的在保障公共利益而非個人私益，但因法規之規定對個人也產生一種有利之附隨效果。例如畜養危險動物，影響鄰居安全者，得處予扣留或罰鍰，鄰居之安寧雖因而受保護，不過並非取得任何可主張之權利。又如因都市計畫或治安良好，造成房屋上漲，住在不好地段之住戶，不能透過訴訟要求比照改善等是。

㈢權利與反射利益之不同

1. 意思方面：公法權利乃是當事人基於法律規定，就特定事項或標的得以主張其利益的意思力量，在權利人提出其意思主張時，相對當事人即負有作爲或不作爲的義務，俾使權利人能夠享受其利益，實現其目的，而法律對於權利人的利益予以確切保障。反射利益則係指行政機關依法推行業務的結果，使人民得以享受到的實際單純利益。
2. 法律效果方面：公法權利既爲法律授予人民的利益，則人民即可依法主張；國家對於人民行使權利的主張或請求，應負責予以實現及保障。反射利益既非人民基於法律規定所享有，則人民無權提出主張；而國家對於人民的有關請求，並無法定責任必須予以實現及保障。
3. 利益性質方面：公法權利係基於法律規定，由人民提出意思主張，所直接產生的利益，故具有利益與意思兩種因素。反射利益則係相對人基於法律規定而有所作爲（在行政法上係指行政機關執行法定行政業務而言），所間接產生的利益，亦即出於法律規定的反射作用，而不具有人民的意思因素。
4. 利益歸屬方面：公法權利係由法律所授予，故其利益歸屬於特定的權利人（個人或多數人），此種情形係因國家公益與個人私益相一致，國家乃承認個人的權利。反射利益既非法律授予的權利，則其利益可由不特定的個人或多數人所享受，此種情形乃是國家僅爲公益目的採取行動的結果。

5. 資格限制方面：公法權利的授予，除消極性權利外，對於權利人可能設有資格條件的限制。反射利益既非依法授予，則對享受利益者較少設有資格限制，或不作積極條件的限制。

㈣公權力與反射利益區別的實益

1. 前者可提行政救濟，後者則不可：例如商標法第 37 條第 1 項第 5 款商標圖樣有妨害公序良俗者不得註冊之規定，行政法院一向認爲「係爲維護國家社會之公共利益而設，一般人對之僅具有反射利益，自難謂爲同法第 46 條適格之利害關係人」；又同條第 6 款：商標圖樣「使公眾誤認誤信其商品之性質、品質或產地之虞者」，屬於公眾之一般消費者亦僅具反射利益，故不得提行政救濟。

2. 前者可請求國家賠償損害，後者則不可：國家賠償法第 2 條規定：「公務員於執行職務行使公權力時，因故意或過失不法侵害人民自由或權利者，國家應負損害賠償責任。公務員怠於執行職務，致人民自由或權利遭受損害者亦同。」若公務員對於職務之執行，雖可使一般人民享有反射利益，人民對於公務員仍不得請求爲該職務之行爲，縱公務員怠於執行該職務，人民尚無公法上請求權可資行使，自不得請求國家賠償損害。

◆法　理

法理，或稱爲條理，乃法律之原理，由法律精神，以正義公平爲目標推演而得。自然法論者謂實證法之外有自然法之存在，因此憲法之制定或修改均受自然法之影響或以自然法爲依據。且實證法學派之一的純粹法學，亦認爲憲法之上有基本規範，基本規範係憲法制定之唯一依據。此種自然法不外指理性、事物之本性、正義、衡平或立國主義等，此即所謂法理，其爲憲法

之法源當無疑問。

法理何以為憲法法源之一，歸納其理由：

㈠命令係依據法律，法律係依據憲法而制定，惟制憲之依據為何？不外為全民意志、立國精神、正義與衡平，或純粹法學派之所謂「基本規範」等，故以法理為憲法法源完全與憲法之立法原理相符。

㈡法條規定有限，世事變化無窮，而憲法為根本法，其規律範圍至廣，對政治社會之變動，亦宜有敏捷的反應，故宜以法理為法源。

㈢正義、衡平、立國主義與基本規範本為一國法律之最高準據，成文法與習慣法只不過是法理的具體化，如僅以成文法與習慣法為憲法的法源，反置法理於不顧，實無異捨本逐末。

㈣成文法與習慣法不能適用於少數特定事實時，可推究法理補充之。

◆法之一般法律原則

法之一般法律原則又稱為「超實證法」，亦即先於實證法而存在之根本法律規範，構成法律內容之指導原則，亦得作為法院審查之依據。因為法律內部一致性植基於一般法律原則，故其在整個法律領域內，不只在法律解釋上，甚至在法律補充上均有形或無形地、直接或間接地、有意或無意地扮演相當重要的角色，故法規制定時應注意掌握其涵義，以符合法治國原理。

往昔英國國會有一種比較囂張的說法：「法律是萬能的，除了不能把男的變成女的以外，什麼事情都能辦到。」的確，從許多的立法中窺知法律規定的範圍有幾近無所不能、無遠弗屆的特質。但基於民主主義的現代法學理論，它已明顯地被相當的保留。蓋立法的範圍首須受制於憲法秩序，受制於根深蒂固的法之一般原理，譬如信賴保護或誠信原則，遵守公序良俗、公益原則、適當與比例原則等，或受制於達成行政目的的必要範圍。在法理上，法的正當性，即立法須具妥當性或可用性已被視為法規範的靈魂，亦是公信力的泉源；惡法與否之分辨由此而發軔，因此，立法須受客觀妥適之範圍及其可以適用與否之拘束，並非毫無限制。

◆法律明確性原則

所謂法律明確性原則係指法律若以抽象概念表示者，其意義非難以理解，且為一般受規範者所得預見，並可經由司法審查加以確認者，方符法律明確性原則（釋字第 432、491 號解釋）。

法律明確性之要求，非僅指法律文義具體詳盡之體例而言，立法者於立法制定時，仍得衡酌法律所規範生活事實之複雜性及適用於個案之妥當性，從立法上適當運用不確定法律概念或概括條款而為相應之規定（釋字第 521 號）。

法律明確性原則，其法理基礎淵源於國民主權理念下，權力分立、制衡原則、民意政治、法治政治與責任政治等憲政基本原則。行政機關依法行政，自應遵守法律優位與法律保留原則，尤其限制或干預人民自由權利之規範，其規定必須合乎明確性原則。

行政領域適用此原則之範圍如下：

㈠干預性法律

所謂干預性法律，係指該法律得作為干預（侵害）人民自由權利之依據，如公務人員考績法之懲處處分（釋字第 491 號）；集會遊行法之限制集會遊行之權利（釋字第 445 號）；空氣污染防制法之特別公課（釋字第 426 號）等，其法律之構成要件與法律效果，應由法律自行明定之。

㈡不確定法律概念與概括條款

如法律條文以不確定法律概念或概括條款之方式規定，須立法者已盡列舉之責，仍無法達成憲法第 23 條之規範目的時，而以概括方式為之，才不違反法律明確性原則。如行政程序法第 111 條第 1 款至第 6 款除列舉行政處分無效之原因，另於第 7 款採概括規定之「其他具有重大明顯之瑕疵者」亦屬無效之事由，爲其適例。

㈢法律授權行政機關發布「授權命令」，其授權之內容、目的、範圍，須具體明確（釋字第 313、345、346、347、445 號解釋）。

法律明確性原則已有現行立法例，如行政程序法第 5 條：「行政行爲之內容應明確。」及同法第 150 條第 2 項：「法規命令之內容應明列其法律授權之依據，並不得逾越法律授權之範圍與立法精神。」

◆法之安定性

所謂法的安定性，其要素包括：㈠秩序之安定性。㈡法律之不可破壞性與可實現性。㈢法律之和平性。㈣法律之穩定性等。簡言之，即指人民只要遵循法規範，即可安心生活之意。因法具有安定性，可使人日積月累產生法的確信，知己當爲或不當爲，知他人對己之行爲是否合法，而產生遵循或抗拒他人違法行爲之意識，從而提高行爲被批判之可能性。因法係爲社會秩序之維持與發展而存在，故法的安定性乃是法的根本價值，亦爲法的主要目的。

◆法律之穩定性

法律的穩定性是指法律一經制定和公布施行，必須保持其嚴肅性，不能任意變動。穩定性是法律的內在特性之一。保持法律的穩定性是保持社會穩定和發展的基礎，如果法律變動頻繁，甚至朝令夕改，人民就無法用法律來預測自己的行爲後果並調整自己的行爲，社會行爲模式就不易建立，社會中的短期行爲和投機行爲就會氾濫。因此，一項法律施行，應當保持其在一定時期內的穩定，不可輕率地破舊立新，這樣才能穩定人民的心理預期，不至於使其行爲發生被動或者發生逆向轉化。一般地說，法律的穩定性與其立法的科學性、可行性和立法的質量聯繫在一起，一個科學性較強，符合多數人的意志和要求，在實踐中施行良好的法律，其穩定性就有保證。

◆法強制性原則

法律的強制性通常是指國家對企圖違法者的一種威懾力或是指國家對已違法者的制裁，當然也可能二者兼具。

人之所以服從法律的權威，而甘願受法律的支配，是因爲法律具有公正性的權威，而爲公平與正義的化身，接受法律權威所加的控制，與人類的人性尊嚴不相違背，且與人類追求公平正義的理念相符合。法律假如沒有強制力爲其後盾，則法律就好像沒有彈藥的槍械。因此，即使一個良好的社會中，爲了維護穩定的社會秩序，也必須有強制的政府權力。由此可見國家公權力的強制，在法律制度中的重要性。

由於這個緣故，所以違反法律者，都要受一定的制裁。其制裁又可分爲三種：一爲觸犯刑法法規，而侵害他人的生命、身體等法益者，應受刑罰或保安處分的制裁，是爲刑法上的制裁。二爲觸犯行政法規，而有違反行政義務等行爲，而受行政秩序罰或行政刑罰的制裁者，是爲行政法上的制裁。三爲違反民事法規的規定，而使他人受到經濟上利益或其他利益的損失時，應負損害賠償等責任，是爲民法上的制裁。三種制裁，以刑法上的制裁最爲嚴重，行政法上的制裁次之，民法上的制裁較輕。

◆法實效性原則

所謂法的實效性，乃指法必屬可行且可有效地發生法所要求之結果而言。如對於人民現實生活上之要求不能達成法的目的，則法根本無實效可言。因此法的實效性，是對現實社會能確保有效性的拘束狀態爲其本質。換言之，法律不只是創制就算了，能夠以社會的法來遵守才有意義。勉強創制每個人都不想遵守也不能遵守的法律，由於是與現實社會的活動或每個人的意識相隔絕，不但無法指望每個人遵守，而且，法律規定形同具文，法令的執行也不能適正，結果，對法喪失信賴，極端的時候亦會引起意想不到的弊害。

事實上，由於立法的範圍必須受制於憲法秩序、法之一般原則或達成行政目的等等之限制，加上在給付國家福利行政無限服務民眾，提升生活素質要求下的所謂「社會法治國」裡，政府能力的捉襟見肘，輒需藉助民間力量的投入。因此，從嚴立法並要求務必貫徹執行，以符依法行政之旨，已呈現客觀事實不能之情況。在法理上，法律須具有實效性及安定性，已被視為法規範存在價值的重要評估要素，既然政府能力並非無所不逮，卻又要求其忠實執行法律，則為維護公權力於不墜，先進法治國家在立法時就特別留意其活動能量的界限，亦即立法要量力踏實。換言之，立法者於立法時宜以政策取向之釐定者自我期許，凝聚民意，普納建言，縝密評估斟酌該法案相關的周遭環境之需要，於人民負荷或接受程度、政府執行所需之人力、預算及能力所可能到達之範圍而制定法律。

◆特別法優於普通法

所謂「特別法優於普通法」，乃謂特別法有排斥普通法而為適用的效力。惟此時普通法並非廢止其存在，而根本失其效力，僅其適用為特別法所排斥，致其效力隱而不現。若特別法一旦廢止，則普通法即表現其固有的效力。至於普通法廢止，特別法的效力，在原則上亦不受其影響，惟特別法若係以普通法為其根據，則有時普通法的廢止，即影響特別法的存在，特別法的效力，自亦發生問題，此則須視普通法與特別法規定的內容及立法意旨等情形以為認定。

需要制定特別法之原因，不外是由於：㈠無論任何一種法律，在制定時，不能將所有可能發生的情事，預先規定無遺，尤其對於特殊情況，未便歸納於適合一般情況的法條內，以割裂其整個立法精神，故須於普通法之外，有另行制定特別法的必要。㈡對於某種特殊事件，僅在特定期間或特定地區有其存在之必要，若修正平時適用或一般地區適用的普通法，則有牽一髮而動全身之虞，故不如另定特別法，以爲暫時的適應，而與普通法並存，則將來若特別法不需要時，即可以廢止，而不影響普通法的存在。

特別法制定的原因，既如上述，故普通法與特別法的區別，在法律適用上，有重大的作用。此即中央法規標準法第 16 條前段所謂：「法規對其他法規所規定之同一事項而爲特別之規定者，應優先適用之。」凡對於同一事項，同時規定於兩種不相同的法律，而其規定彼此又不相同時，應先適用特別法的規定，若特別法無規定，始得適用普通法的規定，此即特別法排斥普通法而優先適用之原則。例如關於軍人犯罪，須先適用陸海空軍刑法，若陸海空軍刑法無規定時，始適用普通刑法；又如關於盜匪案件，在懲治盜匪條例未廢止時，先適用懲治盜匪條例，若該條例無規定時，始適用刑法的規定。若其他法律修正後，仍應優先適用之，此即上述同法同條後段所謂：「其他法規修正後，仍應優先適用。」是爲「新普通法不能變更舊特別法」的原則。

◆後法優先原則

後法優於前法，亦稱新法優於舊法原則，即關於同一事項，如有兩種規定不同的法律存在，則於國家意思的統一，殊有妨礙，此兩種法律不能同時並存，以同時適用，必須選擇其中的一種，以爲適用，其選擇的標準，即以該兩種法律公布施行時間的先後爲標準，其公布施行的時間在後者，爲國家以後所決定的意思，而推定爲已更改以前所決定的意思，此時則適用後出的新法，而前法失其效力。

採用此項原則的原因或作用，主要約有四點，如下：

(一)適應情勢變遷

社會客觀情勢發生變遷，則法規內容即應隨之而變遷，否則即與社會脫節，而失其存在的價值。至於適應社會變遷的方式，包括制定新法與修正舊法，而所制定的新法，既能反映社會新的情勢與需要，自應優於舊法而先行適用，舊法亦將因有新法取代而被淘汰。

(二)避免修正或廢止法律手續

如前項所言，國家法制適應社會變遷的方式，包括制定新法與修正舊法兩種，採取其中之一即可達到目的，而以制定新法較爲澈底。新法制定施行後，既可取代舊法，則不必再行修正舊法；舊法既因不獲繼續適用，而遭受淘汰，亦即等於無形中歸於廢止。

(三)促進法律進步

在制定新法取代舊法時，必將參考舊法內容，改正其缺失，並吸收新的法理思想與政策指示，使新法具備較舊法更爲妥善完備的內容，在實質上優於舊法。故採取此項原則，實有助於法制的革新進步。

(四)解決舊法實施所生問題

舊法在實施過程中，所呈現的各種缺失與問題，既將在新法內容中獲得彌補、矯正與改善，則以新法取代舊法，實不失爲解決舊法實施所生問題的有效方式。

◆法律不溯既往原則

「法律不溯既往」乃是法理上關於時的效力方面一項重要原則，對於法律適用方面具有普遍的拘束力。所謂「不溯既往」，即法規僅對自其生效以後所發生的事件具有合法的拘束力，而對於前此所發生的事件不得予以適用。例如刑法第 1 條規定：「行爲之處罰，以行爲時之法律有明文規定者，爲限。」民法總則施行法第 1 條前段規定：「民事在民法總則施行前發生者，除本施行法有特別規定外，不適用民法總則之規定。」至於行政法的適用方面，對於此項原則的採行，雖無統一的明文規定，但在法理上已視為當然，行政機關於適用法規時，除有特殊規定外，自應加以遵循。大法官會議對此已有明確解釋，釋字第 54 號解釋稱：「現行遺產稅法既無明文規定溯及既往，則該法第 8 條但書，對於繼承開始在該法公布以前之案件，自不適用。」由此不難瞭解，此項原則在行政法適用方面所具之拘束力。

「不溯既往」原則在法理方面之所以具有如此的重要性，自然是由於其本身的客觀價值及在法制上採行的實際需要。分析言之，採行此項原則的原因或作用主要約有三項：

㈠維持法律關係的穩定

無論公法與私法關係均應維持其穩定性，若法律的適用可以溯及既往，亦即允許其推翻或改變現存的法律關係，則對當事人權利義務將不免發生得喪變更的影響，可能使其權益遭受不利。

㈡保障既得權益

人民的既得權益，既是過去依法取得，自應受到法律的保障，不應輕易制定溯及既往的法律，加以剝奪或否定，如此即可能與民主國家保障人民自由權利的傳統背道而馳。

㈢維持法律尊嚴與政府威信

法律實在具有穩定性，政府措施必須具有公信力，是故均不應有朝令夕改的情形發生；如果過去為合法之事，於新法施行後頓成違法，遭受取締或被撤銷，則不啻出爾反爾，食言背信，如此將使法律的尊嚴難以維持，政府的威信為之掃地。

「不溯既往」主要是法律適用方面的原則，如前所述，行政與司法機關在業務上適用法規時應遵循此項原則，或將之作為法理上解釋的標準。至於立法機關在制定法律方面，此項原則對其並無絕對的拘束力。固然，有少數國家將其採用爲立法原則，例如美國憲法第 1 條第 9 項規定：「溯及既往的法律（ex post facto law）不得制定。」菲律賓憲法及挪威憲法亦均有類似的規定；但大多數國家均未對立法機關作此種限制，亦即認爲立法機關得制定溯及既往的法律。就我國的情形而言，除民法方面有溯及既往的特殊規定外（見民法總則施行法第 3 條及債編施行法第 4 條等），行政法方面的實例更多。（張家洋著，行政法，頁 114-116）

◆公益原則

公益之內涵，即所謂公共利益。分述之，「公共」即㈠非隔離性：任何人、任何時間均可自由進出某團體。㈡數量上須達一定之多數。「利益」即就評價之主體而言，該客體所獲得之特定價值，即爲利益。

詳言之，公益非指多數人之利益總和，而係指各個成員之事實上利益，經由複雜交互影響過程所形成之理想整合的狀態。國家或其他公權力之行爲應重視公益。有些行政行爲（給付行政）雖使個人獲利（例如提供輔助、生活照顧之給付等），惟須同時符合公益之要求。

公益在現代國家，係以維持和平之社會秩序，保障個人之尊嚴、財產、自由及權利，提供文化發展之有利條件等項爲其內容。國家機關之作爲，倘若背離公益則將失其正當性。在以民主法治爲基礎之現代國家，憲法及法律之內涵本身，即屬一種公益之顯示，故忠實執行憲法及法律，乃實現公益之主要手段。我國憲法的「前言」中，即提及「鞏固國權，保障民權，奠定社會安寧，增進人民福利」爲立憲的目的，而在第 22 條及第 23 條，且明定爲「防止妨礙公共利益」及「增進公共利益」之必要時，可以限制人民之基本權利。

◆情事變更原則

行政處分所依據之法規或事實事後發生變更，致不廢止該處分對公益將有危害者。此之情事變更，包括「法規變更」及「事實變更」。

㈠所謂「法規變更」係指法律、法規命令或地方自治規章等直接對外發生拘束力規範之新定、修改或廢止的改變而言，包括立法院審議之條約及行政協定內容之改變，但不包括法院（判決）見解的改變。但新的習慣法及新的一般法律原則之改變，則包括在內。「行政規則」之變更，不屬法規變更。

㈡所謂「事實變更」，係指已作成之行政處分所依據之客觀要件事實，於事後有所改變而言，亦包括科學知識上客觀認知的改變（李惠宗，2003：329）。

行政程序法有情事變更原則之規定，如同法第 123 條規定：「授予利益之合法行政處分，有下列各款情形之一者，得由原處分機關依職權為全部或一部之廢止：一、……。四、行政處分所依據之法規或事實事後發生變更，致不廢止該處分對公益將有危害者。」

又同法第 147 條亦規定，行政契約締結後，因有情事重大變更非當時所得預料，而依原約定顯失公平者，當事人之一方得請求他方適當調整契約內容。如不能調整，得終止契約。

◆習慣、行政慣例之區別

㈠習　慣

習慣得為民事法之法源，民法第 1 條有明文規定。行政機關對業務的處理，在國家未制定有關法規之前，常有以習慣為規範者，而於制定法規時，即將此等習慣予以吸收，納入法規的內容，因而構成行政法規的法源。一般學界認為，習慣如果法律有明文承認，或該習慣經久慣行，已為人民及行政機關所信守，且不背於法律或公序良俗者，或對行政機關已成具有「行政自我約束」之效力者，可有法源之效力。

㈡行政慣例

行政慣例係行政機關處理某類事務反覆之慣行，與習慣法應含有一般人普遍確信其法的效力之要素者不同，故單純之行政慣例並非法源之一種，蓋此種慣例究為執行法規之必要措施，抑或官僚體系作業上之便宜舉動，其合法性首先發生疑問。若行政慣例行之已久，且有必要使公務員於執行職務時加以遵守者，實際上已形諸命令或規章，其性質則屬行政規則或特別規則，已非慣例。瞭解行政機關作業者，皆知行政慣例對公務人員事實上之影響，不可忽視，尤其在法規不完備或法規複雜，造成適用困難時，循例處理乃公務人員之不二法門。

◆判　例

㈠判例係指最高行政法院在諸多判決中，經過揀選審核之程序，將其中具有作為先例價值者，製成判例要旨而公布。

㈡與判決不同。判決只有個案效力，判例則對將來發生之同類事件有一般之拘束力。

㈢在行政法內，判例法係用以「補充法律」及「使法律具體化」，並不許用以修正法律。

◆解釋憲法

解釋憲法由司法院大法官會議行使之，其內容如下：

㈠解釋憲法事項

下列解釋之事項，以憲法條文有規定者為限：

1. 關於適用憲法發生疑義之事項。
2. 關於法律或命令有無牴觸憲法之事項。
3. 關於省自治法、縣自治法、省法規及縣規章有無牴觸憲法之事項。

㈡聲請解釋

有下列情形之一者，得聲請解釋憲法：

1. 機關聲請：中央或地方機關，於其行使職權適用憲法發生疑義，或因行使職權與其他機關之職權，發生適用憲法之爭議，或適用法律與命令發生有牴觸憲法之疑義者。
2. 人民聲請：人民、法人或政黨於其憲法上所保障之權利遭受不法侵害，依法定程序提起訴訟，對於確定終局裁判所適用之法律或命令，發生有牴觸憲法之疑義者。
3. 立委聲請：依立法委員現有總額三分之一以上之聲請，就其行使職權，適用憲法發生疑義，或適用法律發生有牴觸憲法之疑義者。
4. 法院聲請：最高法院或行政法院就其受理之案件，對所適用之法律或命令，確信有牴觸憲法之疑義時，得以裁定停止訴訟程序，聲請大法官解釋。另依釋字第 371 號解釋，法官審理案件時，對於應適用之法律，依其合理之確信，認為有牴觸憲法之疑義者，各級法院得以之為先決問題裁定停止訴訟程序，並提出客觀上形成確信法律為違憲之具體理由，聲請司法院大法官解釋。

㈢自動解釋

依憲法第 114 條規定：「省自治法制定後，須即送司法院。司法院如認為有違憲之處，應將違憲條文宣布無效。」又大法官會議法第 4 條規定，憲法第 114 條規定之案件，不準用聲請解釋之程序，由司法院自動為之。

◆解釋憲法之作用

解釋憲法之作用有如下四點：

㈠闡釋法文疑義

依各國立法習慣，法條之文字結構，咸以簡明扼要爲尙，因此不免晦澀不明，疑問滋生，而有待解釋予以闡明。

㈡補充憲法的不備

成文憲法條文簡潔，都係一般性之抽象規定，對繁雜無窮的社會事實，勢難規定罄盡，而有待解釋以解決憲法適用上之疑難問題，並補充憲法的不備。

㈢統一解釋國家法令

憲法的解釋，在一般成文憲法國家，國家之法制具有階段性，當法令有無牴觸憲法發生疑義時，必須對憲法的意義作統一解釋，此種解釋不僅有補充憲法之不足，亦有維護憲法之效，而含有承認合於憲法之法令或否定違憲法令之作用。

㈣推陳出新的作用

社會現象日新月異，而在剛性憲法國家，憲法修改不易，遇憲法有不盡符合民意、時代及社會需要時，有賴解釋以推陳出新。

◆解釋憲法、統一解釋法令之原則

解釋憲法與統一解釋法令之區別如下表：

類別		解釋憲法	統一解釋法令
相異點	㈠解釋對象	以憲法為解釋對象	以一般法令為解釋對象
	㈡解釋方式	1.自動解釋：司法院對於省自治法，如認為有違憲之處，應將違憲條文宣布無效。 2.被動解釋：須基於機關、人民、法人、政黨或立法委員之申請始得解釋。	完全是被動解釋；換言之，則須機關之申請，始得解釋。
	㈢決議	應有大法官總額三分之二之出席，暨出席人三分之二之同意，方得通過。	應有大法官總額過半數之出席，暨出席人過半數之同意，方得通過。
相同點		㈠聲請解釋機關有上級機關者，其聲請應經由上級機關層轉，上級機關對於不合規定者，不得為之轉請，其應依職權予以解決者，亦同。 ㈡聲請解釋憲法，不合規定者，大法官應不受理。	

◆文義解釋、論理解釋之區別

學理解釋通常分爲文義解釋與論理解釋兩種。學理解釋因係學界基於學理探討，以事理之見解而對法規所爲之解釋，其雖無一定之拘束力，但仍屬法規解釋重要之參考意見。

㈠文義解釋

文義解釋又稱爲文理解釋或文字解釋，係依據法規條文上的字義或文義而爲解釋。因爲文字之意義，往往因使用時的過於簡潔，差之毫釐則失之千里，倘不先行爲文義解釋，則恐難以符合立法者的原意。按文義解釋的原則爲：

1. 法規的文字、文句必須以平常的意義解釋，並且要留意慣用字例。
2. 法律的文字、文句須依據立法當時的立法原意而爲解釋，不可悖離立法本旨。

3. 解釋法規條文時，須注意法規的全文意義。

㈡論理解釋

論理解釋又稱爲理論解釋，係參酌法律制定的原因、理由或沿革，以及其他和法律有關的一切情事，依一般法理之推繹作用，以闡明法律條文真意的解釋。論理解釋並不受法規條文字句片面之拘束，其概可區分如下：

1. 擴充解釋，此係法規中規定的文字失於狹隘，不足以表示法律的真意時，擴張法規文字的意義以爲解釋。例如憲法第 4 條規定：「中華民國領土，依其固有之疆域，非經國民大會之決議，不得變更之。」就字義而言，領土僅指地面的土地，但國家的領土，應不限於地面之土地，應包括領海、領空，故法律上所規定的領土，應解釋爲包括領海、領空，即爲擴充解釋。
2. 限制解釋，係指法規所規定的文字，失於寬泛，故將法文的涵義，加以限制，使合於法律真義的解釋，又稱爲限縮解釋或縮小解釋。例如憲法第 20 條規定：「人民有依法律服兵役之義務。」其中之「人民」二字，應解釋爲僅指「男子」而言，與通常所謂「人民」係包括男女兩性者不同。
3. 當然解釋，係指法文中並未規定，以理所當然闡明法律真義的解釋。例如刑法第 262 條規定：「吸食鴉片或施打嗎啡或使用高根、海洛因……」，其中「吸食鴉片」者有罪，惟若不用吸食方法，而用吞食方法，自應包括在內，而認爲有罪。
4. 反對解釋，此係指依照法規規定的文字，推論其反對的結果，藉以闡明法律真義的解釋。例如民法第 12 條規定：「滿二十歲爲成年。」則凡未滿二十歲者，原則上均可解釋爲未成年人。
5. 補正解釋，此係指法律的文字、規定有欠完備，或發生錯誤時，則統觀法律的全文，而以解釋補正之，是爲補正解釋。補正解釋，等於新的立法，故應用時應從嚴，非法律文字顯欠完備或顯有錯誤時，不得爲之。例如憲法只規定，行政院和考試院有向立法院提出法律案之權，沒有規定監察院也有向立法院提出法律案之權，司法院大法官會議認爲這是法文的闕漏，故解釋監察院亦有提出法律案之權（釋字第 3 號解釋），此種解釋就是補正解釋。

6. 變更解釋，係指法文上所用的字句，不以通常的意義解釋，而以特殊的意義解釋稱之。例如民法上所稱「善意第三人」，「善意」二字，並非通常應爲良善、慈善之意，而係解釋爲不知情之意，此種解釋即爲變更解釋。

7. 歷史解釋，又稱爲沿革解釋，係指蒐集法規訂定經過的歷史材料，以闡明法律真義的解釋。例如我國現行法規，均以三民主義爲其最高原則，法律的條文如有疑義或其他缺陷時，則應以三民主義的精神及其發展的經過情形，以爲解釋。

8. 類推解釋，係指法規中對於某種事項，雖無明文直接規定，惟對其他類似事件則已有規定，則應用其規定類似事項的法規以解釋，是爲類推解釋。類推解釋與前述的當然解釋與擴充解釋均不同，當然解釋與擴充解釋均是在法條之內闡述其義，擴張其真義；類推解釋則是在本條文之外，援引另一條文，以比附適用；類推解釋雖被視爲法律解釋的一種，但應嚴格限制它的適用範圍，以防濫用。類推解釋之方法有二種：

⑴由法律明文規定「準用」規定者，例如，民法第 347 條規定：「本節規定，於買賣契約以外之有償契約準用之。但爲其契約性質所不許者，不在此限。」又如第 398 條規定：「當事人雙方約定互相移轉金錢以外之財產權者，準用關於買賣之規定。」等是。

⑵依法律性質類推者，例如，將民法第 19 條有關自然人姓名權的保護，

類推適用於法人名稱的保護。債篇各論中，各種有名契約的規定，類推適用於相似的無名契約。

◆大法官對法規命令牴觸憲法及法律之解釋

大法官解釋宣示法規、命令牴觸憲法及法律者，依其牴觸態樣及違法理由，可分爲四種類型，如下：

㈠命令變更法律母法之適用或主體，並因而違反憲法之法律保留原則，如釋字第 210、367 號解釋。

㈡命令增加法律母法所無之限制或條件，並因而違反憲法之法律保留原則，如釋字第 268、273、380、415 號解釋。

㈢命令增加法律母法所無之限制或條件，有違憲法保障人民權利之意旨，如釋字第 274、320 號解釋。

㈣命令逕爲裁罰性規定或欠缺法律明確授權，有違憲法之法律保留原則，如釋字第 289、313、390、394、402 號解釋（廖義男，評析司法院大法官對依法行政原則之解釋，文載憲法解釋之理論與實務，頁 64-67）。

◆統治行為

統治行爲，係指政府中屬於實際政策決定之過程及政黨政治的運作。亦即指有關國家存立，或其統治等具有高度政治性且爲最基本性之國家最高政治機關之行爲；易言之，統治行爲對外係指本國與諸外國之關係，對內係策定國政方針，選任政府各部門首長等決定國家與國民命運之重要行爲。

行政乃須立於法律之下，並接受司法審查，故其具體活動受法之支配者爲行政行爲。而統治行爲即超然於法秩序之外，以達成國家目的爲其本質上之機能。

依權力分立之理論而言，司法應避免對高度政治意義之行政行為加以審理。統治行為，依民意政治原理，應以民意為依歸，讓國民去監督論斷，並決定其去留。

◆立法從寬執法從嚴

立法從寬執法從嚴，是具有強行性之行政法學理上的重要原理，至於綱領性的憲法、任意性的民法、社會教化性的刑法或程序性的訴訟法，以其法律制度存在之本質與理念殊異，未必能予適用。

立法從寬係指立法要量力踏實，亦即立法者於立法時宜以政策取向之釐定者自我期許，凝聚民意，善納建言，縝密評估斟酌該當法案相關的周遭環境的確之需要，於人民負荷或接受能量及政府執行能力所可能到達之範圍而訂定法律。反之，對於理論上、理想上、倫理上或過度前瞻之事物，即客觀上當前或可預見之未來確係人民無法遵行及政府力所未逮之事物，應請從寬暫免規定之謂。此處所稱之「立法」係指其實質意義，即指除法律之制定外，尚包括「法規或命令」之訂定。立法從寬執法從嚴最通俗的語意是做得到才說（立法），說了就應該做到（執法），質言之，行政法律要能說到做到。

至於其優缺點，城仲模教授評析如下：

㈠優　點

1. 可以正確培養法治觀念，甩掉不合時潮難以實證「亂世重典」之類的意識型態之古老傳說。
2. 提升對於法制之信賴度與崇敬感。
3. 在給付行政踏實推展中，使政府之多元責任單純化，並可規避「怠於執行職務」之虞。
4. 國家或政府執行責任密集而縮小，得以凝聚力量說到做到，使公權力更堅實，執行之干擾必將減少。

5. 人民易於知法，便於遵守，既無需亦不敢有所取巧，則崇法行法之習慣必可加速滋長萌芽。

6. 比較不易予行政權及其執法者有魚肉民眾作奸犯科之機會。

㈡缺　點

1. 被認為法制不具前膽性。

2. 因執法者之無能、無效率或人民之怠惰無知等現象，容易扭曲改變立法者之政策決定。

3. 執法者或人民一時之不逮非即長遠的做不到。

4. 眼睜睜看著不法之橫行而無可用之制裁依據。

5. 社會情勢演變如此快速，立法定於當前有限之範圍，則事過境遷，務須即修法律，終將使法律安定原理難以維持（城仲模著，法律評論，1987，頁 21-22）。

◆歷史研究法

對於立法理論的研究，早在 1802 年，德國法儒薩維尼（Savigny），即在其《立法學》一書中，提出歷史法學的方法論。主張對於立法的研究，除了解釋法律，藉以探求立法意旨的工作以外，從歷史研究的觀點，尚須著眼於法律體系的形成過程以及社會制度的觀察，並以系統研究的方法，就法律有關的各種型態及支配關係，包括形成概念的相關因素，及其對法規的內在關係、法律整合及法律漏洞等等問題的研究，以求法律的合理性。

我國已故行政法教授林紀東，亦曾認為研究行政法應採用歷史方法，其理由有三，如下：

㈠我們必須重視歷史的研究，而後瞭解某一法案產生的社會政治背景，和法制淵源，俾對於某一法案，獲有透徹的認識。

㈡我們必須探究某些行政法案運用之經驗，而後知道它立法上有什麼長處，應該發揚光大。有什麼缺點，應該糾正缺失。執行上有什麼困難，實施時應該有什麼準備，以供立法和執行之參考。

㈢我們更可從歷史的研究上，培養進化的法律觀，知道法律是隨社會變遷而變遷，所以執法論法，應該由現代觀點出發，不可一味迷信古人（林紀東，行政法，三民，1992，頁 140）。

至於歷史研究法之具體手段與步驟，有如下數項：

1. 蒐集法案之原始歷史材料。
2. 尋求演變之經過及原因。
3. 吸取過去之經驗，以作改革興替之參考。
4. 鑑往知來，以推測未來演化之趨勢。
5. 探究歷史積習與民族習性對法律之影響（張劍寒，現代行政法基本論，漢林，1985，頁 7）。

◆法條研究法

法條研究法，除研究法律條文外，並須研讀權威學者對法律之註釋說明，亦即指專家所撰之「法律教本」（textbooks）。法條研究法所採用之手段及步驟，依我國行政法學者林紀東教授之見解，可分為三端：第一是認識法案，第二是分析法案，第三是批判法案。為便於說明，茲分述如下：

㈠認識法案

認識法案，又可分為「文理認識」、「論理認識」、「法理認識」三部分，如下：

1. 文理認識：所謂文理認識，即由各個法條的文字上，認識法案的涵義。法案的認識，固不以文字的認識為限，以免只看到法案的軀殼，忘卻了法案的靈魂，但法條的文字，究不失為法案內容的表徵，故認識法案，應先由文理的認識入手。細細地看每一條每一字的意義，以為把握整個法案的基礎。

2. 論理認識：法案是一個完整有機體，各部分都有關聯，且在此一法案與彼一法規之間，亦有相當的聯繫，故於文理認識之後，要繼以論理的認識，注意法條與法律間、法規與法規間相互的牽聯，整體的來把握法案，而不是片斷的來看各個法案，以免顧此失彼，誤以一斑為全貌。

3. 法理認識：所謂法理的認識，即認識藏在各條之後，引導著各個法案的立法精神，和為各個法條所寄託的立法目的，庶幾認識法律，運用法理，不致有本末顛倒之弊。

㈡分析法案

分析法案之方式，可分為「體系分析」、「性質分析」、「立法技術分析」等三種：

1. 體系分析：即分析其在整個法律體系中之位階。而探求其與其他法令之隸屬，及與其他法令之關聯，即屬體系分析。母法子法之關係為隸屬關係。根據體系分析，可知某一法律之位階性、隸屬性及關聯性。依據位階性，則低階法不能牴觸上位法；依據隸屬性，則子法不得牴觸母法；依據關聯性，則可相互援引或準用。此一「體系分析」，對於法律之解釋與適用，至為重要，故應闡明。

2. 性質分析：因行政法案作用各殊，性質亦異。有懲罰性者，亦有獎勵性者；有消極性者，亦有積極性者；有實體性者，亦有程序性者；有永久性者，亦有臨時性者。性質不同，解釋與適用亦有參差。故為便於以後之解釋，須作性質之分析也。

3. 立法技術分析：所謂「立法技術分析」，則係就法案之內部編排及體例加以分析。篇、章、節，乃法案之編排；條、項、款、目，乃法條之結構。法案之編排不知，法條之結構不曉，則無從解釋援用。而「法律之要項」（purview）區分，亦屬內容分析。所謂「要項」，其典型順序如下：⑴法案名稱。⑵立法目的。⑶名詞界說。⑷重要性的一般規則或特別規定。⑸次要規定及例外規定。⑹罰則。⑺臨時規定。⑻保留條款。⑼分離條款，即不因一部無效而全部無效之規定。⑽生效日期。法律要項之分析，表面看來，與研究法律無關宏旨，實則對法律之解釋及適用，關係至密，例如立法目的，不僅係解釋法律之指標，且是執行法律之指南針。例外規定、嚴格解釋、不許擴張及類推解釋。

㈢批判法案

研究法案不僅要認識法案和分析法案，而且要批判法案，法案經過審慎批判始能修正改進，以符合社會生活的需要及時代的潮流。惟批判法案須有批判標準，經歸納學者之見解，一般行政法案之批判標準有下列數端：

1. 立法目的是否正確。
2. 立法原則是否健全。
3. 立法政策是否允當。
4. 立法內容是否符合法規範之妥當性、一貫性及合理性。
5. 立法技術是否高明。
6. 立法效果是否彰著（張劍寒，行政法學之研究方法及趨勢，1969，頁193-194）。

◆比較研究法

現代各國立法均是相互借鑑和仿效的，故在研擬解決建議時，比較法一直扮演重要角色。比較研究法之優點，簡言之，約有兩端：一為「比其異同」，二為「較其得失」，前者是事實判斷，後者是價值判斷。知其事實之異同，則可明白本國法與外國法之通性與特性，瞭解現代法律的普通法則及各國立法的趨勢，相通者可以參考補充，相異者不得比附援引。在價值上明其利弊得失，則知存其長，而捨其短，以為未來立法定制之借鏡。

行政法之採用比較研究法，現在尚有兩種重要意義。第一，行政法極富技術性，且其技術性之成分，輒超過歷史性之成分，而技術性之規定，常超越國界。因之，採用比較研究法，即可吸收先進國家之技術經驗，以充實改進本國之行政法。第二，國際交通日繁，世界文化交流日甚，各國行政政策輒有相似性。因之，行政法國際化，甚而有「國際行政法」之出現。在此情形下，採用比較研究法，將收效更宏。

關於行政法之比較研究法，有其一定之原則，違反下列原則，即不能進行比較：

㈠不能將行政法令之內容，依特定順序，一一加以排列，應依一定之標準，加以對比或相較。

㈡比較是用假設或學說來解釋行政法之資料，以便推廣應用。

㈢行政法之比較研究，不僅應注重形式之制度而且應注重實際之運用，以免名不符實。

㈣行政法之比較，是用科學方法，建立行政法中各種因素間之關係，找出彼此間之異同，加以說明。

㈤比較含有抽象性。因之，具體的情形，則單一無比，如硬要比較，即流於牽強附會。

㈥從事比較之前，不僅要建立其基本概念，而且要確定對特定事項分析之有關基準。

㈦提出解釋及說明行政法中某項問題之假設，並應依有效證據，加以驗證，如未經驗證之學說或假設，只可暫時援用，嗣後得依知識上之實證，加以修正或廢棄。至於行政法之比較研究，所採之具體方法及步驟，約有四端：1.究問。2.探尋。3.歸類。4.解釋（張劍寒，現代行政法基本論，漢林，1985，頁 7）。

◆基本法

所謂「基本法」，其性質係屬有關重要事務之原則性、綱領性、方針性規範，其位階雖與一般法律相同，但可作爲補充憲法有關重要方針條款之不足，並確定重要事務法制之根本目的與原則之法律。其規範內容若能獲得全體國民之支持與認同，建立全體國民對該重要事務目標及原則之共識，則基本法亦可達成指引，並導正整個重要事務法制及活動之規範功能。

有關外國制定基本法之情形，日本習慣制定某一領域的基本法，確定政策方向，然後再據以續定各種子法。此似與日本憲法沒有「基本國策」章有些關係。如日本基本法大致可分爲三種類型：

㈠制度立法型：此類型乃制度本身之基本立法，如教育基本法。

㈡國家政策立法型：此類型爲國家政策目標、方向之基本立法，爲現行基本法中爲數最多之類型，例如核能基本法、觀光基本法、中小企業基本法等。

㈢措施立法型：此類型爲因應特定行政問題之對策立法，例如災害對策基本法、消費者保護基本法等。

前述基本法在各領域中具有「準憲法性質」，有優越的地位。

此外，德國有「概括立法」模式，即在某些範疇內，聯邦可僅訂頒立法原則，各邦應依立法原則訂定施行法令，即「框架法」，主要是預設準則與框架，其模式與基本法類似。

我國目前經立法院三讀通過，並奉總統令公布之基本法，有科學技術基本法、教育基本法、環境基本法、通訊傳播基本法、原住民族基本法等五種。

◆陽光法

美國最早以自然之「陽光」爲法律標題，即 1996 年制定之「政府陽光法」（Government in the Sunshine Act），嗣後編入聯邦法典第 5 篇第 552b 條，這是一個聯邦公開會議（open meetings）之法律，它規定獨立管制委員會等機關召開會議必須對公眾公開。該法之制定與「資訊自由法」（Freedon of Information Act），使美國人民期待已久的「公開政府」（open government）意願獲得了實現。

所謂「資訊自由」（freedom of information），即指人民或團體有獲得政府紀錄與資料之權利，政府有將人民所要求的資訊予以公開之義務的一種制度，此亦爲廣義陽光法律之一部分；至於狹義的「陽光法」（Sunshine Law）係指強制任何從事影響政策活動的組織或個人，必須向政府或有關單位登記，並告知其經費收支與活動內容，以便接受社會大眾監督之規範，例如公職人員財產申報法、遊說法、政治獻金法、公職人員選舉罷免法中之競選經費申報制度等。

◆限時法

「限時法」乃在立法之始專門針對特定時期之需，而制定之一種明定有效施行期間，或定有施行至特定日爲止之法例。限時法因時效經過而自動失效，係於其立法時，即已預見之附有時效之立法設計使然。易言之，限時法之失效，乃因制定法律之特別情況與立法目的之消失，而非因爲法律見解之改變與社會因素、社會價值以及倫理道德標準等變遷而修正。

限時法又可分廣義及狹義二者。例如戡亂時期貪污治罪條例，依其第 1 條規定僅適用於戡亂時期。又如戒嚴時期內的警戒地域或接戰地域，始有戒嚴法有關規定的適用等，可謂爲廣義的限時法。

至狹義之限時法，指明定有效施行期間者而言，我國法制中現有案例如下：

㈠民國 89 年公布施行之「九二一震災重建暫行條例」第 75 條規定施行期間

自生效日起算五年。

㈡民國 92 年公布施行之「公共服務擴大就業暫行條例」及「擴大公共建設振興經濟暫行條例」，均明定其施行期間一年。

◆諮商、聽證會之區別

因爲一個內容複雜、涉及範圍甚廣的立法計畫，往往不是某一個組織所能全權處理，常涉及若干組織的權責。在此種立法計畫起草過程中，爲徵詢統一內部及有關機關之意見，集思廣益，精益求精，而由主管機關召集各有關機關舉行之溝通協調會議，稱之爲「諮商」或「會商」（consultation）。而「聽證」（hearing）係行政或立法有關機關爲制定合理可行之法律，聽取學者專家、利害關係人或有關團體代表意見之手續。經過這樣的聽證程序，積極方面才能使民主與效能得兼；消極方面才不致偏頗缺失，窒礙難行。在行政機關階段可稱之爲「法規聽證」或「法案聽證」，在立法機關階段則稱之爲「立法聽證」或「國會聽證」。

一般而言，諮商與聽證不同之處，可分成以下三點說明：

㈠參加人員不同

諮商以各機關代表爲主要對象，聽證以利害關係人爲主要對象。至於學者專家，於諮商或聽證時皆可參與。

㈡目的不同

諮商之目的，在統一內部及有關機關之意見，或集思廣益，以利於行。而聽證之目的，在維護人民權益，兼聽博諮，消除偏私，企求公正與合理可行。

㈢範圍不同

諮商之適用範圍，則爲內部行政法案及機密法案，且緊急性法案有時亦可舉行諮商。而聽證則用於外部法案之制定，故不適用於內部行政法案、國防或外交機密法案，以及緊急性之法案。

◆公聽會、聽證會之區別

「公聽會」是指國家機關爲了蒐集或獲得最新相關意見或資訊，邀請政府官員、社會團體、專家學者、與議案有關的利害關係人或有關議員到會陳述意見，爲議案諮詢或起草和制定法律案提供依據和參考的一種制度。

「聽證會」是指立法機關委員會或其他行政機關於制定法律、調查行政違失或監督行政時，依法律規定在作出決定前，給予利害關係人提供發表意見、提出證據，並對特定事實進行質證、辯駁的程序。

兩者區別在於聽證會爲正式程序且富司法色彩，得舉行辯論、交互詰問，並基於紀錄作出決定。而公聽會則爲非正式，僅廣泛聽取專家學者及利害關係人意見之程序，不一定如聽證會有正式辯論及要求提出證據。一般在立法性或諮詢性會議中使用。

◆行政裁量

所謂行政裁量，乃行政機關根據法律授權，基於行政目的，自由斟酌，選擇自己認爲正確的行爲，而原則上不受法院審查者。目前我國通說認爲裁量限於「法律效果」而非「構成要件」之裁量。

例如環保署根據空氣污染防制法第 48 條，主管機關有權針對違反緊急防制措施之人，「處新臺幣十萬元以上一百萬以下罰鍰，情節重大者，並得命令其停工或停業」。此時，凡新臺幣十萬元至一百萬元之間的罰鍰，皆爲行政機關的裁量；而是否停工或停業，亦爲其裁量。行政機關在此範圍內所作的決定，皆爲合法。

◆裁量收縮至零

行政裁量在某些特殊情況下，被限縮到只能作成某一決定，也只有該決定才會被認爲是無裁量瑕疵之決定，此時裁量權幾已萎縮到零。例如國家安全法第 3 條第 2 項：「人民申請入出境有左列情形之一者，得不予許可……」，以第 1 款爲例：「經判處有期徒刑以上之刑確定尚未執行或執行未畢，或因案通緝中，或經司法或軍法機關限制出境者」，既經限制出境，是否尚「得」許可其出境，裁量空間已極小。因此，就該條文規定言，若事涉重要法益（生命、身體、重要財產之損害），執法人員雖依法得享有裁量權，但又顯有必要採取措施時，則「得爲」之規定形同具文，此乃所謂裁量萎縮至零（李震山，2003：80-81）。

◆概括條款

所謂「概括條款」，又稱爲概括規定，係指對於某種有效或無效的行爲，或某種應命令或禁止的行爲，沒有具體地指明其法律事實，或其構成要素，而僅以抽象的語氣，爲含混籠統之規定的條文。例如「必要時」、「認爲有公益上之必要」、「符合國家經濟發展需要」、「無正當理由」、「致生公共危險」、「其他……」等。

概括條款在類型上大致有兩種，一種係在該概括規定中，使用不確定法律概念爲構成要件，此種需價值補充構成要件性質之概括條款，例如民法第 72 條：「法律行爲，有背於公共秩序或善良風俗者，無效。」民法第 148 條第 2 項規定：「行使權利，履行義務，應依誠實及信用方法。」及憲法第 22 條：「凡人民之其他自由及權利，不妨害社會秩序公共利益者，均受憲法之保障。」皆屬之，惟前者是單獨存在之概括條款，後者是依附在列舉條文後之概括條款。此種概括條款，旨在能適應社會行爲及倫理道德價值觀念之變遷，而使法律得以不因時廢，併追求公平正義。其之執行，必由執法者，本於社會上可以探知認識之客觀倫理秩序、價值規範及公平正義原則，加以「判斷」，並事後接受司法之審查，以具體顯現其規範功能。另一種型態是如大法官在釋字第 432 號所指會計師法第 39 條第 6 款規定：「其他違反本法規定者。」或在釋字第 521 號解釋中所指海關緝私條例第 37 條第 1 項第 4 款規定：「其他違法行爲。」

概括條款具有承接規範之功能，其本於輔助（補充）性原則有補結構規範遺漏之功能。申言之，結構性規範若有缺漏而導致功能不足時，由概括條款承接並彌縫之，以發揮規範完整功能（李震山，警察法論，2002，頁 169-170）。

◆行政裁量、不確定法律概念之區別

㈠質的區別說

主此說者認爲裁量與不確定法律概念有本質上之不同，裁量限於法律效果之層次，構成要件事實則無所謂裁量可言；裁量乃承認行政機關在特定之構成要件事實下，有多數行爲效果可供選擇，故其選擇不生違法問題，行政法院原則上應加以尊重，並免予審查。不確定法律概念則謂，法律所規定之構成要件事實，常使用不明確之概念，因此在涵蓋事實關係時，可能發生多種不同意義，但其中祇有一種符合立法本意，係屬正確，因爲祇有一種正確，故法院對於不確定法律概念，原則上可加審查；行政機關將抽象之不確定概念經由解釋，而具體化的適用於特定事實關係，例如考試或課業之評分、公務員之考績、環保或經濟法規上危險預估或價值判斷、專業性及獨立性委員會所作之決定等事項，應認爲行政機關有相當之判斷餘地，並受法院之尊重。

㈡量的區別說

此說謂裁量與不確定法律概念，均屬立法者欲授權行政機關於適用法律時，有自行判斷之餘地。在依法行政原則之支配下，行政機關之判斷，均不可恣意行使，否則皆無法避免法院之審查；或許在適用不確定法律概念時，行政機關所受法院之監督，較依據授權裁量之規定時為嚴格，如此而已，故二者並無本質上之差異，僅屬量或程度上不同。

㈢無區別說

此說根本否定裁量與不確定法律概念之區別，首先，所謂裁量存在於法律效果，而不確定法律概念之判斷餘地則出現於構成要件事實，不僅係人為之假設，且邏輯上不能自圓其說。

其次，法律授權裁量時，行政機關固有判斷之自由，法律使用不確定法律概念，例如公益、必要時等，即係授權行政機關自行判斷之意，並無區別之必要。

最後，所謂不確定法律概念之涵攝，祇有一種係屬正確，故法院原則上得加以審查；裁量之任何一種選擇，皆不生違法問題，法院原則上予以尊重，乃區別說最重要之論點。實則裁量既須合乎目的性及適當性，則各種選擇之中，依然祇有一種係正確而符合立法之本旨，則其與不確定法律概念似無差別。

◆判斷餘地

係指在不確定法律概念之情形，例如法規之用語係屬涵義不確定或有多種可能之解釋，將不確定法律概念適用於具體之事實關係時，行政機關得自由判斷之情形，謂之為「判斷餘地」。行政機關在例外情形，就其行政決定享有「判斷餘地」，因而「行政法院對其審查範圍」即受到限制。

◆國家行政機關、地方自治機關之區別

㈠職權是否固有

國家機關之職權為國家所固有，地方自治機關之職權則為國家所賦予。

㈡職權範圍不同

國家機關與地方自治機關之職權各有其法定範圍，我國憲法在「中央與地方之權限」部分，對國家機關與各級地方自治機關的職權事項有明確規定。

㈢職權種類不同

國家機關之職權，均屬中央政府的行政業務，且其中部分職權在性質上係專屬於國家者。至於地方自治機關的職權，在性質上均屬地方自治業務。

㈣是否為法人團體

國家行政機關僅係國家整個組織中之一部分機構，並非具有法人資格，其所行使之行政職權，僅係代表國家而為行使；地方自治機關則不然，各級自治機關之整體，依法具有法人資格。

㈤監督關係的不同

地方自治機關因其議員及地方首長均由民選產生，須直接對選民負責，亦即直接受選民之監督；而國家行政機關的人員均由任命產生，僅對上級機關及立法機關負責，受上級機關及其他治權機關監督，而非直接受選民之監督。此外，就國家行政體系而言，地方自治機關須受國家行政機關及上級地方政府之監督；而中央政府之上，別無更高級之行政機關監督國家行政機關。

◆獨立機關

㈠獨立機關之意義

依中央行政機關組織基準法第 3 條第 2 款規定：「獨立機關，指依據法律獨立行使職權，自主運作，除法律另有規定外，不受其他機關指揮監督之合議制機關。」同法第 6 條即規定，獨立機關使用委員會之名稱。此外，同法第 21 條又規定：「獨立機關之首長、副首長及其合議制之成員，均應明定其任職期限及任命程序；相當二級機關者，由一級機關首長提名經立法院同意後任命之；其他機關由一級機關首長任命之。前項合議制之成員，除有特殊需要外，其人數以五人至七人爲原則，具有同一黨籍者不得超過一定比例，並應爲專任。」

㈡國家創立獨立機關之目的，在於

1. 確保公正與超黨派之立場，以處理準司法的工作，使管制工作置於政黨的控制範圍之外。
2. 確實有效的處理一些很重要而又不能交給行政部門政客們處理的任務。
3. 此等獨立委員會因有權核發執照、決定費率，或制定法規管理工商業及經濟行爲，自得對違反者加以制裁，且對於管理行爲所引起之爭訟案件，得加以審理。另中央選舉委員會負責全國選務工作規劃執行，影響人民權益甚鉅，故應保持超然獨立。
4. 獨立機關爲達前述目的，其決議是屬最後決定，無須經內閣的同意或事先諮詢內閣。
5. 我國獨立機關有中央銀行、公平交易委員、金融監督及管理委員會、中央選舉委員會、國家通訊傳播委員會。

◆附屬機關

㈠附屬機關之意義

依中央行政機關組織基準法第 3 條第 3 款規定：「附屬機關，指爲處理技術性或專門性業務之需要，劃出部分權限及職掌，另成立隸屬之專職機關。」

㈡附屬機關

附屬機關之設置範圍、規模：

1. 同法第 16 條第 1 項規定：「機關於其組織法規規定之權限、職掌範圍內，得設實（試）驗、檢驗、研究、文教、醫療、矯正、收容、訓練等附屬機構。」
2. 同法第 33 條又規定：各部爲處理技術性或專門性業務需要得設附屬機關署、局。各部附屬機關署、局之組織規模建制標準如下：
   ⑴業務單位以四組至六組爲原則。
   ⑵各組以三科至六科爲原則。
3. 相當二級機關之獨立機關爲處理上述第⑴項業務需要得設附屬機關局，其組織規模建制標準比照前項規定。

◆主管機關、目的事業主管機關之區別

在一般概念上，法令所稱之「主管機關」係指執行該法之政府機關。而其他政府機關對於特定業務依法有管理或監督權者，則稱爲「目的事業主管機關」。

詳言之，所謂「目的事業主管機關」，現行民法及相關法律並無定義性之規定，司法院曾以院字第 442 號解釋謂：「許可法人設立之主管官署及許

可權屬中央抑或地方官署，除有明文規定者外，應依法人目的事業之性質定之。」即所稱「主管機關」乃指目的事業主管機關而言。目的事業主管機關之權責範圍包括：①設立許可權。②業務監督權。③撤銷許可權。④命令解散權。⑤其他監督權。

在法制實務上，「主管機關」與「目的事業主管機關」兩者之分野，約有下列兩種樣態：

㈠主管機關與目的事業主管機關兩者分立，相關之法令修（訂）或其他執行管理事項之處理，無須會同辦理者

例如對於公司之管理，可依「登記」管理與「行為」管理分別定其主管機關。經濟部為公司登記之主管機關，財政部則為銀行業（公司組織者）從事金融業務行為之主管機關，就經濟部立場言，財政部即為目的事業主管機關。並因登記與行為管理，分屬不同領域事項，並無直接牽連關係。故經濟部得逕行發布公司法相關之子法，無需會同目的事業主管機關——財政部辦理（公司申請登記資本額查核辦法是）。

㈡主管機關與目的事業主管機關兩者具牽連關係，依其主從關係，相關法令修（訂）或其他執行、管理，需會同辦理者

1. 以目的事業主管機關為主，相關主管機關為輔者：依事件之性質，宜由目的事業主管機關統籌處理，相關主管機關配合執行者，採此類型。如產業升級之獎勵，涉及經濟、財政、地政等事項，牽涉層面廣泛，須由各目的事業主管機關統籌處理相關事務，以收事權統一之效，而由相關主管機關予以配合執行。故促進產業升級條例第 4 條第 2 項規定：「本條例所定事項，涉及各目的事業主管機關職掌者，由各目的事業主管機關會同相關主管機關辦理。」
2. 以相關主管機關為主，目的事業主管機關為輔者：依事件之性質，事務具專業性，宜借重中央主管機關之專業管理能力負責處理，而目的事業

主管機關則居於配合執行之地位者，採此類型。如聘僱外國人事務之處理，主管機關爲勞委會，但涉及雇主聘僱外國人在中華民國境內從事專門性、技術性工作應具備何種資格條件，始符合當前國家經濟利益，經濟部因主管全國經濟事務，對之知之甚詳，故宜由經濟部（目的事業主管機關）配合訂定相關管理措施，而由勞委會（主管機關）予以主導政策。故就業服務法第 48 條第 2 項規定：「前項申請許可、廢止許可及其他有關聘僱管理之辦法，由中央主管機關會商中央目的事業主管機關定之。」

◆準行政機關

行政程序法第 2 條第 3 項規定：「受委託行使公權力之個人或團體，於委託範圍內，視爲行政機關。」此種受委託行使公權力之個人或團體因法律規定的結果，係屬「準行政機關」，在受委託權限的範圍內，取得與行政機關相同的權限與地位，例如作成行政處分之權限、處罰權限等，其作成行政決定須以受託人自己名義作成決定。例如海峽交流基金會處理大陸文書的認證、各級私立學校處理教師聘任升等、學生學籍或學位等問題、甲級汽車修護場受委託對汽車定期檢查、供公眾使用之建築物委託專業人員檢查等（李惠宗，2003：79）。

◆委任、委託、委辦之區別

㈠委　任

公法上所謂「委任」，指隸屬關係之上級機關或人員，將其職權範圍內的事項，交由所屬下級機關或人員行使的措施。亦即行政上之職權，被委任後移轉至被委任者行使，委任者僅負有監督責任。即行政程序法第 15

條第 1 項規定：「行政機關得依法規將其權限之一部分，委任所屬下級機關執行之。」再者，「委任」亦為公務人員任用法第 5 條所規定之官等之一。

至於民法上之「委任」，依民法第 528 條規定：「稱委任者，謂當事人約定，一方委託他方處理事務，他方允為處理之契約。」

㈡委　託

公法上所謂「委託」，指行政機關基於需要，將其職權範圍內的事項，請求無隸屬關係的其他機關或團體與個人代為行使，以處理有關業務之措施。其又分為：1.權限委託：即行政程序法第 15 條第 2 項規定：「行政機關因業務上之需要，得依法規將其權限之一部分，委託不相隸屬之行政機關執行之。」2.行政委託：即同法第 16 條第 1 項規定：「行政機關得依法規將其權限之一部分，委託民間團體或個人辦理。」例如促進產業升級條例第 35 條第 1 項規定：「工業主管機關開發工業區時，於勘選一定地區內之土地後，得委託公民營事業辦理申請編定、開發、租售及管理等業務。」

㈢委　辦

由中央行政機關或上級地方自治團體交付下級地方自治團體辦理的事務，可由其執行機關直接辦理，而不須經過其議事機關的議決，且無須地方負擔經費者，為委辦事務。

〔附　例〕

1. 憲法第 127 條：「縣長辦理縣自治，並執行中央及省委辦事項。」
2. 地方制度法第 14 條：「直轄市、縣（市）、鄉（鎮、市）為地方自治團體，依本法辦理自治事項，並執行上級政府委辦事項。」

◆公法人、私法人之區別

㈠公法人

以執行國家之公共事務為目的，依據公法而成立之法人，稱為公法人，在法令上有稱為「公法人之法人」。最廣義認為國家及地方自治團體就是一種公法人，但通常認為是在國家之下，為特定之國家目的而設立之法人，並依其目的在必要限度下賦予行政權之謂。如國家、地方自治團體（如省市、縣市及鄉鎮市等）、公立學校等均係以行使國家統治權，或依公法而設立者，又農田水利會依水利法第 12 條規定，係秉承政府推行農田灌溉事業，其第 2 項明定，農田水利會為公法人。

㈡私法人

為達成私人自由意思之決定，依據私法而設立之法人，稱為私法人。如民法上之社團或財團及各種公司企業等，均依民法之規定而設立，故為私法人。至於農會係依農會法而設立，其主要目的係在謀求農民之利益，依農會法第 2 條規定，農會為法人，而法人之設立，應依民法之規定，故農會為私法人。

◆政府機關、公營事業之區別

所謂行政機關，係指國家構成之一部，藉以表現國家行政行為之機關而言。而公營事業亦稱公企業或公共事業，係由國家或地方政府基於各種政策目的及公共利益，而自為經營不以權力為要素的事業。兩者之區別如下：

㈠要素不同

1. 政府機關：以「權力」為要素。
2. 公營事業機構：不以「權力」為要素。

㈡法律依據不同

1. 政府機關：依據公法。

2. 公營事業機構：依據私法。

㈢管轄機關不同

1. 政府機關：發生爭訟時由原處分之上級機關受理訴願，或由行政法院受理行政訴訟。

2. 公營事業機構：發生訴訟時由普通法院管轄。

㈣救濟途徑不同

1. 政府機關：適用行政救濟，例如請願、聲明異議、訴願、行政訴訟。

2. 公營事業機構：適用民事救濟途徑。

㈤目的不同

1. 政府機關：謀求社會的公共利益，所著重爲永久的、未來的、無形的利益。

2. 公營事業機構：追求利潤，著重的是眼前的、有形的、以金錢計算的利益。

◆公營事業、營造物之區別

㈠觀念不同

政府設置公營事業之目的在從事業務的經營，故公營事業屬動態觀念；而營造物的構成，則僅在使人與物的結合，故爲靜態觀念。

㈡範圍不同

營造物的構成既爲人與物結合的總體，則屬於此種性質的設施頗多，故其範圍甚廣。而公營事業固爲營造物的一種，但營造物則不限於公營事業。

㈢設置期間不同

營造物均係爲特定目的而繼續設置，故若僅係臨時性經營之事業，固爲公營事業，但不能稱爲營造物。

㈣設置目的不同

公營事業不以使人民利用之爲要素，營造物則普通僅指供人民利用之設施而言。

◆公營造物、公物之區別

	公營造物	公　物
㈠意　義	行政主體為達成公共行政上特定目的，將「人」與「物」做功能上之結合，以制定法規作為組織之依據所設置之組織體，與公眾或特定人間發生法律上利用關係。	係指直接供公的目的使用之物，並處於國家或其他行政主體所得支配者而言。
㈡性　質	是「人」與「物」功能上之結合。	是單純之「物」。
㈢成　立	以制定法規作為組織之依據所設置之組織體。	1.因事實狀態而成立。 2.因法律行為而成立。

◆公務人員、公職人員之區別

㈠法律上的公務人員之定義

1. 最狹義

⑴公務人員任用法：「公務人員任用法施行細則」第 2 條第 1 項：「本法所稱公務人員，指各機關組織法規中，除政務人員及民選人員外，定有職稱及官等職等之人員。」第 2 項：「前項所稱各機關，係指左列之機關、學校及機構：一、中央政府及其所屬各機關。二、地方政

府及其所屬各機關。三、各級民意機關。四、各級公立學校。五、公營事業機構。六、交通事業機構。七、其他依法組織之機關。」係各類法規中對公務人員之概念所做最爲嚴格界定，其範圍與學理上之常業文官相當。

⑵公務人員保障法：「公務人員保障法」第 3 條第 1 項：「本法所稱公務人員，係指法定機關依法任用、派用之有給專任人員及公立學校編制內依法任用之職員。」第 2 項：「前項公務人員不包括政務人員及民選公職人員。」

⑶公教人員保險法：「公教人員保險法」第 2 條：「本保險之保險對象包括下列人員：一、法定機關編制內之有給專任人員。二、公立學校編制內之有給專任教職員。三、依私立學校法規定，辦妥財團法人登記，並經主管教育行政機關核准立案之私立學校編制內之有給專任教職員。」因此，該法所適用之公務人員指法定機關編制內之有給專職人員。

2. 狹義：指「公務人員懲戒法」上之公務人員，此時不只包括事務官，政務官亦包括之，民選之行政首長與民意代表亦包括之。

3. 廣義：「公務員服務法」第 24 條：「本法於受有俸給之文武職公務員及其他公營事業機關服務人員，均適用之。」

4. 最廣義

⑴刑法第 10 條第 2 項規定：「稱公務員者，謂依法令從事於公務之人員。」

⑵國家賠償法第 2 條第 1 項規定：「本法所稱之公務員，爲依法令從事於公務之人員。」

㈡公職人員

公職人員係經由民選產生，而依法令從事公務之人員。在法律上之定義爲公職人員選舉罷免法第2條：「本法所稱公職人員，指左列人員：一、中央公職人員：國民大會代表、立法院立法委員。二、地方公職人員：省（市）議會議員、縣（市）議會議員，鄉（鎮、市）民代表會代表、省（市）長、縣（市）長、鄉（鎮、市）長、村、里長。」

◆懲戒處分、刑事處分之區別

㈠原因不同

懲戒處分不限於公務人員之犯罪行爲，即僅係違法、廢弛職務或失職行爲，均足以發生懲戒責任；亦即懲戒處分，並非以具有惡性之行爲爲要件。刑事處分則必以犯罪行爲爲限，亦即其行爲必須具有惡性。

㈡對象不同

懲戒處分之對象，僅以公務人員爲限；刑事處分之對象，爲一般刑事犯，並不限於公務人員。

㈢行使處罰權的機關不同

懲戒處分爲公務員懲戒委員會，刑事處分爲司法院所屬各級普通法院。

㈣處罰的種類不同

懲戒處分依公務員懲戒法之規定分爲撤職、休職、降級、減俸、記過及申誡六種處分；在性質上包括淘汰懲戒與矯正懲戒。刑事處分法之規定，分爲主刑及從刑，主刑包括死刑、無期徒刑、有期徒刑、拘役、罰金五種，從刑分爲褫奪公權及沒收二種，在性質上分別屬於生命刑、自由刑、財產刑與權利刑。

㈤處分的程序不同

懲戒處分原無上訴之規定，一經懲戒機關議決，即照案執行，無上訴之救濟，且無大赦及減免處分之適用；但該法於 74 年修正通過後，增列「再審議」制度，等於對被移付懲戒人賦予一次上訴機會。刑事處分則得按審級上訴（三級三審），且可適用大赦、特赦、減刑及復權等規定。

◆法規命令在適用上之限制

法規命令在適用上依司法院大法官會議所作解釋，可歸納爲須受下列之限制：

㈠內容不得逾越母法

命令訂定之內容不得逾越母法授權之範圍，否則增加法律所無之限制，即與憲法第 23 條法律保留原則有違。至於具體細節之規定，如未逾越母法之授權，即與法律保留原則無違背。

㈡內容不得牴觸法律

命令與憲法或法律牴觸者無效，此爲憲法第 172 條所明定，所以命令不得牴觸其他上位階之法律，非有法律具體明確之授權，亦不得對人民自由權利增加法律所無之限制。換句話說，若其限制，於性質上得由法律授權以命令補充規定時，授權之目的、內容及範圍應具體明確，始得據以發布命令。若授權命令之規定於授權法律中，並無明文依據，是否符合授權之目的或範圍尙有疑義者，該法規命令倘與其他法律之規定不一致時，則仍應視爲牴觸上位規範。而涉及人民權利事項若已制定法律加以規範，則主管機關當然就不可以沿用未獲法律授權所發布之命令，否則即有違法律保留原則，此自不待深論。

㈢授權命令須符合明確性之要件

明確性是一個抽象概念，故此概念應具體才可符合具體明確之要求，所以一般所指對人民自由權利之重大限制，應有法律或法律明確授權之依據，其構成要件若由法律或授權命令以抽象概念表示者，其意義須非難以理解，且爲一般受規範者所得預見，並可經由司法審查加以確認，方符法律明確性原則。故只要法律授權行政機關規範人民權利而以授權命令訂定者，其授權須符合具體明確之標準。授權命令是具有對外發生效力，而可對人民權利義務發生效力之行政命令，除須不得違背或逾越母法授權外，更須其授權符合明確性之要求。

◆法規命令草案之預告

預告，是指在作成決定前或其他程序決定前所為之告知，又稱為「預先的諮商」（prior consultation），是現代國家正式法律制定和行政程序之重要部分。其主要之理由有三：

㈠因為現代社會事務繁雜，而且變動不居，政府機關無法僱用各科專家足資處理所有公共事務，故必須經常諮商機關以外之專業學者代表。

㈡基於利害關係人被諮商之合法期待（legitimate expectation to be consulted），以使其獲得公平程序及保證其在法規通過之前有影響立法之機會。

㈢諮商使人民更信任決策者將公平地處理法案，增強人民對法規之可接受性，故有學者稱之為「基於信任之程序」（process based on trust）。

預告與陳述意見程序（notice and comment procedure）為預先諮商方式之一，並在法規訂定程序中使用，其應遵循之程序包括以下四項：

㈠將擬議訂定之法規草案刊載於政府公報、新聞紙、網路等，為一般性通知。

㈡將擬議訂定之法規草案個別送達利害關係人或專家學者。

㈢於通知後，機關應給予利害關係人參與法規制定之機關，不論是否給予口頭陳述之機關，均可以書面對任何事項，提出資料、意見，或論點。

㈣機關對於提供之有關資料，負有審查及慎重考慮之義務。

依行政程序法第154條規定：「行政機關擬訂法規命令時，除情況急迫，顯然無法事先公告周知者外，應於政府公報或新聞紙公告，載明下列事項：一、訂定機關之名稱，其依法應由數機關會同訂定者，各該機關名稱。二、訂定之依據。三、草案全文或其主要內容。四、任何人得於所定期間內向指定機關陳述意見之意旨。」（第 1 項）「行政機關除為前項之公告外，並得以適當之方法，將公告內容廣泛周知。」（第 2 項）

查本條的「預告」，其實應稱為「草案公告」的規定，目的也在使外界知悉行政機關已初步完成法規命令的內容，且仍有機會表達意見之謂。但如情況急迫，顯然無法事先公告周知時，則可例外，不予預告。再者，法規之預告，除公告外得以適當之方法廣泛周知，包括刊登新聞紙、在機關網路上公開，或公開陳列供閱覽等方式。

◆法規命令之修正

法規命令修正是法規整理工作中最繁重的一部分，也是整理法規最重要的目的，因為政府凡百庶政，都要以法規為準繩，人民一切權利義務亦以法規為依據，而社會變動不居，政府施政時時在謀求革新，法規也就隨社會需要加以修正，法規應修正而不修正，必定成為革新的絆腳石，亦必定與社會生活脫節，故現行法規命令有下列情事之一者，均應予以修正：

㈠基於政策或實際需要，或因有關法規之修正或廢止，其規定有增、刪、修正之必要者。

㈡規定事項部分已不適用、不合時代要求、不便民或阻礙革新者。

㈢同一法規內容前後重複矛盾者。

㈣數種法規相互牴觸者。

㈤其他情形有予修正必要者。

◆法規之廢止

法規有下列情事之一者，應即辦理廢止：

㈠完全不合時代要求、不便民或阻礙革新者。

㈡與法律牴觸者。

㈢規定事項可以一般行政命令替代或已有新法規可資適用，舊法規無保留必要者。

㈣母法業經廢止或變更，子法失其依據，無保留必要者。

㈤已不適用或就母法加以補充修訂即足資適用，子法無保留必要者。

㈥其他情形無保留必要者。

◆不適用聽證之法規

法規之聽證，有其適用範圍，並非任何法規，皆要舉行聽證。根據各國之立法，下列法案，不適用聽證制度：

㈠內部行政法規

即規定機關內部關係之法規，包括機關之關係、機關與公務員之關係、公務員相互之關係、機關組織法規、人事法規、公務員服務法、處務規程或辦事細則等案。此類法規因與人民無直接權利義務關係，故毋須舉行聽證。如為慎重合理，只要召集有關機關之代表協調，或約請專家學者諮商即可。

㈡機密性法規

國之機密，不可以示人，如國防、外交等方面之機密法規，涉及國家安全及公共利益，為了保密防諜，皆不舉行聽證。

㈢緊急性法規

即情況急迫，或因公共利益有緊急之需要，必須立即制頒者，不必舉行聽證，以免聽證費時，坐失機宜，有害公益，例如緊急救災法規、危急救難法規、防止暴亂法規、防止瘟疫流行法規等皆屬之。

㈣私經濟行為法規

例如公產、借款、補助、收益、契約等法規，此類法規係政府私經濟行為，與人民間的法律關係乃意思對等關係，無命令強制之色彩，自亦無須舉行聽證（張劍寒撰，民主國家之法規聽證制度，憲政思潮，第 23 期）。

◆行政命令監督機制

各國國會為防止行政權之濫用，保障人民權益，均建立行政命令之審查制度，以決定行政法規有無牴觸國會立法，是否得以發生合法效力，我國自不例外。依現行法制，立法院對行政命令進行立法監督之機制有以下情形：

㈠為送置義務

即中央法規標準法第 7 條即送立法院之規定，不影響效力之函送查照乃指此種送置而言。行政命令發布或下達之後，訂頒命令之機關將其送置於立法院手續即可完成。

㈡為立法否決

這一設計見諸立法院職權行使法。凡行政機關送置於立法院之命令，依該法第 60 條第 1 項應提報立法院院會，如出席委員對於該項命令認為違反、變更或牴觸法律者，或應以法律規定事項而以命令定之者，經三十人以上連署或附議，即交付有關委員會審查（同條第 2 項）。關於審查期限及效果，該法第 61 條至第 62 條則規定如下：委員會審查應於院會交付後三個月內完成為原則，逾期未完成者，視為已經審查。審查結果發現有第 60 條第 2 項之情事，應提報院會，經議決後，通知原訂頒之機關更正或廢止之，視為已經審查或審查結果並無第 60 條第 2 項情形之行政命令，委員會應報請院會存查。其經院會決議通知更正或廢止之命令，原訂頒機關應於二個月內更正或廢止；逾期未更正或廢止者，該命令失效。

㈢為立法追認

所謂立法追認包括兩種，緊急命令之追認及普通行政命令之追認。前者規定於憲法增修條文第 2 條第 3 項，發布緊急命令後，十日內提交立法院追認，如立法院不同意時，該緊急命令立即失效；後者以貿易法第 5 條之規定屬之：「基於國家安全之目的，主管機關得會同有關機關報請行政院核定禁止或管制與特定國家或地區之貿易。但應於發布之日起一個月內送請立法院追認。」立法院如不予追認應解釋為命令失其效力。

㈣為事前同意

此種制度主要見於臺灣地區與大陸地區人民關係條例第 17 條第 3 項及第 95 條，前一法條規定行政院公布大陸人民來臺居留之類別及數額，應事前函請立法院同意；後條文則明定主管機關實施兩岸通商通航及大陸人民來臺工作前，應經立法院之同意。第 17 條第 3 項公布者屬命令性質較無爭議，第 95 條有政策亦須經立法院事前同意之嫌，論者遂有合憲性之疑問。

◆國會同意權之保留

即立法機關於授權母法中規定，行政機關依本授權法之授權所訂定之行政命令應先送置國會，俟國會同意後始得公布生效，其目的主要在於延遲命令之生效，使國會之事前同意成為命令生效之前提要件。德國國會採此模式時，通常也於授權母法中同時規定國會應於一定期限內表明是否同意，若期限屆至後，國會就同意與否仍未有所決議，即視為同意。又期限之起算日係命令送置國會之日，非以授權母法本身生效之日為準。

我國立法實務上，亦有國會同意權保留，及其他類似於母法中授權法條之適用或恢復適用與否需再送立法院追認之立法例，有以下十種：

㈠臺灣地區與大陸地區人民關係條例

本條例第 95 條所規定之：「主管機關於實施臺灣地區與大陸地區直接通商、通航及大陸地區人民進入臺灣地區工作前，應經立法院決議；立法院如於會期內一個月未為決議，視為同意。」

㈡香港澳門關係條例

本條例第 60 條第 1 項：「本條例施行後，香港或澳門情況發生變化，致本條例之施行有危害臺灣地區安全之虞時，行政院得報請總統依憲法增修條文第 2 條第 4 項之規定，停止本條例一部或全部之適用，並應即將其決定附具理由於十日內送請立法院追認，如立法院二分之一不同意或不爲審議時，該決定立即失效。恢復一部或全部適用時，亦同。」

㈢財政收支劃分法

本法第 24 條規定：「司法機關、考試機關及各級政府之行政機關徵收規費，應依法律之所定，未經法律規定者，非分別先經立法機關或民意機關之決議，不得徵收之。」立法機關曾依此規定，在規費法制定前，以單純決議爲監督行政機關徵收規費的暫時手段。

㈣國營事業管理法

本法第 10 條規定：「國營事業之組織，應由主管機關呈請行政院核轉立法院審定之。」第 20 條規定：「國營之公用事業費率，應由總管理機構或事業機構擬具計算公式，層轉立法院審定，變更時亦同。」此兩條則由立法院以單純決議審核國營事業之組織與公用事業費率。

㈤管理外匯條例

本法第 26 條之 1 第 2 項規定：「行政院恢復前項全部或部分條文之適用後十日內，應送請立法院追認，如立法院不同意時，該恢復適用之決定，應即失效。」

㈥水土保持法

本法第 21 條第 4 項規定關於私有土地所有人或地上物所有人所受損失得請求補償金之發放方式，明文指出：「第 3 項補償金之請求與發放辦法，由中央主管機關定之，並送立法院核備。」此外，第 38 條第 2 項所規定之關於保育水土資源以減少災害之目的，主管機關所擬定之輔導方案，應「由中央主管機關定之，並送立法院核備」。上兩條文皆是由法律明定，行政機關之行政措施，須經立法院以「核備」之方式監督之。所謂「核備」係對所陳報之事項，除知悉其事實外，並可審查其內容，而表示其意見。

(七)貿易法

本法第 5 條：「基於國家安全之目的，主管機關得會同有關機關報請行政院核定禁止或管制與特定國家或地區之貿易。但應於發布之日起一個月內送請立法院追認。」同法第 6 條第 4 項則明定前條（第 5 條）之追認，於本條關於暫停與特定國家、地區或貨品輸出入或採必要措施時亦適用之。此外，本法第 7 條第 3 項規定：「對外貿易談判所簽署之協定或協議，除屬行政裁量權者外，應報請行政院核轉立法院議決。」

(八)勞工保險條例

依本條例第 43 條第 4 項之規定，針對中央主管機關規定被保險人負擔門診給付及住院診療給付的實施日期及辦法，應由立法院審議通過後實施之。

(九)農民健康保險條例

與前述勞保條例有類似條文，依本條例第 28 條第 4 項：「第 2 項及前條第 2 項之實施日期及辦法，應經立法院審議通過後實施之。」

(十)菸酒稅法

本法第 22 條第 4 項：「前項健康福利捐之分配及運作辦法，由中央主管機關於本法通過後一年內訂定，並送立法院審查。」

◆行政命令審查程序

我國立法院對行政命令審查程序包括程序委員會初審、常設委員會審查等，茲分述如下：

㈠程序委員會初審

各政府機關行政命令，依中央法規標準法第 7 條及立法院職權行使法第 60 條第 1 項之規定，送達立法院後，是否均須經審查，則應視院會之決定爲據，按行政命令送達立法院後，即由程序委員會排入院會議程，列於報告事項，通常程序委員會均會附擬處理辦法，即依行政命令之性質，分別交付有關委員會，如果出席委員未有異議，院會即會作成決定交有關委員會查照。所謂「查照」是由行政機關送立法機關的一種通知行爲。

惟依據立法院職權行使法第 60 條第 2 項規定，出席委員對於前項命令，認爲有違反、變更或牴觸法律者，或應以法律規定事項而以命令定之者，如有三十人以上連署或附議，即交付有關委員會審查。換言之，經前揭規定之程序，即將「查照案」改爲「審查案」。

㈡常設委員會審查

如經立法院院會決定交付有關委員會審查，其交付之方式，可能僅交由單一委員會審查，亦可能交付二個以上之委員會聯席審查，倘爲聯席審查的案件，則被列名在前之委員會，即爲主審委員會，應負責召集會議，主審委員會之召集委員並爲聯席會議之主席，審查時雖非審查會委員，亦得列席審查，唯一不同者，即非審查會委員，不得就議案爲程序發言及無表決權。

行政命令之生效，通常因以發布後即行生效。爲免受立法院審查影響而處於猶豫狀態，故應規定審查之時程，以安定法規之秩序，並有效減除委員會之積案。故立法院職權行使法第 61 條乃規定：「各委員會審查行政命令，應於院會交付審查後三個月內完成之；逾期未完成者，視爲已經審查。但有特殊情形者，得經院會同意後展延；展延以一次爲限。前項期間，應扣除休會期日。」

㈢審查後之處理

行政命令經審查後，依據立法院職權行使法第 62 條規定其處理結果有三種情況如下：

1. 備查：行政命令逾期未完成審查或經審查後，如認爲無違反、變更或牴觸法律者，或應以法律規定之事項而以命令規定之情形，即准予備查。通常由委員會審查後，經由程序委員會編列議程報告事項予以備查。
2. 更正：行政命令經審查後，如認爲有違反、變更或牴觸法律者，或應以法律規定之事項而以命令規定之情形，委員會應將具體情事作成審查報告提報院會討論，經決議後，通知原發布機關予以更正。
3. 廢止：行政命令經審查後，如認爲有違反、變更或牴觸法律者，或應以法律規定之事項而以命令規定之情形，亦可議決通知原發布機關予以廢止。其程序如更正項所述一般。

經通知更正或廢止之命令，原訂頒機關應於二個月內更正或廢止；逾期未爲更正或廢止時，該命令即爲失敗。

茲附立法院審查行政命令程序圖示如下：

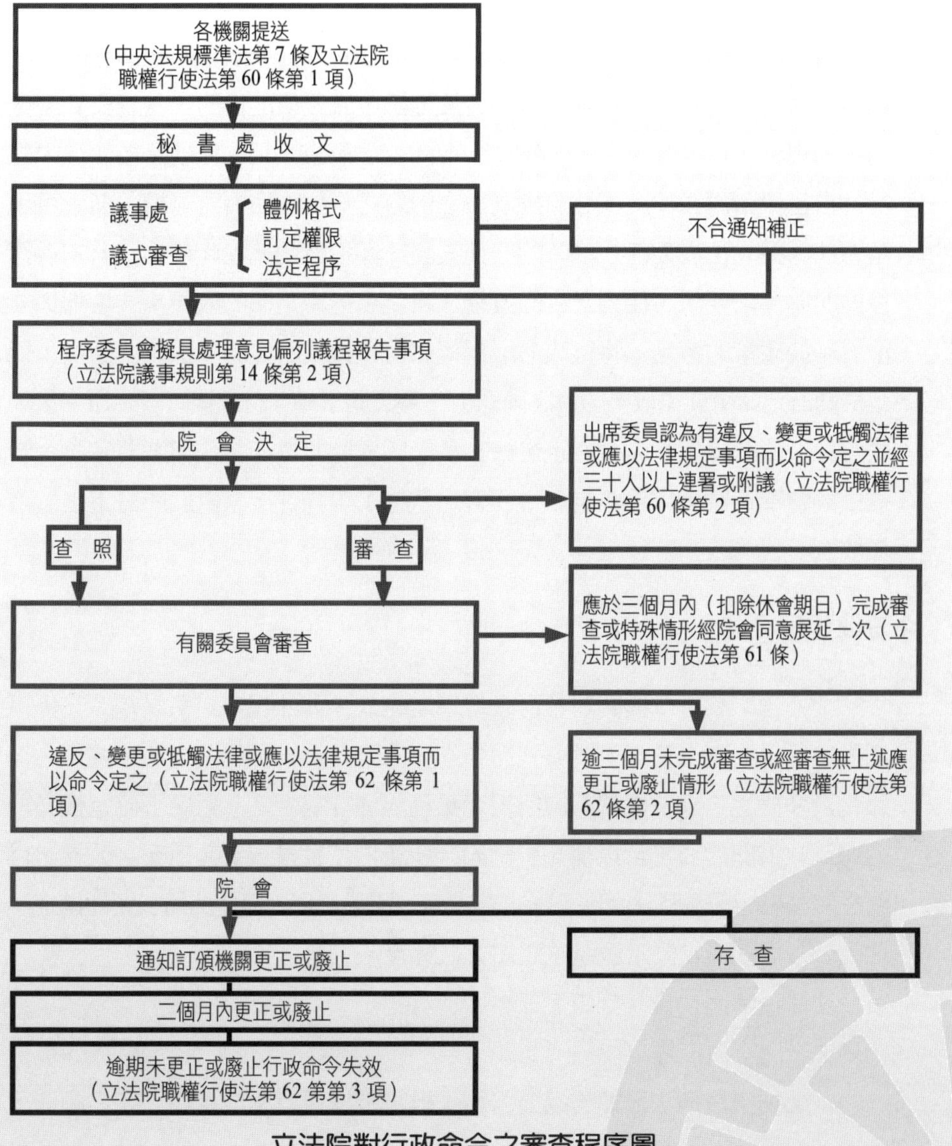

立法院對行政命令之審查程序圖

◆委任命令之立法統制

對於行政機關之委任命令之裁量行爲，亦有來自於議會的統制機能。統制的方式，常見有二：一種是直接於授權法中就授權的目的、內容與範圍做明確的規定，以事前導引的、規制命令內容之形成；另一種則是於法律中先行替自己保留爾後程度不等的控制命令內容之形成的命令監督權。前者可說是憲法課與立法者委任立法時的一種義務，即授權明確性之要求，若未遵行授權明確性之要求，徒爲空白的授權，將產生違憲之法的效果；後者則係立法者基於政策的考量，將行政命令授權由行政機關訂定時，採行同意權（行政機關訂定命令前需取得國會之同意）、廢棄請求權（行政機關訂定命令後，國會保留隨時得以將命令廢止之權利）、國會聽證權（行政機關訂定命令時需由國會舉行聽證作爲決定命令內容之依據）等條件，來對於所訂定之命令作統制。

◆法律授權公告

「公告」屬行政機關對外行政行爲之方式，非法規之定名之一，其係以意思表示爲要素，透過公開方式而告知大眾之行爲。因爲諸多法律關係之複雜化及多變性，立法機關對於所規範事務無法詳盡規定，對此不確定性必須透過行政機關的公告予以補充。例如一些空白授權構成要件補充之公告，目的在使法規能配合時代發展不斷求新求變，透過公告，而使法構成要件確定。並因公告周知而具公示送達（通知）之意義。

法律授權之公告，有如下三類：

㈠刑法上之空白授權

又稱空白刑法，即透過公告後，既可補充原有構成要件，使之圓滿，並得以刑罰加以處斷。如懲治走私條例第 2 條第 4 項規定：「第 1 項所稱管制物品及其數額，由行政院公告之。」

㈡社會秩序維護法

如本法第 63 條第 1 項第 8 款規定：「製造、運輸、販賣、攜帶或公然陳列經主管機關公告查禁之器械者。」此公告爲補充要件之公示行爲。

㈢其他行政法律

現行行政法律中不乏此種空白授權之規定，尤其在專門性及技術性之法規更普遍存在。環保方面例如噪音管制法第 5 條之各類噪音管制區之劃定及公告、廢棄物清理法第 2 條之有害事業廢棄物認定標準及公告。職業訓練法第 11 條第 2 項技術生訓練之職類及標準，由中央主管機關訂定公告之。全民健康保險法第 39 條第 12 款，其他經主管機關公告不給付之診療服務及藥品，不在本保險給付範圍等等。

此種空白授權之普遍存在是無法避免，立法機關將進一步具體化措施授權行政機關爲之，限於本身功能之界限，且授權對此知之較詳之行政機關訂定進一步規範，符合分工之原則，此種授權使行政機關可機動地適合社會之變遷而隨時更改法規（蔡震榮，淺論公告之法律性質，臺北，三民，1998，頁 238、256）。

再者，尚有「一般處分之公告」，即依行政程序法第 110 條第 2 項前段規定：「一般處分自公告日或刊登政府公報、新聞紙最後登載日起發生效力。」

◆公告、公布、發布、下達之區別

㈠公　告

所謂「公告」，依公文程式條例第 2 條第 1 項第 5 款稱公告爲「各機關對公眾有所宣布時用之」。就此，公告屬機關對不特定大眾宣告之行爲。

換言之，公告是一種意思表示之行爲，而此種意思表示通常係針對某項具體事件所爲。單就明文規定的公告中，其因公告內容之不同，行政法上所區分的行爲，例如行政處分、行政命令以及事實行爲等皆可能出現。例如文化資產保存法第 27 條「古蹟的指定公告」、大學法第 19 條有關教師之聘任的公告。

㈡公　布

公布，指刊登於一定之刊物，或張貼於公眾易見之處所，使眾所周知之意。然在法定程序上，法律或自治條例通過後，公開刊載於機關公報、新聞紙，俾使生效力之謂。依據釋字第 161 號解釋：「中央法規標準法第 13 條所定法規生效日期之起算，應將法規公布或發布之當日算入。」

㈢發　布

發布與公布之意相同，須使眾所周知。在法定程序上，指命令訂定完成使其生效之表示。如行政程序法第 157 條第 1 項：「法規命令依法應經上級機關核定者，應於核定後始得發布。」故法規命令末條應規定：「本辦法自發布日施行」或「另訂有施行日期」。但實務上仍發現部分法規末條爲「本辦法由……核定後施行」之規定，似不妥適。

此外，現行法制作業中爲「發布」者，皆係以「令」爲之。

㈣下　達

「下達」並不必然包含使眾所周知，即上級機關對下級機關或所屬公務員告知之意。機關內部行政規則訂定完成經核定後即生效，並應予下達，但不必於末項明文經核定或下達始生效之規定。

◆行政規則之種類

行政規則之種類，可分爲下列兩大類：

㈠組織性行政規則

規定機關內部組織、事務分配、業務處理方式及人事管理事項等。又可分為：

1. 組織規程：其所涉及者大部分為機關內部之組織，機關內部單位應設置哪些處或科、室的設置之組織表或人員職務等階編制表。
2. 事務分配準則：此係關於機關內事務之分配，例如各科、室應處理何種任務、職權如何分配及如何互相支援等事務，一般機關所制定之辦事細則，均是此事務分配之規定。
3. 人事管理規定：此係各機關內之人事單位為管理各單位職員而訂定，例如人員出勤狀況管理、簽到簽退的管制、差假代理事務管理等。
4. 業務處理辦法：此係規範機關內部業務之處理方式，例如工作簡化實施要點、分層負責規定、案件收發的流程、檔案歸存與調閱規則等。
5. 行政機關間的行政規則：例如各機關間之聯繫辦法或違章建築處理辦法第15條之規定。

㈡作用性行政規則

此係依行政作用性而為分類，可分為下列三種：

1. 行政釋示：如上級機關為下級機關在執行職務時對法規所為之解釋，實務上以財政部對稅法與內政部對地政相關法規所為之解釋最多。此種解釋對外效力以原法規生效為準。
2. 裁量性指示：如上級行政機關為簡化執行機關的個案行政裁量，對大量而易於發生之違反行政義務之行為，往往會頒布所謂「裁量性準則」的行政規則，以供下級行政機關遵循之用，此時下級行政機關若無特別理由，不得違反該準則，而為不同之處理。例如違反道路交通管理事件統一「裁罰標準」，又如財政部訂有「稅務違章案件裁罰金額或倍數參考表」即是此類裁量性指示。

3. 認定事實之準則：此種事實有單純事實「存否」與「如何存在」認定之準則、事實推定之準則及經驗性事實認定之準則等三種，而此認定事實之準則，僅屬上級行政機關為下級機關人員執行職務之方便而定頒之「適用法律簡化流程」而已，若有其他證據可以證明某特定事實存在之情形，仍應以實際存在之事實狀態作為適用法律的依據。

◆行政規則之體制

立法實務上，行政規則使用之名稱，有要點、注意事項、原則、作業規定、補充規定、程序、基準等。其體例可歸納如下七項：

㈠不列編、章、節、款；可分別以甲、乙或壹、貳區分。

㈡條次不列「第×條」，逕以一、二、三（稱點）……定之。各點之下稱項，並得參酌法規格式，分款目或以㈠、㈡……及 1.、2.……等定之。

㈢行政規則中少數條文新增或刪除時，其他條文條次不變之立法技術規定，不宜適用。

㈣除為統一執行某行政事項之時間，得明定其實施或生效日期外，原則上依一般行政命令之規定，自函到或送達之日生效，不採發布方式亦不另列「自發布日施行」或使用「發布」、「頒行」等規定。行政規則之生效日期，可於發布令或分行函或刊登公報之分函中說明。

◆行政解釋

行政解釋，乃法規主管機關對於該管法令所為之解釋。此種解釋，以適用法令時對該法令本身發生疑義時之解釋為限。

行政機關對於法令疑義之解釋，不包括憲法疑義，或法令與憲法有無牴觸之疑義；法律雖由立法機關所制定，但行政機關為其執行者，對其所生疑義，自得依其職權予以解釋以利適用；又命令係由行政機關所發布或頒行，如有疑義，自當由該管行政機關自行解釋；至若行政命令與法律是否牴觸疑義，則宜由該上級行政機關解釋，或報由司法院統一解釋。

行政機關適用行政法令對所發生疑義所為之解釋，僅得就其職權為之。下級機關固不得逾越上級機關之職權逕為解釋。同時，上級機關本於指揮監督，對於下級機關所為之解釋，亦得變更或撤銷之。

法官於審判案件時，對於各機關就其職掌所作有關法規釋示之行政命令，固未可逕行排斥而不用，但仍得依據法律，表示其合法適當之見解。

◆函　釋

「函釋」並非正式之法令用語，實務上有稱之為解釋函令者。即行政機關就其主管法令之適用疑義所作成之解釋函，而分別發布、下達或回覆者而言。就其作成之原因區分，有行政機關為求法令之統一適用，主動作成者；亦有主管機關應執行機關之要求作成者。依其內容而言，就法令適用之抽象事項而作成函釋，以期行政機關一體遵守，而具通案之拘束力固然有之（即解釋性之行政規則，應踐行行政程序法第 160 條第 2 項所定之程序）。就具體事件指示執行機關遵照辦理者亦屬所在多有，其種類不一而定，但一般均可稱之為函釋。（蔡茂寅，函釋的法律性質，月旦法學，2002，頁 156）

屬於解釋性行政規則之函釋，其生效日期，採釋字第287號解釋謂：「行政主管機關就行政法規所為之釋示，係闡明法規之原意，固應自法規生效之日起有其適用。惟在後之釋示如與在前之釋示不一致時，在前之釋示並非當然錯誤，於後釋示發布前，依前釋示所為之行政處分已確定者，除前釋示確有違法之情形外，為維持法律秩序之安定，應不受後釋示之影響。」

◆備查、查照、核備、核定之區別

㈠備　查

「備查」，指以下級機關或公私機構、個體，對上級機關或主管事務之機關，有所陳報或通知，使該上級機關或主管事務之機關，對於其指揮、監督或主管之事項，知悉其事實之謂。與此用語較為接近者，為「備案」、「報備」。一般而言，備查之目的，在於知悉已經過之事實如何，而主管機關不必另有其他作為，且備查之性質，與所陳報事項之效力無關。例如法規中規定「報請備查」，原則上權責仍在陳報者，且並不表示應於事前為請示之意，即使未踐行此項程序，亦不影響該事項之法律關係或效力。甚至，主管機關對於所陳報事項，認有違法或不當時，亦不受該備查程序之限制，而是本於一般指揮、監督權或基於主管機關之立場，行使其職權而已。

㈡查　照

「查照」是由行政機關送立法機關的一種通知行為。亦即使其知悉之意，與備查相同。惟從地方制度法第 27 條第 3 項第 2 款：「其屬依法定職權或自治條例授權訂定者，分別函送上級政府及各該地方立法機關備查或查照。」之規定觀之，報請上級機關知悉者應用「備查」，報請立法機關或平行機關者才是用「查照」。

在立法實務上，各政府機關行政命令，依中央法規標準法及立法院職權行使法第 60 條第 1 項之規定，送達立法院後，即由程序委員會排入院會議程，列於報告事項，通常程序委員會均會附擬處理辦法，分別交付有關委員會，如無異議，院會會作成交有關委員會查照。如有委員三十人以上連署或附議，或一個查團有異議，即將「查照」改交為「審查」。

㈢核　備

「核備」，簡言之，核准備案之謂，即上級機關或主管事務之機關，對於所陳報之事項，除知悉其事實外，並可審查其有無違反法規，而不能對於是否妥當加以審查或監督之謂。此種法規用語一般用於上級機關或主管事務之機關，有選擇性之審查權限之情形。對於所報之事項，其權責或可在於陳報者，亦可在於核備者。如屬後者，權責當已下授，或已將事項交付執行。爲核備之機關，對於所報事項，如無違法，雖原則上仍應表示其是否同意，然此項表示僅具有通知之性質，尚未對該事項之效力有影響。

事實上，核定與備查不可同時爲之，依實務言，核備乃備查或備案之誤用，故似應避免使用核備。地方制度法第 2 條用詞字義中僅明示核定、備查，而無核備一詞，其旨在避免誤用。

㈣核　定

「核定」，指上級機關或主管事務之機關，對於所陳報之事項，必須加以審查，並作成決定，俾完成該事項之法定效力，且對於所核定之事項，有其當然之效力之謂。此時上級機關或主管事務之機關，對所報事項，即有決定之權責。如不經核定，該事項即無從發生效力。其涵義與「核准」接近，惟「核定」一般用於具體之特定事項，本於特別賦予之權責；「核准」則一般係本於既有之概括或一般權責。

◆審查、審核、審議之區別

㈠審　查

各機關本於職權，就一定的事件，爲得出結論而調查其內容的意思，可由個別或少數人爲之。

㈡審　核

各機關本於職權處理公務之調查或研究程序，其性質及作用與「審查」

相同，不須嚴謹的法定人數。

㈢審　議

合議制機關本於職權，就一定的事體作充分詳細評議的意思，須有法定人數，始發生法律效力。例如有線廣播電視法第 8 條：「中央主管機關設有線廣播電視審議委員會（以下簡稱審議委員會），審議下列事項：一、有線廣播電視營運籌設之許可或撤銷許可。二、……。」

再者，在立法程序上，議案之處理，在委員會稱「審查」，院會則稱「審議」。

◆協議、決議之區別

㈠協　議

「協議」在法律上的解釋，乃當事人之意思表示須合致，亦即主體、內容、參與者等須有完全一致之意思表示。如國家賠償法第 10 條第 2 項：「賠償義務機關對於前項請求，應即與請求權人協議。協議成立時，應作成協議書，該協議書得為執行名義。」

㈡決　議

「決議」係合議制機關決定其意思之行為，亦即參與會議者有一定比例之出席，與一定比例之可決才能成立，但並不要求全體同意。

◆以上、以下、以內、逾、滿之區別

刑法第 10 條第 1 項規定：「稱以上、以下、以內者，俱連本數或本刑計算。」此係指用以計數時，連同本數計算。本數，指一定範圍內之起點或終點之任何一端數目。

「以上」者，自其最少數言之。以上連本數計算，指該本數乃最低數（下限）。如「十四歲以上」，係連十四歲計算。

「以下」者，自其最多數言之。以下連本數計算，指該本數乃最高數（上限）。如「七年以下有期徒刑」，係指七年之本刑計算。

「以內」者，即最少數與最多數之間，以內連本數計算，指該本數爲最大範圍數，如「三日以內」，不超過三日。

「逾」，則指超過本數，故不包括本數。「超過」亦不包括本數，如以分數爲例，「三分之一以上」包括三分之一，「超過三分之一」則不包括三分之一。

「滿」，依文理解釋，包括本數，如「滿五十人」，即五十人以上。至於「未滿」、「不滿」係指未及之意，自不包括本數或本刑計算。

◆違法、不法、非法之區別

㈠違　法

公法上用語，公法行爲是國家站在優越之地位，行使公權力之行爲，其使人民遭受損害，乃是常有之事，故非從阻卻違法原因來討論，應視其是否違背法令規定，如違反法令之規定，尤其違反法律之禁止，即爲違法，如不違法，即屬適法。

㈡不　法

私法上用語，一般採廣義說，舉凡客觀上欠缺正當性之行爲就是不法，除非有阻卻違法之原因。詳言之，違反現行法律命令之明文規定固不待言，諸如基本人權之尊重、權利濫用之禁止、公序良俗或誠信原則等法律一般原則，以及法理或習慣法、國際條約等，亦得爲判斷違法性之標準。倘有違反，即屬不法行爲。

㈢非　法

即不正當之方法，亦即非法之方法。如刑法第 146 條第 1 項規定：「以

詐術或其他非法之方法，使投票發生不正確之結果或變造投票之結果者，處五年以下有期徒刑。」

◆行政命令、行政計畫之區別

㈠作用不同

1. 行政命令爲權力作用。
2. 行政計畫爲權力作用與非權力作用之綜合。

㈡性質不同

1. 行政命令：係行政機關之法律行爲。
2. 行政計畫：其法律性質未定論，有主張法律或命令或處分或事實行爲等或行政行爲之一，不一而足。

㈢救濟不同

1. 行政命令：依據訴願法，不得提起訴願以資救濟。
2. 行政計畫：行政計畫確定裁決即爲行爲處分性質，可提起訴願或行政訴訟。

◆法規命令、行政處分之區別

所謂法規命令，係指行政機關基於委任立法授權或本於職權，就一般行政事項或特定類別事項，以法律條文形式所爲之抽象規範性規定。其與行政處分之區別，得分述如下：

㈠適用對象不同

行政處分僅係對個別業務案件作具體規定或當事人適用；法規命令係就類別事項或一般事項及某類當事人或一般客體適用。

㈡是否構成爭訟標的之不同

行政處分可作為行政爭訟的標的；法規命令不得作為行政爭訟的標的。

㈢適用久暫之不同

行政處分係就個別具體事件所作的處理行為，事件終了原則上即不再繼續適用；法規命令則為一般抽象規定，通常假定其具有永久的效力。

㈣制頒程序不同

行政處分可分為羈束處分及自由裁量處分，均本於職權作處理，程序較簡便；法規命令內容較複雜，牽涉較廣，其制頒程序較為謹慎。

㈤名稱不同

行政處分可分為要式處分與不要式處分，均可稱之為行政處分；法規命令則有規程、規則、細則、辦法、綱要、標準或準則等。

㈥效力不同

行政處分乃是就個別具體事件加以決定及處理，對特定行政客體具有拘束力；法規命令則具有一般行政規章的效力，就應適用該項法規的各種當事人均具拘束力。

◆委任命令、職權命令之區別

命令依中央法規標準法第 7 條規定內容及立法慣例，亦可概分為委任命令及職權命令兩種。

㈠委任命令

「委任命令」者，俗稱授權立法，乃各機關基於法律授權所發布之命令。此種法規命令，由於其法規條文首條，均已明定有其法律依據之形式，甚易瞭解。例如國家安全法施行細則首條即明揭該細則「依國家安全法第 10 條訂定之」；檢肅流氓條例施行細則第 1 條亦明揭該細則「依檢肅流氓條例第 24 條訂定之」等是。

㈡職權命令

「職權命令」為行政機關基於職權，對多數不特定人民就一般事項所作抽象之對外發生法律效果之規定。其法律依據為中央法規標準法第 7 條規定：「各機關依其法定職權或基於法律授權訂定之命令，應視其性質分別下達或發布，並即送立法院。」再者，立法院職權行使法第 60 條第 1 項亦規定：「各機關依其法定職權或基於法律授權訂定之命令送達立法院後，應提報立法院會議。」即前揭二個法律條文所指「依其法定職權訂定之命令」，均指職權命令。

惟查民國 90 年 1 月 1 日施行之行政程序法第 4 章法規命令及行政規則中並無「職權命令」之規定，且於嗣後增訂第 174 條之 1，其立法目的係鑑於本法施行在即，各行政機關原訂定之職權命令尚待修正或廢止者仍多，基於法安定性原則，避免社會發生急激變化並保障人民既得權益，爰增訂過渡條款，督促行政機關對現行實務上職權命令涉及人民權利義務而具對外效力者，應儘速檢討提升以法律規定或於法律中增列授權訂定之依據，而僅具規範機關內部秩序及運作而非直接對外發生法規範效力者，則應檢討廢止，另訂定行政規則替代之，以符實務需求。準此，行政程序法施行後，依中央法規標準法第 7 條訂定之「職權命令」容可保留之必要，惟須以法律或法規命令規定之事項，不得以職權命令定之。（參見法務部 90 年 6 月 1 日法 90 律字第 015045 號函）

再者，法學界也認為行政程序法制定公布後，既然立法政策上採取內、外部效力之分，且我國行政救濟主要判斷是否行政機關所為之行政處分，亦是採取所謂內、外部效力之分，而大法官實際上亦是以是否侵害人民權利，即以是否產生外部效力（對外部人民權利之影響）以為斷。因此，若承認職權命令，將來勢必再區分具外部效力與不具外部效力之職權命令，且須尋找區別之基準，將徒增困擾。是以實無必要以職權命令作為第三種

命令之種類。（李建良、李惠宗等，行政法入門，元照，2000，頁278）

◆單純命令、法規命令之區別

㈠適用對象不同

單純命令僅就個別具體事件或特定當事人有其適用；法規命令係就類別事項或一般事項以及某類當事人或一般客體適用。

㈡是否構成爭訟標的之不同

單純命令如屬行政處分性質，可作為行政爭訟的標的；法規命令則不得作為行政爭訟的標的。

㈢適用久暫不同

單純命令僅係就特定事件頒布，於該事件終了後，原則上即不再繼續適用，亦即僅對該次事件有效；法規命令之性質，既為一般抽象規定，則凡事件符合其所定條件者均可適用，亦即於制定後除被修改或廢止外，可以長期繼續適用，通常假定其具有永久的效力。

㈣制頒程序不同

單純命令均由行政機關本於職權頒布，程序簡便或無特定程序；法規命令內容較為複雜，牽涉較廣，具有較大重要性，故制定程序亦較審慎，我國政府機關近年來對法規的制頒多定有法定程序。

㈤名稱不同

單純命令的名稱，依據公文程式條例的規定，共有訓令、指令、任免令及公布令等是；法規命令的名稱，依據中央法規標準法的規定，共有規程、規則、細則、辦法、綱要、標準或準則等。

㈥效力不同

單純命令多僅對發布命令機關之所屬下級機關及人員，以及特定行政客體具有拘束力；法規命令則具有一般行政規章的效力，就應適用該項法規的各種當事人均具有拘束力。

◆行政處分、觀念通知之區別

㈠行政處分

1. 按行政處分係行政機關就具體事件所為之公法上單方行為，其主要特徵在於具有規範作用，亦即對於權利或義務產生規制作用，或發生、變更、消滅一定之法律關係，或對法律關係有所確認。
2. 此項特徵之認定，主要著重於行政行為是否發生一定之法律效果，而法律效果發生與否之判斷，應就行政機關表示於外部之客觀意思予以認定，至於行政機關所採取之方向如何，則非所問，舉凡文書、標誌、符號、口頭、手勢或默示方式，只要具有規制作用，均可視作行政處分，不因其用語、形式以及是否有後續行為或記載不得聲明不服之文字而異其結果。

㈡觀念通知

1. 與此上述特徵相近而實不同者，乃所謂「觀念通知」，此類行政行為雖含有「知的表示」要素，但因不具有規制作用，故非行政處分。
2. 最典型之例子是：行政機關對於人民請求釋示法令疑義所表示之解答通知；又行政機關對於某一事件之真相及處理經過通知當事人，對罰鍰處分之催繳函、或函復檢舉人，如未損及其權益，亦為典型之觀念通知；再如行政機關當事人提出相關證據，俾便核發證明，則屬一種準備行為，亦非行政處分。
3. 此外，行政機關對外所為之報導、警告、勸告、建議、呼籲或社交禮節上之行為等，因不具拘束力，故亦非行政處分。不過，勸告或警告之內容若附有強制手段或帶有法律性質之指示，則因具有規制作用，而有形成行政處分之可能。

㈢二者之區分

1. 行政處分與觀念通知在概念上雖然可分，惟在實際上輒因文書用語之隱晦不明，而常生區分上之困擾，特別是人民向行政機關有所請求而無結果時，機關所為答覆究屬單純之觀念通知，或是具有否准意旨之行政處分，在判別上殊為不易。
2. 一般而言，行政機關若僅為單純之事實敘述或理由說明，並未對人民之請求有所准駁，則因該項敘述或說明不生法律上之效果，而非行政處分。
3. 反之，若有准駁之意旨，且對相對人之權益有所影響者，即可視為行政處分。至於准駁意旨之有無，則應探求行政機關之真意，從實質上予以認定，不宜拘泥於公文書所使用之文字（李建良，行政處分與觀念通知；月旦法學雜誌，第 47 期，1999 年 4 月，頁 18-19）。

㈣區分標準

1. 不拘泥於公文書所使用之文字，而應探求行政機關之真意。
2. 以是否有後續處置為斷
   ⑴行政處分為一次完成，沒有後續處置。例如文到七日補齊，逾期視為銷案。
   ⑵觀念通知，通常有後續處置。例如文到七日內補齊以憑辦理。
3. 表意行為究為行政處分抑觀念通知發生爭議時，此一爭議之本身即得為行政爭訟之標的。

◆行政物理行為

行政物理行為，是行政作用之一種，非屬精神作用中之意思行為（意思表示）或觀念行為（認知表示），而是屬於以實際行動而發生事實上結果之方式的行為。其特徵如下：

㈠物理行為係以行動實踐之作為為之，不作為及精神作用均不屬之。

㈡物理行為有不生法律效果者，亦有生法律效果者。前者例如巡邏、道路鋪設、直接強制執行，後者例如警察阻車、盤問、清場、搜索、使用警械等。

㈢物理行為一經發動，隨即完成，無撤銷、廢止、變更或附附款或附救濟教示之可能性，其非要式行為。

㈣物理行為中具有行政處分性質者，多屬行政程序第 92 條第 1 項之公權力措施（李震山，2003：323）。

◆多階段行政處分

多階段行政處分係指行政處分之作成，須二個以上機關本於各自職權共同參與而言，設若先前階段之行為，仍為內部意見之交換或行政內部之表示，此際具有行政處分性質者乃屬最後階段之行為，亦即直接對外生效之部分。例如某一特定營業商業登記許可之核發，雖屬直轄市建設局之職權，但建設局准許與否係根據事先徵詢目的事業主管機關警察局之意見，整個過程中雖有多次之意思表示存在，原則上仍以建設局之准駁為行政處分。判定多階段行政處分之前階段處分是否會對外生規制性效果之實益，在於確定行政救濟管轄權之歸屬（李震山，2003：319-320）。

◆附負擔、附條件處分之區別

㈠是否獨立不同

1. 附負擔係對授益處分所為之獨立行為處分。
2. 附條件之條件乃與行政處分相結合，構成行政處分之一部分，無法獨立存在。

㈡生效不同

1. 附負擔於該授益處分生效時，立即生效。

2. 附條件之生效可分為

⑴停止條件，於條件成就時，始生效力。

⑵解除條件，於條件成就時，即失去效力。

㈢得否強制不同

1. 附負擔對授益人課之義務，得強制其履行，如不履行得廢止該授益處分。

2. 附條件對於不確定事實是否成就，並不得亦無法強制履行。

㈣爭訟不同

1. 附負擔處分對於負擔不服時，受益人得單獨對該負擔提起撤銷之訴。

2. 附條件因條件與行政處分二者相結合，故不得對其單獨提起撤銷之訴。

◆行政處分無效、行政處分撤銷之區別

㈠效力時點不同

1. 行政處分之無效：通常係指自始無效，而本法亦規定為自始不生效力。

2. 行政處分之撤銷：已自始發生效力。

㈡原因不同

1. 行政處分之無效：依行政程序法第 111 條規定之情形，有下列原因：

⑴不能由書面處分中得知處分機關者。

⑵應以證書方式作成而未給予證書者。

⑶內容對任何人均屬不能實現者。

⑷所要求或許可之行為構成犯罪者。

⑸內容違背公共秩序、善良風俗者。

⑹未經授權而違背法規有關專屬管轄之規定或缺乏事務權限者。

⑺其他具有重大明顯之瑕疵者。

2. 行政處分之撤銷：本法並未明文規定行政處分撤銷之原因，學理上言，屬中度及輕度之瑕疵者，例如裁量瑕疵、判斷瑕疵或行政處分意思有瑕疵（例如錯誤、被欺詐、被脅迫）、違反公益、程序違反法規等是。

㈢程序不同

1. 行政處分之無效：係「當然無效」，因而不待當事人主張，亦不經法院之裁判程序。
2. 行政處分之撤銷：須經「撤銷」之程序，其效力始發生變動。

㈣瑕疵之程度不同

1. 行政處分之無效：學理與法制上均採「重大明顯說」。
2. 行政處分之撤銷：係中度及輕度之瑕疵。

㈤效力不同

1. 行政處分之無效：自始不生效力。
2. 行政處分之撤銷：行政處分如由於成立當時即有瑕疵而予以撤銷時，其處分自始不能成立，應溯及既往失其效力。然如一律溯及失效，可能反而有害於公益，甚且侵害人民之權益，故為維護公益及保護受益人之權益，得另定其失效日期，以資兼顧。

◆撤銷、廢止、註銷、吊銷之區別

㈠撤　銷

現行法制上所使用之「撤銷」有二種意義：

1. 訴願法或行政程序法上之「撤銷」：乃有權機關對於行政機關所為不當或違法行政處分之糾正或救濟，其目的在使原行政處分不發生效力，回復其未處分以前之狀態。
2. 其他行政法或罰則之「撤銷」：通常係對於違反行政法上義務者之處罰，將其既有之權益，基於行政機關之處分予以剝奪之謂。對於資格、決議、權利（包括許可、特許之事項）及證照；無論對於書面或非書面之事項，除爲部分限制或禁止者外，均有使用「撤銷」用語之實例，故「撤銷」一詞係表示對既得權益之剝奪。

㈡廢　止

「廢止」，係指就原已成立並生效之無瑕疵行政處分，基於法律上、政策上或事實上的原因，如所依據之法規或事實發生變更，而決定將其全部或一部廢棄，使其自將來喪失效力的行爲。

須特別注意者，乃現行法規未嚴格區分行政處分「撤銷」與「廢止」之概念，不乏實爲使處分往後失其效力之「廢止」，法規仍使用「撤銷」一詞之情形，應予改正。

㈢註　銷

「註銷」，係指發照機關將已登記有案之證照等，予以塗銷，使失效力之謂。大體而言，「註銷」並非對違反行政法上之義務人所加之處罰手段，而係對未完成行政程序之處置，例如以登記爲生效要件之事項，則註銷其登記，當然使之失其效力。又「註銷」係抽象之用語，不必直接對於物爲行爲，不以將已發給之證照收回爲必要，例如註銷執照，並非實際上該執照已在爲註銷之機關掌握中。

所謂「證照」，係指主管機關對許可或特許行業所製發之標誌或標誌物，例如營利事業登記證、觀光旅館業專用標誌。再者有線廣播電視法第69條：「經許可籌設有線廣播電視者或系統經營者，有下列情形之一時，撤銷籌設許可或營運許可，並註銷籌設許可證或營運許可證：一、以不法手段取得籌設許可或營運許可者。二、……。」

㈣吊　銷

「吊銷」一詞，一般僅在於對「證照」類之牌照、執照、證件等爲對象之撤銷，且指已發給權利人之證照而言，非如前述註銷可就有權機關所

掌有之書面爲之。其意在使已核發的證照繳回，如醫療法第 83 條：「醫療機構受撤銷開業執照處分，仍繼續開業者，得由中央衛生主管機關吊銷其負責醫師之醫師證書二年。」

◆特許、許可、認可、核准之區別

㈠特　許

特許係賦予以某種事業之經營權。同時使其對於國家負有經營事業之義務，而就其事業加以特別之監督與統制。特許行爲乃設權行爲之一，惟在外形上頗與許可相似，在普通用語上亦有稱之爲許可者，如民用航空法第 6 章民用航空運輸業，廣播電視法第 2 章電臺設立，銀行法第 2 章銀行之設立、變更、停業、解散等有關許可之規定，實爲實質特許之適例。

然行政法上之特許與許可，大異其法律上之性質。特許行爲係賦予自然自由所無之新權利之行爲。此種行政行爲適與私法上之賃借權或地上權設定之行爲相當，即國家就專屬於國家之權利，而在自然自由範圍外之行爲，賦予特定人得爲該行爲之權利。故是項設權行爲，多係基於當事人之申請爲之。其應特許與否，原則上應就公益上有無必要，申請人之經營能力是否適合，以及政治、經濟、社會方面種種條件爲其審查標準，除法律另有規定外，特許與否爲行政機關之自由裁量。且其特許，惟國家得依法律之所定爲之，地方政府固不能有此權限也。此外，特許係由政府規劃開放的數目及時程，而許可是由業者提出申請，核准即可經營。

㈡許　可

許可者，禁止一般人爲之之特定作爲，對於特定人，或關於特定事件，解除其禁止，使其得以適法爲之之行爲也。實行許可，以對一般人禁止爲該行爲，保留許可之事實爲前提。法令規定，欲爲某事，須得行政機關之許可時，即係明示禁止未受許可者爲該行爲，受許可後始解除其禁止，得適法而爲法令所禁止之行爲。應受許可之事項，若無此種限制，則爲任何人均得自由而爲之事項，惟因法令規定之結果，而限制一般人之自由，禁止其爲該項行爲，故如一旦解除其禁止，亦僅自然自由之回復，即不作爲義務之解除，並非權利之設定也。例如貨物進口的許可、戒嚴時期宵禁通行的許可、要塞堡壘地帶建築的許可、公務員兼職兼課的許可，及醫師開業的許可等均是。

㈢認　可

當事人之法律行爲，倘不得國家同意，即不能有效成立時，國家予以同意，以完成其效力之行政處分，稱之爲「認可」，認可多對於公共團體、特許公司及其他在國家特別監督之下者之法律行爲爲之。此係國家保留「認可權」之行爲，非受認可，其法律行爲即不能有效成立，故在學理上又稱之爲「補充之行政處分」，即完成其他當事人法律行爲之效力而爲補充的意思表示，不能脫離爲其本體之法律行爲而獨立發生效果，如對人民團體章程之認可，對地方政府出售公產之認可，對地方自治團體法規的認可。然在立法例中多以核定取代認可，例如電業法第 59 條、自來水法第 59 條分別規定電價及自來水水價應經中央主管機關核定，此所謂核定之性質應爲認可處分。

⑷核　准

核准之意義亦在表示有權機關之同意。與其相類之名稱甚多，如核定、同意、核可、允許……等，但以核准之用法最爲普遍，其目的在於單純表示同意權而已，故一般而言，對象未必爲人民，亦未必爲行政處分，不必具備一定之要件或程序（如有一定之要件或程序，法條中多逕予同時規定），且未必有一定之後續方式以代表同意。

◆消滅時效、除斥期間之區別

㈠意　義

1. 消滅時效：時效，指特定之法律關係或事實係經過一定期間之後，即發生一定之法律效果而言。時效制度存在之目的有三：⑴維護權利之和平。⑵尊重現在的事實秩序，確保交易安全。⑶避免舉證困難。所謂消滅時效，指請求權因於一定期間內，繼續不行使而致減損或消滅而言。消滅時效制度具有對長久不行使權利者的懲罰作用，亦即，對「睡眠於權利之上者」，不予保護。此種權利長期不行使的事實狀態，往往為社會所信賴，為維持現存之社會秩序，保護社會公益，保護法的安定，爰使其請求權因時效完成而產生減損或消滅的效果。一般提及時效問題，如未特別指明，即指消滅時效而言。例如行政罰法第 27 條規定：行政罰之裁處權，因三年期間之經過而消滅。又國家賠償法第 8 條第 1 項規定：賠償請求權，自請求權人知有損害時起，因二年間不行使而消滅；自損害發生時起，逾五年者亦同。
2. 除斥期間：除斥期間（time of exclusion），又名預定期間，即法律上固定之存續期間。乃因法律行為有瑕疵或其他不正當情形，以致影響該法律行為的效力，使當事人得以撤銷或從事補救行為的期間，除斥期間係保護權利之功能的行使期限。除斥期間自始固定不變，期間經過，該實體權利「功能性的補救機會」即已喪失，無回復可能。例如行政程序法第 121 條第 1 項規定：「第 117 條之撤銷權，應自原處分機關或其上級機關知有撤銷原因時起二年內為之。」

㈡不同之處

1. 消滅時效，僅適用於請求權，避免權利人怠於行使權利；除斥期間，原則上多適用於形成權（主要為撤銷權），例如民法第 90 條規定，意思表示錯誤，應自意思表示後一年內撤銷，爲除斥期間。

2. 消滅時效，得因中斷或不完成而延長。除斥期間，則爲不變期間，不因任何事由而延長。除斥期間一經過，原法律行爲不受影響。
3. 消滅時效，自請求權可行使時起算（民法第 128 條）。除斥期間則自其成立時起算。
4. 消滅時效，在私法上須當事人援用，否則法院不得依職權採爲裁判之資料。除斥期間，係法律上之事實，當事人縱不援用，法院亦得依職權採爲裁判之資料。
5. 消滅時效完成後，其利益可以拋棄。除斥期間經過後，其利益不許拋棄。
6. 消滅時效期間通常較除斥期間爲長，消滅時效一般爲十五年，除斥期間通常爲一年，最長十年。

消滅時效與除斥期間雖本質相異，但個案上有發生混淆的可能。

◆行政計畫、行政指導之區別

㈠性質不同

1. 行政計畫：行政計畫中之拘束性計畫，爲權力行爲，非拘束性計畫爲非權力行爲。
2. 行政指導：均爲非權力性之行爲。

㈡程序不同

1. 行政計畫：階段性之程序，依序組合構成，例如計畫之提出→計畫之公開→居民聽證→各機關之協議→裁決→公告實施……而構成計畫。
2. 行政指導：無如此複雜之程序。

㈢方法不同

1. 行政計畫：具有手段綜合性，其所使用之行政手段，包括強制之手段（如同行政命令、行政處分一般），及非強制手段（例如行政契約、行政指

導、行政調查）。手段較偏向具有強制性。

2. 行政指導：則爲非以命令或強制之方式（一般以勸告、指示、警告、邀請、獎勵、建議、協調、注意、輔導等非權力性之事實手段爲之），手段屬非權力性之事實行爲。

㈣法律效果不同

1. 行政計畫：公告實施後可能產生某法律效果，例如拘束計畫中之都市計畫公告實施後，在計畫範圍內，人民權益受某程序之限制（例如限建），若相對人未予遵從，則可能受處罰或強制執行等不利之處分（參照都市計畫法第 79 條、第 80 條）。

2. 行政指導：乃單純之事實行爲，相對人服從與否，具有任意性。

㈤前提要件不同

1. 行政計畫：行政計畫於本質上，乃爲形成一定之社會秩序，故計畫一旦公告實施後，行政機關即應向計畫之目標全力以赴，不以取得人民之同意或協力爲必要條件。

2. 行政指導：係藉相對人同意或協力以達成其目的之行爲。

◆刑罰、行政秩序罰之區別

㈠主體不同

執行刑罰的主體，爲司法機關或軍法機關；行政秩序罰的執行在原則上則以行政機關爲主體。

㈡客體不同

刑罰科處的客體爲行爲人，是「刑事犯」，且以自然人爲限，並就共犯及從犯一併處罰；行政秩序罰的科處，則可以自然人與法人同爲客體，是「行政犯」，且在原則上係以法定義務人爲對象，除有法令之特別規定外，行爲人不負責任。

㈢罰則不同

刑罰的罰則，分主刑與從刑，主刑包括死刑、無期徒刑、有期徒刑、拘役、罰金五種，從刑則有褫奪公權及沒收兩種；至於行政秩序罰的罰則，因無統一法典，各種行政法規所定者頗不一致，且其處罰一般亦無主從之分。

㈣時效有無不同

刑法採消滅時效制度，依該法總則編第 11 章「時效」部分之規定，追訴制裁的權力因法定期間經過，即不得行使；至於行政秩序罰方面，一般行政法規中無時效之規定。

㈤救濟方法不同

對於刑事制裁不服，可依刑事訴訟法提起上訴；至於行政秩序罰的救濟方法，在原則上應適用各種行政救濟途徑，因法令規定的不同，可包括聲明異議、訴願、行政訴訟或申訴等項。

㈥性質不同

刑事犯具有反道德、反倫理的行為，為侵害社會法益；行政犯則僅違反法規義務或行政秩序，不具有倫理的非難性。刑罰以故意或過失為要件，行政秩序罰則是對違反行政義務的科罰，不必故意或過失為要件。

◆罰金、罰鍰之區別

「罰金」與「罰鍰」係行政法規罰則之重要手段。但罰金屬於行政刑罰，得就受刑人之遺產執行之；罰鍰則為行政秩序罰，其僅係刑罰處罰上的一種變態方式而已。兩者雖然都同屬金錢罰，但其意義卻不相同，分述如後：

㈠罰　金

犯罪所科處之刑罰中，有所謂生命刑、自由刑、財產刑三類。所謂財產刑乃剝奪犯人財產法益之刑罰，包括罰金及沒收二種。而所謂「罰金」，係指行爲人觸犯法規受到制裁，經判令須向國庫繳納一定數額之金錢，以剝奪其財產之法益，使該行爲人無從爲物質上的享受或降低其物質上享受之刑罰。

㈡罰　鍰

「罰鍰」乃國家基於一般統治關係，爲維護公共秩序，確保行政法規之實效，對於行政權之客體課以行政上之義務，於其違反義務時，所爲處以一定數額金錢之制裁，係財產罰之一種。

◆連續處罰

㈠現行法連續處罰規定之型態

1. 連續處罰、繼續處罰。
2. 按日連續處罰。
3. 按日處罰。
4. 按次連續處罰。
5. 按次分別處罰。

㈡連續處罰之性質

1. 現行連續處罰規定，雖然在形式上係對行爲人過去行爲之一種制裁，惟從條文內容上觀察，其主要目的應在於督促相對人履行其未來之義務。
2. 惟連續處罰實爲行政秩序罰之一種，則其處罰對象之連續違反秩序行爲即相當刑法上之連續犯，學者認爲，行政秩序罰中得容許此種型態之行爲存在。
3. 依行政罰法第 25 條規定：數行爲違反同一或不同行政法上義務之規定者，分別處罰之。基此，且可連續處罰連續違反同一行政義務行爲，但需證明處罰之日有違反事證，不能僅憑一次違反事證，即推定其他數日之違反，而爲連續處罰。

◆直接強制、即時強制之區別

㈠意　義

1. 直接強制：係直接以實力加諸義務人之身體或財物，迫使義務人履行其行政法上之義務。
2. 即時強制：係行政機關以維護公共利益為目標，並對無違反行政義務之人，施以強制執行之方法所採行之緊急措施，通常屬於「廣義」警察職權中之危害管理與控制手段。

㈡人民義務之存在

1. 直接強制：須人民有行政義務之存在。
2. 即時強制：人民並無行政義務之存在。

㈢行政處分程序之有無

1. 直接強制：須先經行政處分之程序。
2. 即時強制：無須先經行政處分之程序。

㈣預為告戒之有無

1. 直接強制：因人民有義務存在，強制執行須經預為告戒之程序。
2. 即時強制：人民並無義務存在，為應付急迫之危險的措施，不須預為告戒。

㈤種　類

1. 直接強制

⑴扣留、收取交付、解除占有、處置、使用或限制使用動產、不動產。

⑵進入、封閉、拆除住宅、建築物或其他處所。

⑶收繳、註銷證照。

⑷斷絕營業所必須之自來水、電力或其他能源。

⑸其他以實力直接實現與履行義務同一內容狀態之方法。

2. 即時強制

⑴對於人之管束。

⑵對於物之扣留、使用、處置或限制其使用。

⑶對於住宅、建築物或其他處所之進入。

⑷其他依法定職權所為之必要處置。

◆教示制度

所謂教示，係指行政機關為行政處分時，或訴願審理機關為決定時，對於接受行政處分或訴願決定，及其他有利害關係者，說明提起行政救濟之相關規定，使該等人民能藉由行政機關之指導，以瞭解其救濟之方法，俾得到應有之救濟。

現行法律規定：

㈠行政程序法第 96 條

「行政處分以書面為之者，應記載下列事項：一、……六、表明其為行政處分之意旨及不服行政處分之救濟方法、期間及其受理機關。」

㈡訴願法第 90 條

訴願決定書應附記，如不服決定，得於決定書送達之次日起二個月內向高等行政法院提起行政訴訟。

◆聲明異議、訴願之區別

所謂聲明異議，亦稱「申請複查」或「申請覆核」，係指人民不服行政機關所作侵害其權益的行政處分，而向原處分機關提出不同意見或理由，並請求救濟的方法。其與訴願之異同得分述如下：

㈠相同之點

1. 制度性質相同：兩者均為人民因行政措施侵害其權益，表示不服，而請求救濟的方法。
2. 效力相同：兩者均係依法行之，行政機關負有受理審查並作決定的義務。

㈡相異之處

1. 受理機關：聲明異議係向原處分機關提出，亦即以原處分機關為受理機關；訴願則以原處分機關之上級機關為其受理機關。
2. 提出時限：聲明異議係根據個別法規的規定，其時限長短不一；而訴願的時限為處分書到達後的三十日內。
3. 提出方式：聲明異議的提出方式，法令並無限制；而訴願則須繕具訴願書。
4. 實質案情：技術性專門性較低的行政處分，通常適用聲明異議救濟；具有高度專業技術性之行政處分，通常適用訴願制度救濟。

◆訴願、訴願先行程序之比較

㈠訴願先行程序之意義

乃人民對於行政機關之行政處分表示不服，基於法律規定，於提起訴願前，須依法定程序另向原處分機關表示不服，使行政機關有機會自我審查原行政處分是否違法或不當之稱。

㈡名　稱

訴願先行程序之名稱頗不一致，約有下列幾種名稱：

1. 商標法（第 41 條、第 46 條）與海關緝私條例（第 47 條、第 49 條）稱為異議。
2. 專利法稱為「申請再審查」（專利法第 46 條）。
3. 稅法上稱為「申請復查」（稅捐稽徵法第 35 條）。

4. 警察法上稱為「申復」（集遊法第 16 條）。

5. 兵役法上稱為「申請複核」（兵役法施行法第 69 條）。

6. 藥事法上稱為「復核」（藥事法第 99 條）。

㈢兩者比較

1. 功能不同

⑴訴願：以維持行政統治以及維護法律尊嚴，以貫徹依法行政之目的者。

⑵訴願先行程序：係以減少上級機關負荷，以簡易快速的程序以發揮及增進行政效能為目標。

2. 提起期間不同

⑴訴願之提起：一概為三十日。

⑵訴願先行程序：其期間通常為三十日或較長，例如海關緝私條例規定於三十日內（本法第 47 條），例外於商標法第 40 條及專利法第 41 條規定之異議期間均為三個月。

3. 產生背景不同

⑴訴願：係傳統之救濟方式，出於對原處分機關不信任，而請求上級機關救濟之制度。

⑵訴願先行程序：乃是要求作成原處分之行政機關自省及謀求改進之制度。

◆訴願、行政訴訟之區別

㈠受理機關

訴願以由原處分機關的上級機關受理為原則，例外情形則係由原處分機關受理，惟均屬行政機關；行政訴訟則僅能由行政法院受理。

㈡爭訟原因

提起訴願的原因，係以行政處分違法或不當致使人民權利受到損害為原因；公法上爭議，除法律別有規定外，均得提起行政訴訟。

㈢審級多寡

訴願係採一級制，僅有訴願一級；行政訴訟則爲兩級，分由高等行政法院、最高行政法院管轄。

㈣程序繁簡

行政訴訟因係採用司法程序，故其程序較訴願爲繁複，且當事人答辯機會亦較訴願爲多。

㈤審查範圍

訴願之審查範圍爲行政處分有無違法或不當，不得附帶請求損害賠償；行政訴訟的審理範圍爲行政處分有無違法，得合併提出損害賠償請求。

㈥時間限制

提起訴願，除法令有特別規定外，自行政機關之處分書或決定書到達之次日起，應於三十日內爲之；提出行政訴訟則因訴訟種類之不同而有不同之時限規定。

㈦作用性質

訴願係行政上的程序，故訴願在性質上屬行政權作用；行政訴訟則由司法機關之行政法院管轄，依司法程序審理，故在性質上屬司法權作用。

◆復審、申訴之區別

㈠適用範圍不同

得提起復審者包括現職人員、已離職人員基於原公務人員身分之請求權遭受損害者（例如退休金請求權）外，公務人員亡故後其遺族生前基於公務人員身分所生之公法上財產請求權遭受侵害者（例如撫恤金請求權），亦在內；申訴則不生遺族亦得提起之問題。

㈡不服之客體不同

復審程序不服之客體乃行政處分，申訴程序不服之客體其用語爲：「服務機關所提供之工作條件及所爲之管理」，在解釋上認爲係指行政處分以外對機關內部生效之表意行爲或事實行爲，包括職務命令、內部措施及紀律守則、服務機關所提供之工作條件及所爲之管理認爲不當者。

㈢處理之程序不同

復審以考試院保訓會爲受理機關，申訴、再申訴分別以原服務機關及保訓會爲受理機關，至於處理兩類案件之程序則顯然有別。復審程序保障法之規定，幾與訴願法無異。申訴案件性質上屬於非正規之法律救濟事件，服務機關僅須以函復方式終結，函復依一般公文程式製作即可，而保訓會對再申訴則應製作再申訴決定書，其格式保障法有明文規定。

㈣決定之效力不同

復審決定，具有與訴願決定相同之效力，因此復審決定確定後，有拘束各關係機關之效力，同時復審決定性質上亦屬行政處分之一種，凡行政處分所應有之效力也同等具備。至於再申訴決定，既非對具體權利義務關係所作之裁決，其性質上仍屬於行政內部行爲，各關係機關雖亦受其拘束（公務人員保障法第 91 條第 1 項），但尙不能與行政處分之存續力（確定力）、執行力及確認效力等量齊觀。

㈤能否救濟不同

復審程序既相當訴願程序，則不服訴願決定之救濟途徑亦適用於復審決定，故公務人員保障法第 72 條規定復審人得於決定書送達之次日起二個月內，依法向行政法院請求救濟。不服申訴決定者，得提起再申訴，對再申訴決定則已無爭訟途徑。又依司法院大法官之解釋或行政法院之裁判見解，尙不得提起行政訴訟者，復審案件自亦同受限制。申訴案件則於再申訴決定作成，全部程序即告終了，對再申訴決定法律未設救濟途徑，申訴人不得聲明不服（吳庚，2003：267-269）。

◆情況判決

㈠意　義

違法之行政處分經相對人或關係人訴請撤銷，行政法院即有作成撤銷判決之義務，否則依法行政原則無從貫徹。上述常態處理方式有一例外，即因公益而允許違法行政處分存續，法院不予撤銷或變更，此即所謂情況判決。

㈡要　件

1. 限於撤銷訴訟，發現原處分或決定違法。
2. 原處分或決定之撤銷或變更於公益有重大損害。
3. 經斟酌原告所受損害、賠償程度、防止方法及其他一切情事，認原處分或決定之撤銷或變更顯與公益相違背時，得駁回原告之訴。
4. 前述情形應於判決主文中諭知原處分或決定違法。
5. 行政法院為前條判決時（行訴法第 198 條），應依原告之聲明，將其因違法處分或決定所受之損害，於判決內命被告機關賠償。

◆國家賠償、行政訴訟之合併請求損害賠償之區別

人民得依國家賠償法以民事訴訟途徑請求國家賠償，或依行政訴訟法之規定於行政訴訟中合併請求損害賠償。此種雙軌制之設計，其區別如下：

㈠機關不同

1. 國家賠償係被害人向普通法院提起。
2. 行政訴訟之合併請求賠償之管轄法院為行政法院。

㈡審級不同

1. 國家賠償採三級三審制。
2. 行政訴訟之合併請求採二級二審制。

㈢程序不同

1. 國家賠償，提起訴訟前，須經先行書面協議。
2. 行政訴訟之合併請求賠償，於撤銷訴訟、課予義務訴訟合併請求時，須經訴願之程序。

㈣訴訟費用不同

1. 國家賠償訴訟須繳納一定之裁判費。
2. 行政訴訟之合併請求賠償，不徵收裁判費用。

㈤依據不同

1. 國家賠償依國家賠償法之規定。
2. 行政訴訟之合併請求賠償，係依行政訴訟法之規定，於撤銷、確認、課予義務訴訟合併請求損害賠償。

◆故意、過失之區別

依國家賠償法第 2 條第 2 項規定，公務員於執行職務行使公權力時，因故意或過失不法侵害人民自由或權利者，國家應負損害賠償責任。

㈠故　意

故意者，行爲人對於構成不法侵害行爲之事實，明知並有意使其發生；或預見其發生，而其發生並不違背其本意者是。換言之，故意者，乃明知其行爲可生一定之結果，而竟有意爲之的一種心理狀態。亦即公務員明知其行爲有背於其職務之義務，而仍有意爲該行爲者，即具有故意。

㈡過　失

過失者，行爲人雖非故意，但按其情節應注意並能注意而不注意；或對於構成不法侵害行爲之事實，雖預見其發生，而確信其不發生者是。換言之，過失乃怠於注意之一種心理狀態。又所謂應注意並能注意之標準，係以忠於職守之一般公務員在該具體情況應該能注意並可期待其注意之程度而言。如爲行爲之公務員欠缺此注意程度，即屬有過失。

主要參考文獻

〔中文部分〕

吳　庚　行政法之理論與實用，增訂8版，自印本，民國93年1月。

李惠宗　行政程序法要義，五南圖書出版公司，2003年9月。

李震山　行政法導論，修訂5版，三民書局，2003年10月。

林錫堯　行政法要義，法務通訊雜誌社，增訂版，民國88年8月。

城仲模　行政法之基礎理論，增訂版，三民書局，民國88年 10月。

翁岳生等　行政法，上下冊，2版，自印本， 2000年7月。

陳志華、趙達瑜、劉華美合著　行政法基本理論，再版，國立空中大學，民國93年8月。

張家洋　行政法，增訂3版，三民書局，民國91年2月。

劉宗德　行政法基本原理，學林文化事業公司， 2000年12月。

蔡茂寅、李建良、林明鏘、周志宏合著　行政程序法實用，2版，學林文化事業公司，2001年10月。

羅傳賢　行政程序法論，4版，五南圖書出版公司， 2004年9月。

羅傳賢　立法學實用辭典，五南圖書出版公司，2004年8月。

索　引

一劃

二劃

三劃

四劃

五劃

六劃

七劃

八劃

九劃

十劃

十一劃

十二劃

十三劃

十四劃

十五劃

十六劃

十七劃

十八劃

十九劃

二十二劃

二十四劃

國家圖書館出版品預行編目資料

行政法概要／羅傳賢著. --三版.--臺北市：
五南，2011.09
面； 公分.
ISBN 978-957-11-6397-0（平裝）
1.行政法
588 100016084

1U88

行政法概要

作　　者 — 羅傳賢(412)
發 行 人 — 楊榮川
總 編 輯 — 王翠華
主　　編 — 劉靜芬　林振煌
責任編輯 — 李奇蓁
封面設計 — P. Design 視覺企劃
出 版 者 — 五南圖書出版股份有限公司
地　　址：106 台北市大安區和平東路二段 339 號 4 樓
電　　話：(02)2705-5066　傳　　真：(02)2706-610
網　　址：http://www.wunan.com.tw
電子郵件：wunan@wunan.com.tw
劃撥帳號：01068953
戶　　名：五南圖書出版股份有限公司

台中市駐區辦公室 / 台中市中區中山路 6 號
電　　話：(04)2223-0891　傳　　真：(04)2223-35
高雄市駐區辦公室 / 高雄市新興區中山一路 290 號
電　　話：(07)2358-702　傳　　真：(07)2350-23

法律顧問　元貞聯合法律事務所　張澤平律師

出版日期　2005 年 5 月初版一刷
　　　　　2007 年 10 月二版一刷
　　　　　2008 年 8 月二版二刷
　　　　　2009 年 9 月二版三刷
　　　　　2012 年 8 月三版二刷

定　　價　新臺幣 480 元